图书馆参考咨询多维探索与研究

李佳培◎著

中国水利水电出版社
www.waterpub.com.cn
·北京·

内 容 提 要

图书馆的核心服务内容之一是参考咨询，它是一种由读者向图书馆工作人员或其他专家提问并获得解答的信息服务方式。本书划分八章内容，从宏观角度对图书馆参考咨询工作展开综合性探索研究。其内容包括对图书馆参考咨询工作及其组织机构进行初步概述。本书重点聚焦图书馆参考咨询的人员素质问题，以及我国图书馆参考咨询工作人员培训的内容和形式。另外，本书还对图书馆参考咨询的用户心理和用户信息需求、服务形式、服务内容、工作程序和业务管理展开分析。与此同时，本书还论述了图书馆数字参考咨询服务，力图通过对图书馆参考咨询服务的深入剖析，对新环境下图书馆参考咨询服务的定位和发展做出科学的指导。

本书适合各大高校图书馆学专业教师和学生阅读使用，也是图书馆工作人员开阔视野、提升技能的最佳读物。

图书在版编目（CIP）数据

图书馆参考咨询多维探索与研究 / 李佳培著. -- 北京 : 中国水利水电出版社, 2019.7（2025.10 重印）
ISBN 978-7-5170-7828-9

Ⅰ. ①图… Ⅱ. ①李… Ⅲ. ①图书馆工作－参考咨询－研究 Ⅳ. ①G252.6

中国版本图书馆CIP数据核字(2019)第148244号

责任编辑：陈　洁　　　　封面设计：领航文化

书　　名	图书馆参考咨询多维探索与研究 TUSHUGUAN CANKAO ZIXUN DUOWEI TANSUO YU YANJIU
作　　者	李佳培 著
出版发行	中国水利水电出版社 （北京市海淀区玉渊潭南路 1 号 D 座 100038） 网址：www.waterpub.com.cn E-mail：sales@waterpub.com.cn 电话：（010）68367658（营销中心）
经　　售	北京科水图书销售中心（零售） 电话：（010）88383994、63202643、68545874 全国各地新华书店和相关出版物销售网点
排　　版	北京万水电子信息有限公司
印　　刷	三河市元兴印务有限公司
规　　格	185mm×260mm　16 开本　12.75 印张　224 千字
版　　次	2020 年 1 月第 1 版　2025 年10月第 3 次印刷
印　　数	0001—3000 册
定　　价	59.00 元

前 言

21 世纪是网络信息时代，人们的生活与互联网息息相关；越来越多的用户具备网络使用能力，并依靠网络对信息进行检索和利用。这就要求相应的信息服务也要逐步实现网络化、数字化，为用户提供一个全面和无缝的信息服务环境。图书馆是社会知识传播的枢纽，正面临着一个日益普及的数字化信息环境。在这种巨大的外部压力下，图书馆要适应时代需要，尽快利用网络服务，满足广大用户对信息急剧增长的需求。

参考咨询历来是图书馆的核心服务内容之一，是读者向图书馆工作人员或其他专家提问并获得解答的一种信息服务方式。它最早出现于 1876 年的美国，迄今已有 100 多年的历史。作为“图书馆的心脏”，参考咨询在开发和报道文献资源、为读者提供信息服务、充分利用智力资源、宣传和扩大图书馆的影响等方面一直发挥着至关重要的作用，占据着不可或缺的地位。然而，随着数字化的日益普及，传统参考咨询服务受到了极大挑战。20 世纪 80 年代初，国外图书情报界开发的数字参考咨询服务（Digital Reference Service）是图书馆采用现代化通信和计算机技术，对读者、尤其是远程用户提供参考咨询服务的一种最新形式。数字参考咨询服务是信息提供者和信息需求者之间以互联网为基础，按一定的协议或标准进行的信息交流活动。它以网络作为服务传递手段，以人获得信息作为服务宗旨，以知识管理作为服务基点，实行点面结合的服务运作方式。通过数字参考咨询平台，图书馆的咨询馆员可以在网上解答问题，也可以推送页面给读者，既可让读者得知咨询员所推荐的信息资源，也让读者直观地享受到这些画面。有些疑难问题，可实时地通过网络“面对面”交谈解决；咨询馆员还可与异地读者一起到相关网页，指导读者正确使用网络资源。

图书馆参考咨询正起着越来越重要的作用，成为网上图书馆信息服务水平提升的重要标志。一方面，用户希望能不受任何时间、地域限制提出咨询问题，并及时获得可靠答案。另一方面，目前以新浪知识人、百度知道等为代表的咨询服务网站利用网络为用户提供专家咨询服务，丰富了网络信息服务形式，加深了用户对网络信息服务的期待。网络引起了信息服务革命性的变化，引起了包括图书馆在内各行各业划时代的变革，促使图书馆信息咨询从传统参考咨询向数字参考咨询快速转变。从国际上看，越来越多的图书馆开始关注和重视数字参考咨询，把开展数字参考咨询作为服务工作的新型增长点，是网络时代图书馆参考服务的主流发展方向，是未来图书馆的核心工作之一。

本书共八章内容，从宏观角度对图书馆参考咨询工作展开综合性探索研究。第一章对图书馆参考咨询工作进行初步概述，包括图书馆参考咨询的演进历史、重要价值和意义。第二章从机构设置、管理模式、人员设置等方面对图书馆参考咨询的组织机构进行研究。第三章重点聚焦图书馆参考咨询的人员素质问题，阐释工作人员应该具有的基本素质和业务能力，以及我国图书馆参考咨询工作人员培训的内容和形式。第四章重点分析图书馆参考咨询的用户类型、用户心理和用户信息需求。第五章到第七章分别阐释图书馆参考咨询服务形式、服务内容、工作程序和业务管理。第八章介绍了图书馆参考咨询营销方面的相关知识。与此同时，本书还论述了图书馆数字参考咨询服务，力图通过对图书馆参考咨询服务的深入剖析，对新环境下图书馆参考咨询服务的定位和发展做出科学的指导。

本书部分内容参考和借鉴了国内外学者的一些相关理论研究成果，并引用了互联网中相关理论，在这里对他们也一并表示衷心感谢。本人在撰写过程中，虽极力丰富本书内容，力求著作尽善尽美，但仍难免存在疏漏和错误之处，还望各位同仁斧正。

李佳培

2019 年 1 月

目 录
contents

第一章 图书馆参考咨询工作的初步认知

第一节 信息服务和图书馆参考咨询概述

一、信息服务

（一）信息服务的含义

信息服务涉及社会生活的诸多领域。狭义的信息服务是指对信息进行收集、加工、存储、传递和提供的社会化经营活动。网络时代，人们每时每刻都处于信息的包围之中，面对大量无序的信息资源，人们往往手足无措。而去粗取精、迅速准确地找到所需要的信息，就是信息服务的本质。现代社会信息服务具有十分丰富的内涵，它可以理解为以用户的信息需求为依据，围绕用户、面向用户开展的一切服务性活动。当前的信息服务，无论是在内容和形式上，还是在服务的广度和深度上，都发生了天翻地覆的变化。随着社会的不断进步，信息服务的规模和效益对社会发展的影响将越来越大。我国的信息服务经过长期的发展，已经形成了一个多层次的，包括科技、经济、文化、新闻、管理等各类信息在内的，面向各类用户，以满足专业人员多方面信息需求为目的的社会服务网络。在整体服务网络中，各类信息服务部门分工合作，共同开展各具特色的服务工作。

（二）信息服务的内容

1. 信息资源开发服务

信息资源开发是信息服务的基本工作，也是信息搜集、加工、标引等各项工作的目的所在。人类要进步，社会要发展，都必须重视信息资源的开发工作。许多看似没什么价值的原始材料，一经收集、整理和加工，往往会价值倍增，这就是信息资源开发的意义所在。

2. 信息传递与交流服务

传递与交流是信息的重要特征之一，因为信息只有进行传递与交流，才会使世界各国能够同时分享科学技术发展所带来的胜利果实。如果信息不进行传递与交流，则信息就会失去存在的价值，更不能发挥其应有的作用。

3. 信息加工与发布服务

对用户来说，不是所有信息都是可以直接利用的，“信息泛滥”早已是信息社会一个不争的事实。要做好信息服务，其中一项重要工作就是对信息进行加工整理，并将加工后的信息予以及时发布才能发挥信息的作用。图书馆对信息进行搜集、加工、整理，其目的是为了提供给用户使用。通过用户对信息的利用，解决用户生产、生活、学习中遇到的问题，从而推动社会的发展和进步。

4. 用户信息活动的组织与信息保障服务

信息用户，由于其学历、职称、知识结构、文化素养、兴趣爱好等的不同，其把握信息、利用信息的能力也就参差不齐，图书馆应积极开展用户信息活动的组织和信息保障服务，帮助他们更好、更准确地掌握和利用信息。

（三）信息服务的要求

信息开发的资源非常广泛，为了确保提供给用户的信息不存在丢失或遗漏，前提就是在信息资源的开发上加大力度，以使信息服务得以充分实现。因此，对于用户的需求调查是开展信息服务工作首要重点关注的地方，使用户的需求在信息服务工作中得到满足。

（1）充分的信息服务。这里所说的充分是指在有可能利用得上的设备以及不论哪种可利用的条件下，针对用户所进行的服务工作充分地开展。为了促使提供信息的内容及范围具有合理性，需要对用户的需求以及工作状态等有一定的了解及认识。

（2）及时的信息服务。及时性，一方面是指接待用户要及时，防止用户的流失，接受用户所需的服务课题；另一方面是指为了尽量地使用户在最短的时间内得到他们所需要的最新信息，图书馆参考咨询要及时搜录需要的信息，并在最短时间内传达给用户。确保有畅通的信息获取渠道和用户联系渠道是我们实现给用户提供所需要的信息的基础。

（3）精练的信息服务。提供给用户方面的信息要精练，也就是说给用户提供他们所需要的最关键的信息，并且能够解决用户所遇到的问题，这也是信息服务中一个非常重要的问题。因此，需要努力提高信息服务人员的业务素养，在信息服务过程中，加强信息服务人员的信息分析与研究的工作能力，针对不同种类的工作开设专项服务工作，努力加强信息服务的专业性，以此来提高信息服务的质量。

（4）准确的信息服务。对于用户来说，不准确的信息，不但没有益处，还有很多害处，将会导致用户在决策的过程中出现差错，给用户带来损失，所以说信息服务的最基本要求就是信息提供的准确性。也正因为如此，为了提供准确的信息，要做到信息搜集的及时性以及对信息判断准确无误，并得出准确且可靠的结论；还要防止信息在传递的过程中失去真实性。

（5）信息服务的合理收费。随着市场经济的发展，许多无偿服务已经向有偿服务或部分有偿的服务发展。信息服务也不例外。目前，大多信息服务都是有偿服务，但是有投入就应该有效益的存在，这是用户在进行服务费用支付上所认同的。因此科学的服务管理是不可或缺的，提供了高标准的智能化信息服务，就可以而且应该依照国家政策来进行科学合理的收费。

（四）信息服务的特征

1. 社会性

从社会的角度来看，不管是从信息的产生、传播还是利用上，都不难看出信息服务是具有社会性的，同时也表现出判断信息服务是否符合社会规范关键在于信息服务是否具有社会价值以及效益的高低上。

2. 知识性

由于信息服务是属于知识密集型服务，所以也决定了服务人员的知识素质应有一定的综合性，同时用户对于与信息对应的知识点是需要有一定的储备量的，这样才能最大程度上地利用信息服务。信息服务、信息、使用信息的用户这三者之间的关联性是密不可分的，组织信息的服务是以此三者内在的相互联系为基础的延伸，且此三者也在信息服务组织所形成的模式上起着决定性作用。

3. 时效性

时间效应是信息服务较明显的特征，信息是否存在价值取决于使用是否及时，如果错过了信息的即时性使用，在一定程度上会造成不利的情况。所以于信息服务而言，用“生命期”来形容其时效性是不为过的，也是其关键所在。

4. 指向性

用户所发生的信息行为不论对于信息服务的哪方面来说都是具有一定指向性的，正因为如此才产生了定向组织形式的信息服务模式。用户的活动于信息来说是相对应的，如其的产生、往来以及利用，因此用户在活动的主要内容、目标还有其任务方面对于信息服务的组织来说是必不可少的依据，促使其在用户进行活动时能有所帮助。

5. 公用性

除了某些专门服务于单一用户的信息服务机构外，面向大众的公共信息服务部可以同时为多个用户服务，这也是信息服务区别于其他社会化服务的特征之一。

6. 控制性

信息服务是一种置于社会控制之下的社会化服务，因此信息服务的开展关系社会的运行、管理和服务对象的利益，它要受国家政策的导向和法律的严格约束。

（五）信息服务的体系结构

信息服务的对象十分广泛，不同类型的信息服务构成了信息服务的体系。决定信息服务的类别是以分类标准的不同来进行的。一般说来，基于国内目前的情况，大致可以按照八个方面进行分类。

按信息服务所提供的信息类型，分为实物信息服务（向用户提供产品样本、试验材料等实物，供用户分析、参考、借鉴）、交往信息服务（也称口头信息服务，通过“信息发布会”等活动向用户提供他们所需要的有关信息）、文献信息服务（根据用户需求，为其提供文献，包括传统的印刷型文献和电子文献）、数据服务（向用户提供所需要的各种数据，供其使用）。

按信息服务所提供的文献信息加工深度，分为一次文献服务（向用户提供原始文献或其他信息）、二次文献服务（是指将原始文献信息通过搜集、整理、加工成反映其线索的目录、题录、文摘、索引等中间产物，从而向用户提供查找文献信息线索的一种服务）、三次文献服务（是指对原始文献信息进行研究，向用户提供分析研究文献资料的成果作为其服务内容之一，从服务方面来讲有文献评价、“综述文献”等）。

从内容上讲，信息服务可以从经济、技术、法规、科技、流通、军事等方面来划分。通常是以用户的需求为标准来展开此信息服务的活动，具有专业领域明确、形式固定的特点。

按方式上来说，信息服务是以文献借阅、文献复制、宣传报道、咨询、专项委托等服务为主。

以信息服务的手段来说，有通过信息工作者的脑力劳动利用书本或检索工具书提供的检索服务即传统的信息服务，有采用计算机以及网络系统的方式开展的服务即电子信息服务。

从信息服务的范围来说，分为单向与多向的信息服务，单向是指有较强针对性服务于单一用户，而多向是指在特定的范围内为许多用户所提供的信息服务。

从其时间上来看，有长期与即时这两种时间长短不一的信息服务之别。

按其作用范围来划分，信息服务有内部和外部之分。

二、图书馆参考咨询概述

（一）参考咨询的含义

“reference service”或“reference work”即参考咨询，这是以英文的方式来表达，当然其中文阐述也是从其英文延伸而来的，随着科技的发展及信息技术的进步，参考咨询中信息服务这个词组的分量日趋加重，接踵而来的是“reference and information service”也可以说是“information service”。

古代的图书馆功能比较单一，主要是收集、保存文献，而且也只有极少数的文人学士才可以使用图书馆，这些人经常出入图书馆，熟知图书馆的规章制度、使用流程，所以图书馆不需要配备专人进行引导。除了文人学士外，还有一些由文人学士教导的高官子弟和皇室宗亲来图书馆读书，使用图书馆的各项功能。由此可见，当时的图书馆主要是对达官贵族开放，并没有社会教育的功能。参考咨询工作都没有正式地存在于图书馆的使用过程中，发展成业务工作就更不可能了。随着社会发展，特别是到了近代，图书馆成为了社会必不可少的文化设施，开放的对象变成了全体社会大众，除了原始的收集、保存文献的功能之外，增加了一项非常重要的功能，即进行社会教育。由于使用者与日俱增，而这些使用者中大多都是利用图书馆来提升自己，并不熟悉图书馆的使用方法，这就需要熟悉图书馆的专人来回复使用者提出的类似于询问工具书的使用以及要求进行知识性辅导的疑问，参考咨询工作就在这样的社会背景下产生了。

到了20世纪，为适应社会发展的需要，图书馆除了具有收集、保存文献，进行社会教育的功能外，还具有传递情报的功能。使用者从图书馆获取信息，由于不同的需求会涉及馆藏的不同方面，这就需要图书馆提供强大的参考咨询服务。参考咨询在图书馆的日常工作中显得越来越重要。

综上可知，参考咨询就是图书馆工作人员在使用者使用文献、寻求知识和情报的过程中遇到困难时给予提供事实、数据和文献线索等帮助的活动。提供帮助的方式主要有协助检索、专题文献报道、解答咨询、情报检索服务等。解答生活问题的咨询也列于国外部分国家的图书馆参考咨询服务中。在发挥图书馆情报功能、开发文献资源、提高文献利用率方面，参考咨询是非常重要的一种方式。在《英国大百科全书》中提到，参考咨询员就是在各个读者在寻求情报的过程中，提供个别帮助的那个人。

就图书馆而言，在世界各地不难发现许多地方都设置了专门的参考咨询部门，通过集中参考工具书和检索工具书的方式来构筑参考咨询工作所需的丰富的参考馆藏，配备具有一定专业知识和熟悉检索工具的专职工作者来进行参考咨询工作。

图书馆读者服务工作中不可或缺的组成部分之一即图书馆参考咨询工作，于读者服务工作而言，也是以此为基础来进行发展、延伸。通常情况看，在图书馆就任参考咨询工作一职是需要回答读者在利用图书馆时遇到的一些问题，比如：图书馆有些什么馆藏？如何查找这些馆藏资料？如何使用图书馆的目录？图书馆工具书各有什么特点，如何使用？一些科研课题国内和国外的开发情况如何？等等。为了帮助读者解决这些问题，使他们更好地利用图书馆，大约在 19 世纪中叶，国外的一些先进的大型图书馆就展开了这项工作，它们对个别读者提供具体帮助。到了 19 世纪末，这项工作在许多图书馆中普遍展开了，为了与一般的读者服务工作相区别，各国的图书馆都给了它不同的定名，如咨询工作、参考工作、参考服务或参考咨询工作等。这种代表图书馆发展方向的参考咨询工作历经一个多世纪，其定义具有多样性，目前为止都没有一个准确而又统一的答案。

最本质的原因在于，由于读者各不相同，导致读者的需求也各不相同，参考咨询工作为满足不同读者的需要，需要及时感应到读者需求上的变化并进行调整，提供相应的服务，由此可见，参考咨询的多变性导致其定义具有多样性。由北京大学和武汉大学合编的《图书馆学基础》一书中指出："参考咨询工作的实质是根据文献，通过一对一的方式对读者提出的问题给予具体的文献、文献知识或文献检索途径方面的解答的一项服务型的工作。"这是参考咨询工作最新的定义，却也无法准确概括时下参考咨询服务的内容。例如，现在参考咨询服务的对象不仅仅是读者，而是全社会，这就表明参考咨询服务的主动性在慢慢增强。此外，它所提供的内容已经从文献、文献知识和文献检索途径扩展到供决策参考的方案、文献研究成果、研究报告等信息产品以及信息技术服务。

以上内容就参考咨询的概念以及一些不同的解释和扩展方面作了讲述，下面介绍参考咨询在内容上的一些工作情况。

（1）针对咨询问题进行解答。解答咨询简单来讲有的是运用相关书籍、书刊的查阅等方式来解答读者针对一些常见知识问题的疑问，即解释某名词、典故的出处；也有的是向读者推荐答疑解惑的有关书籍或书刊，促使读者可进行有关问题的资料阅读。总之，是对读者提出的问题做出直接的解答。在英文中叫作 Questions Answers，意思就是回答问题，所以也称问答性咨询服务。

（2）书目参考。一部分读者会提出如专业方面的研究课题的非一般性知识的咨询，书目参考就是针对这种咨询提供的一组专题文献，读者便可以通过查阅这种相关的文献来寻求自身需要的信息。因为它是通过以提供书目的方式作为解决问题时的参考，而不是直接回复读者所提出的问题，所以称之为书目参考。在英文中，这项工作叫作 Literature Retrievals 或 Literature Searching，也可翻译成文献检索。

（3）情报检索。把情报按照特定的方式组织和保存起来后，情报检索就是从这些情报库里找出所需情报的活动、程序及方法。情报检索又称为“情报存储和检索”，它是情报服务的主要内容和科学研究的前期工作。协助科研人员选择正确的科技方案，提高人力和投资方面的利用率，提高了效率，从而避免了科员人员在时间和精力方面的浪费。根据检索对象的不同可分为文献检索、数据检索、网上检索。文献检索曾是传统的情报检索的重心，现在正逐渐演变为以网上检索为主。

（二）参考咨询的特点

1. 服务性

正是因为从根本上说参考咨询工作的属性是知识信息的一种服务，所以其是具有服务性的。图书馆业务工作内容广泛、环节众多，但同时又是一个由一系列相互联系的工作环节组成的有机整体。其工作一般包括藏书建设与读者服务工作两大体系。读者服务工作包括参考咨询工作，而作为图书馆一线岗位的读者服务工作岗位，是图书馆直接为读者提供各种服务的窗口。戚志芬在《参考工作与参考工具书》一书中说到“参考工作是图书馆为读者服务的一种”。图书馆本身是一个文献信息服务机构，其自身的服务性也正是通过图书馆所有的业务方面的活动来展现的。图书馆进行服务的一种非常重要的方式是参考咨询，相对于图书馆传统的读者服务工作而言，是其在工作层面上的一种延伸和发展。

2. 针对性

参考咨询服务的针对性很强。它将文献资料信息传递到读者，解决其学习过程中的困难以及化解其工作或生活中难题，使读者在个性化服务需求上得到满足。咨询服务的活动开展首要的就是了解读者的需求，简单来说就是图书馆所进行的咨询服务关键在于读者是否有需求，因此，从根本上说参考咨询服务的活动展开是基于对读者在信息需求方面的认识及掌握。图书馆不管是在类型上还是层次上都带有多样性，其服务的对象各不相同，在对读者需求进行调查及研究时，以图书馆所制定的方针政策及任务目标对在实施参考咨询服务时的侧重点进行方向指导，使其工作时不会发生本末倒置的现象。党政机关以及一些相关的企事业单位的参考咨询服务工作都是借助公共图书馆来进行的，而就参考咨询所服务的内容来说是以政府所做决策以及经济的建设为重；学校方面的教学与科学研究属于高校图书馆所着重服务的范畴，教师与学生是参考咨询的主要服务对象，就服务内容上来说是以教学和科学研究为侧重点；以本系统为出发点提供科研工作和领导决策的服务是科研图书馆的工作重点。因此，不难看出参考咨询这项服务内容专业性很强。

尽管各类型图书馆参考咨询工作的任务各不相同，但总体而言，参考咨询服务的出发点和归宿都是为了满足社会需要，解决用户（读者）在生活、工作和学习中遇到的实际问题。比如说高校图书馆和科研图书馆的服务对象是科研和教学，公共图书馆则通过开展社区服务和为领导决策和企业发展提供咨询服务发挥其作用。首先，参考咨询工作具有一定的实用性，参考咨询馆员协助读者获取资料和利用图书馆资源来解答实际工作、生活及学习中遇到的各种疑问，大大提高了读者解决问题的效率。其次，参考咨询为科技人员、领导决策和企业发展提供丰富的文献资源和动态信息，从而深入开发文献资源，大大提高了文献资源的利用率。比如说，图书馆的情报职能越来越强，现代化技术的应用也越来越广泛，高校图书馆则通过优化资源配置、提高服务质量、方便读者等方式，以保证为高校的教研工作提供服务为基础，取长补短，以实用为出发点参与到社会情报服务中，从而为这个社会提供一些易得但实用的信息服务。图书馆的情报职能与教育职能水平的高低通过参考咨询服务来体现，图书馆服务质量的优劣则取决于参考咨询服务所表现出来的工作水平与开发能力的强弱，工作效率、社会效率和为经济建设服务的效益的高低则充分体现了参考咨询工作的社会价值。

3. 多样性

参考咨询的内容和形式多种多样导致参考咨询服务具有多样性的特点。首先，读者是来自不同职业、不同身份、不同年龄、身处不同环境的人，导致咨询的问题具有多样性。比如说，有社会不同部门的问题，有涉及学科领域的专业问题，有综合性和专题性的问题等。当然，对于读者提出的问题，图书馆也不是有问必答，图书馆只提供其参考咨询服务范围内的服务，也就是图书馆服务范围内的服务。其次，参考咨询的形式也是多种多样。根据读者提问的方式可分为到馆咨询、网络咨询、信件咨询、电话咨询等形式；根据馆员对具体问题所采取的方式则可分为文献检索方法辅导、提供原文、提供查找文献线索、提供专题研究报告、定期提供最新资料等方式。

4. 智力性

从技术上来讲，参考咨询是依靠脑力活动来进行的一种劳动且其所需知识具有密集性。图书馆工作者与读者之间传递、交流沟通、反馈知识信息的过程中，图书馆工作者所付出的智力劳动是参考咨询工作的主要内容。例如，加拿大公共政策研究所所长就用“催化剂、合成器和播种机”的比喻，形象地概括了咨询活动的高智能特性。参考咨询服务往往涉及研究性、探索性的工作，如综述、述评、专题研究报告、动态分析、社会预测报告等。这些工作也是一种智能化的科学劳动，它要求参考咨询馆员具有广博的知识和较强的综合分析能力，否则是不可能胜任这种智力劳动的。又如，有一些图书馆为了便于协助政府、企业以及科研机构的工作者进行决策的服务，同时设置专门的用于情报研究的工作室。就目前来看，图书馆通常会成立专项小组或部门有针对性进行工作人员的分配来满足其服务所需，其工作内容有：针对专题文献进行调查与研究，并进行定题的跟踪且对专题文献的文摘、论文索引、书目等方面或者说是一些特定资料的汇总与编制等。

图书馆咨询服务不同于外借流通服务，外借流通服务只是简单直接地提供原始的文献资料就能满足读者在服务上的需求。为读者解答咨询问题的过程中，大部分的问题都需要利用有关文献来解决，只有少部分的问题可以通过工作人员的经验与基础知识给以解答，其解答的方式为：对文献的研究、整理、分析、加工、检索等，并通过选择、查找与利用文献资料来作为其回答的根据，提供文献检索渠道、文献知识以及详细具体的文献给读者以解决问题。图书馆参考咨询服务有其一定的复杂性以及较强的学术性，所以也是一种要求服务工作人员具有较高素质的服务方式。

5. 社会性

参考咨询服务也具有“社会性”的特征，这一特征源自于社会生活，是一种具有开放性特征的服务。图书馆作为一种具有综合性服务管理的机构，可以为各类读者提供参考文献、情报需求以及对知识探索提供帮助，图书馆内图书品种繁多，可以提供比较全面和综合的各类搜索服务，同时可以为读者提供其所需的文献和情报信息。随着信息社会的发展和各类信息化产品的日益先进化，在日益发展的社会生活中，计算机技术、网络技术以及通信技术等在图书馆的应用也更加广泛，这就需要各类参考咨询服务。网络的日益普及，也使得图书馆成为网络中的一员和共享资源的一部分。图书馆的主要工作是开发利用图书馆的资源为人们服务，作为图书馆的重要组成部分的参考咨询服务项目，也标志着一种开放性的社会服务系统在图书馆的应用。随着信息社会的发展，图书馆的服务概念也在与时俱进，因为读者在科研或者是生产生活中所需要的各类参考答案，参考咨询服务都可以为读者答疑解惑，服务内容以及服务项目都在不断延伸，为读者提供丰富的参考文献及相关情报信息。尤其是网络信息化的发展，参考咨询服务已经不仅限于线下的面对面服务，而是发展为线上服务，互联网的连接可以让图书馆的参考咨询服务对象发展到世界各地。

咨询队伍也不再局限于图书馆。资源共享成为了趋势所在，必须多个图书馆的力量资源相结合，多个咨询队伍加强协作，实现咨询资源共享的跨区跨国界。对于日益社会化的咨询服务内容，咨询服务建设队伍也相比之前发生了变化，从过去的科学咨询、专业咨询演变为现在各式各样的社会性咨询，其涵盖内容包括学习生活工作等多方面的社会化信息，信息咨询的多元化对咨询服务提出了更高的要求。

不论是整个社会的发展还是现在整个图书馆咨询服务队伍的建设，都显现出了社会性的特征。用户的需求在由过去单一的科学咨询、专业咨询逐渐向多元化和个性化发展，所需要咨询的内容也是包罗万象，全面涉及政治经济文化各个方面，单一图书馆已经无法提供读者所需要的各类信息答案，这就要求图书馆咨询服务可以通过借助资源共享等社会性服务，实现资源互通、信息互通，这样才可以更好地为读者提供更优质的服务。

三、参考咨询工作的必要性分析

参考咨询工作是现代化图书馆服务读者的一项重要学术性工作。图书馆的参考咨询工作就是直接帮助读者利用图书馆的各种馆藏资源获取信息，利用图书馆的各种资料开展学术研究。在开展这项工作过程中必须具备智能、资料和方法三部分理念。其中，资料是拥有足够数量并能够承担相应工作需求的工具书、材料信息，包括了本馆的信息资源和其他图书馆的馆藏资源；智能是指参考咨询人员的自身所具备的学术水平和专业能力；方法则是指参考咨询服务人员在书目和专业知识的基础上能够利用包括工具书和馆藏资源在内的所有设备的手段。在这三个部分中，智能最为重要，参考咨询服务人员的学术水平和专业能力是整个参考咨询服务工作能够成功的重要因素。一个优秀的参考咨询服务人员可以根据读者的需求，并利用恰当的时机，用合适的方法解决读者所面临的主要问题。

四、参考咨询现状及存在的问题

（一）服务方式

根据目前参考咨询服务的方式可知，到馆咨询和通过电话与网络等工具进行咨询是目前用户获得图书馆参考咨询服务的主要方式。由此可见，地理位置和物理设备等因素决定了客户是否可以使用或者采用哪种参考咨询的服务方式。像有一部分远离图书馆或没有计算机、网络等软硬件设施的区域，用户便无法享用图书馆参考咨询服务。一部分外部条件允许使用图书馆资源的用户，在使用图书馆参考咨询服务特别是网络数字参考咨询时，由于网络链接的层次繁多，部分需要下载客户端，操作起来程序繁杂，咨询过程冗长，客户容易产生厌倦情绪，从而拒绝使用。如果采用实时参考咨询的方法其缺点在于，需要花费大量的时间才能找到比较满意的答案。人们获取信息的心理一般首先考虑最容易获取的能够解决问题的途径，也就是“最小努力原则”，选择最简单、省事和熟悉的途径来获取信息。由“最小努力原则”可知，越容易被用户获得的参考咨询，利用率也越高，反之，获取难度大的信息，也许就无人使用了。

（二）服务内容

大部分图书馆的参考咨询服务内容限于图书馆基本使用规则咨询、书目检索咨询以及少部分的咨询常规和传统项目，高知识含量的咨询相对来说比较少。由于读者提问内容各不相同，从读者需求的信息来看，由于读者提问的内容多而复杂，每个问题的答案均不相同，所以，对服务的要求程度也不同。对于用户提出的向导性咨询的问题，参考咨询都能够很好地解答。但是网络越来越发达，人们的信息素质也越来越高，互联网帮助人们解决问题的能力越来越强，在网络上无法寻求到答案时或想得到更深层次的答案时，便会求助于参考咨询，所以参考咨询面临的挑战越来越大，很多图书馆的参考咨询所提供的答案已无法让读者满意，并不能完全满足读者的需求，这样使得参考咨询的服务价值大大贬值。

（三）网络环境

百度、谷歌等各种网络搜索引擎不断发展，具有多样化和便利性的特点，与图书馆的功能在某种程度上具有相似性，所以二者具有竞争的关系。这些搜索引擎还大力开发搜索的互动式知识问答分享平台，在传统搜索引擎的基础上，形成了具有网友互动问答和知识归纳提炼分享功能的百度知道等品牌，用户都给予极高评价，渐渐占领了市场。目前全球公认的最大规模的网络搜索引擎是谷歌，它所提供的服务不仅简单易用而且免费，耗时极短。用户可以使用多种语言访问谷歌官方网站来查找信息，查看地图、要闻，也可以查找美国所有城市的电话簿名单，超过十亿的图片可供搜索，全球最大的 Usenet 储存的超过十亿条帖子（1981 年开始），也可以详细阅读。用户通过访问相应的信息口便可使用查找、浏览等功能，而不用特意从谷歌主页进入。所以，当用户遇到问题时首先会使用这些具有强大功能和高知名度的搜索引擎，而不是图书馆的参考咨询。

五、参考咨询发展对策

（一）满足用户的信息需求

1. 管理保障

当然，参考咨询服务于图书馆内也有冷清的时候，怎么样促使用户对图书馆产生兴趣并利用图书馆的一切资源实现其优势的最大化呢？管理在这时便显得尤为重要了，首先要正确了解与认识图书馆的定位，在服务质量得以确保的情况下，满足用户的需求，同时将选择出有限资源的最需要者，以此来确定目标用户。然后，挑选服务系统的过程中，对软件来说其服务功能是首要的，同时重点关注对用户服务的效果，进行综合性的对比分析后，抉择出什么样的服务系统对于本馆来说最为合适。再就是，在开放时间、问题的分配上以及成本等有关问题在进行服务的具体化过程中，应提前做好科学合理且详细的规划。

2. 专家队伍

参考咨询是一项需要运用人的智慧和能力的知识性劳动。由于参考咨询服务是由咨询员提供的，咨询员的服务质量决定了用户对参考咨询服务的满意度，所以，需要咨询员具有较高的素质。现代参考咨询服务不仅要求咨询员对工作有足够的热忱，还需要在资源和用户、信息检索技能、对信息的判断能力、良好的网络知识和技术等方面具有专业的技能与知识以及团队协作的精神。咨询员要具备及时判断分析用户信息需求的能力，能够把握住每个用户的每个问题，问题类型也被涵盖其中，以此来确保用户接收到的每个链接、每个信息都是实用的也是切实需要的。

3. 技术支撑

现代参考咨询服务方式在很大程度上都是依赖技术的。从 Message Board、BBS、Chat Reference 等这些与我们日常工作息息相关的技术在参考咨询的服务中的应用情况，我们不难看出，购买也好，自己设计也罢，最新的技术进展和服务理念都应该在参考咨询服务的软件中有具体的表现。参考咨询功能的发挥和服务的效果在很大程度上取决于软件的功能。同时，个人认为，参考咨询在决定使用哪种技术时，要从技术的实用性即适合本馆实际和用户的需求特点方面着重考虑，不能一味只追求最新技术。

（二）充分利用网络资源

参考咨询服务在互联网的强烈冲击下，所造成的影响是无法避免的。互联网的地位是图书馆的参考咨询服务无法替代的，但是网络资源的丰富性却可以为图书馆参考咨询的服务带来便利。在因特网的网络方面如搜狗、百度等搜索引擎都是具有智能性的，因此参考咨询服务的重点应该是将上述所说网络方面的搜索引擎有效地结合图书馆的学术资源服务体系，促使学术咨询的服务体系趋向完善化以及在学术资源方面创造优良的环境。参考咨询之所以可以在信息服务的提供上能够确保文献的丰富性，就在于在网上进行学术资源搜索时，还可以查询各类 BBS、个人网页博客等，从而实现学术资源的多种多样，同时在学术资源的来源上实现拓宽。参考咨询与网络资源这两者的服务方式上，前者是后者的借鉴者，比如参考咨询服务可以进一步地在网上利用“某些用户所发出的代表性提问让众多用户来进行解答”，进而促使越来越多的用户使用参考咨询服务。

六、参考咨询工作的咨询范围

读者提出的问题是否属于图书馆应答复的咨询范围，对此，在许多介绍参考咨询工作的文章和著作中大多避而不谈，为什么避而不谈，原因大致有二：第一，图书馆被称为知识的海洋，拒绝答复读者的咨询，似乎影响和贬低了图书馆的能力和作用；第二，对于不应由图书馆答复的咨询问题，没有一个明确的规定，但实际上，有些咨询问题确实是不应由图书馆答复的。

图书馆能否解答读者的咨询问题，情况要复杂一些，一方面是图书馆的参考咨询员能力问题；再一方面是图书馆书刊文献的收藏情况和水平问题；另外，有些读者所咨询的问题是高要求、大范围的，而且还对图书馆力量方面有大的需求（即在进行全方位的查找工作是否有充足的人力可以进行）。如果这些方面条件不具备，自然就不能顺利解答读者提出的咨询问题。例如学生的作业题等应明确不作为咨询回答的对象，要婉言谢绝读者。

以下列举日本国立国会图书馆在参考咨询中是如何划分可与不可的咨询范围的，供参考。

可咨询范围：本馆有收藏与否；查明藏书的机构，即确定本馆没有收藏某资料时进行查询有收藏的图书馆，此范围仅限于日本国内；仔细查看著录的事项，即文献中的著者名、书的名字、出版的年份以及出版的出处是何地等；文献的阐述，即用作参考于某主题的文献介绍进行查明；陈述出对应的单位，即对于所发表的问题得以准确回复的单位。

不属参考咨询的范围：对将来的预测等问题，征询图书馆员的推理、推断、价值判断；推荐好书、中介图书的买卖；古籍、美术品的鉴定及市场价格的调查；文献的解读、注释、翻译；题目的解答、报道、毕业论文、智力竞赛题等；牵涉个人隐私的调查；私人问题、家庭问题及法律、医疗等问题；制作包罗万象的文献目录；代行调查研究；无法正常检索的记事和照片。

综上所述的参考咨询在其范围上的认识与了解后，避免了一些咨询的不必要性，使咨询问题的效率得到了提高。

图书馆事业是一个整体，图书馆之间有相互合作、相互支持的优良传统，如果读者提出的问题较为重要，又迫切需要，但某一图书馆无法单独完成咨询问题的解答，也可以接受后，通过同其他图书馆联系，共同来进行解答。

有关咨询方面的解答方法，首先是对客观需求的认识与了解，为了使问题的性质、范围、作用、目的以及要求得以明朗化，可以借助读者填写的咨询登记卡以及同读者的交谈中获知，其次是在主观条件方面的分析，在力量与条件上是否可以实现问题的解答，还有所需解答的问题是否可以回复。当在这两者的问题上做到了充分的准备与详细的调查，对自身和对方实现了完全的了解与认识，并得以掌握，在咨询解答的工作上势必可以做到事半功倍。

七、电话、信件、传真和网上咨询

随着通信事业的飞速发展，电话极大地方便和加快了信息的传播。利用电话这一通信工具从图书馆直接获得信息，在工业发达国家的公共图书馆中已有很长的历史，并且成为参考咨询工作中一个不可或缺的组成部分。

电话咨询属于便捷型咨询，但有其特殊性和特殊要求。咨询人员与读者互不见面，仅通过电话进行沟通和交流，不能像现场咨询那样，双方除了使用语言交流外，还可借助眼神、形体动作、画简图等方法帮助表达意思。何况电话咨询时读者无法目睹参考咨询员在解答咨询过程中所付出的辛苦劳动，不易理解查询中有时会出现的一些情况，以致事不遂愿时容易口出闲言。因此，针对电话咨询的特殊性开展咨询工作，是搞好电话咨询的关键。

电话咨询对问题的解答应更快，对参考咨询员的语言表达能力和心理素质的要求更高。读者在电话线的另一端等待参考咨询员的解答，比较容易产生急躁情绪。为了能较顺利地解答读者提问，咨询部门应制定解答范围，而且可以对电话咨询中涉及的以下两点进行必要的控制：每个咨询电话解答时间的长短。电话咨询与馆内咨询一样，主要提供容易获取的事实或数据信息以及进行馆藏介绍，为了保证通信线路的畅通，有必要对通话时间进行适当控制，尽量在控制时间内解答完提问。若问题较复杂，检索较费时，可设定回答时间，约请读者过些时间再打进来，既给咨询人员留有充分的检索时间，又不使读者长时间在电话那头等待，也不至于影响其他读者使用电话线路。有些问题可以回答最简单的事实，同时介绍相关的参考资料和工具书，建议读者来图书馆内进一步咨询或自行研读解决问题。例如，读者询问某位名人的传记，如果有多种，咨询人员可在电话中介绍其中的一两条书目记录，其他几种可告诉分类号，鼓励读者直接来馆查找。不适合于电话解答的课题查询，可将电话转到有关部门处理。每次咨询提问的个数，一般来说，一次咨询的问题以不超过三个为宜，提供的答案亦不超过三个。一次提问过多，会占用太多的时间和电话线路，与电话咨询求“快速”的原则不符。当然在实际操作中，咨询人员有时也需灵活掌握这些规定，总之其目标应是鼓励读者给图书馆打电话，以求最大限度地利用图书馆的信息资源。

参考咨询员还要注意培养接听技能，善于从短短的交谈中快速判断出提问中什么是已知信息，什么是要求的信息，根据已知信息确定检索的主题，而根据其要求确定检索的范围和方向。例如读者来电要求查找法国国歌《马赛曲》的歌谱，咨询人员约请读者半小时后再打进来，根据已知信息如国家名称、歌曲类型和歌名，咨询人员分别以“世界国歌”或“名曲”为主题，很快检索到《世界国歌博览》等图书，其中收录了《马赛曲》。半个小时后咨询人员将查找结果告诉读者，读者非常满意。

电话咨询中，只能靠说话来进行交流，咨询人员声音的清晰悦耳、态度的亲切热情是体现服务质量的重要方面，应该予以重视。接听电话时咨询人员对读者主动招呼：“您好，请讲”，“您好，这里是图书馆电话咨询部”，有利于营造出友好合作的气氛，为咨询的顺利进展打下基础。另外值得强调的是电话咨询人员应具备良好的心理素质和应变能力。由于家庭电话的普及，向图书馆打个咨询电话成为一件很方便、很随意的事，因此端坐在电话咨询台前的参考咨询员，随时要准备快速地应付各种各样的问题。其中有些读者可能会纠缠不休，有些读者可能因对图书馆工作有意见而借此发泄，甚至有的会进行无聊的恶作剧，对咨询答案不满或等待答案时缺乏耐心的读者也有可能对咨询人员的劳动不予尊重。这就要求电话咨询人员上岗前要有较充分的心理准备，能灵活地处理各类电话，有较强的心理承受能力，善于借助语言准确地表达思想，有化解矛盾的能力，使电话咨询的过程成为一次双方不见面的愉快的合作过程。

电话咨询应配备一些专用信息资源和相关设备，配备的多少可从本馆的实际需要和经济实力出发。一般来说，专用信息资源越丰富、完整，咨询人员越方便，工作效率亦相应提高。专用信息资源可参照参考咨询台配备，主要有三个部分：

一是基本检索工具书，例如《中国图书馆分类法》、常用的书本式馆藏目录或联合目录、当地的电话号簿、因特网网址簿以及常用的统计年鉴、指南、手册等等。

二是剪报等资料，与咨询台一样，剪报也是电话咨询必须依靠的重要信息源，用以查找时效性较强的信息。但是电话咨询用的剪报应制作得更为正规和便于检索。随着剪报量的增加，应为剪报编制主题索引，选用的主题词要直接简明，避免过于宽泛，例如选用“中国历史”而不用“历史”。每份剪报必须标明日期出处。咨询来电中，询问馆内活动的占有很大的比例，因此介绍馆内活动的资料也是必不可少的，如阅览室的开放时间、办证的注意事项、专项活动的安排等，一旦情况有变化，必须及时更新。检索工具书和剪报内容的选择，由参考咨询员确定，根据需要进行扩充和调整。剪报工作一般也由咨询人员在接答电话的间隙兼任，直接参与信息的采集，对于提供信息是很有帮助的。

三是计算机，计算机的配置视各馆具体情况而定，在采用机读目录的图书馆里，通过查阅机读目录解答书目咨询，要比查阅书本式目录快捷和方便得多，应该予以配置，这样使工作人员能够提高效率。有条件的图书馆还可以通过联机检索，查找联机数据库里的信息以解答电话咨询，但是费用比较高。由于联机数据库信息更新快、检索时间短，能较好地满足读者的需求，在一些发达国家的公共图书馆里，已作为参考咨询台和电话咨询的信息源。

电话咨询专用工具书、剪报、计算机等设备的安放应突出“就近、便利”的原则，最常用的书要随手可得，以节省取书的时间，方便读者进行查找。

我国随着向信息社会的迈进，读者通过电子邮件向图书馆提问，十分简单方便。电子邮件传递速度之快，普通信件无法与其相比。它的另一个突出优点就是随时都可向图书馆发问，而不论图书馆是否开馆。但是电子邮件也像普通信件咨询一样，咨询人员不能与读者进行面对面的对话，这对问题比较复杂的咨询来说，是不利的，因此电子邮件咨询也一般适合于简短的事实或数据咨询。如果在一些复杂的提问中，必须通过电子邮件进行咨询对话，那么这种对话在许多方面与馆内咨询相似，不同之处是应该排除所有不必要的语言。网上咨询通常在网页上制作一张类似普通咨询中常用的那种咨询单，让读者输入相关的信息。除了要写清姓名、单位、电话、电子邮件地址等个人情况外，还可询问读者是否愿意采用面谈或电话咨询的方式进一步对话，因为这些方式毕竟更为直接。如果继续采用电子邮件，应询问读者一般在什么时间打开电子信箱，以便使读者能及时收到咨询人员发出的信息。网上咨询单应要求读者对提问做出清楚、准确的描述，可能的话提供出主题词或关键词，写清提问要达到的目的，已知的与提问相关的文献和作者，以及对文献的要求，如发表时间、外文文献的文种等。此外，还应请读者写清对检索的要求，例如时间要求，需要多少文献量，以及文献的传递方式。对于原始文献的传递，读者可能会有不同的要求，有人仍然要求通过电子邮件，而有些读者从电子邮件中下载文献会有困难，因此这是因人而异的。对于比较简单的咨询答案，一般仍采用电子邮件回复。

与普通信件咨询一样，在网上咨询时，参考咨询员最不易把握的是信息需求者的一些内在素质，包括他们的智能、阅读水平等。因此咨询人员要善于从电子邮件的片言只语中，体会和揣摩对方的内在素质，以便使解答能区别不同的情况，“对症下药”，进而收到事半功倍的效果。

对于较为复杂的提问，在读者把问题和要求提出后，为慎重起见，参考咨询员可将读者的需求小结一下，向读者回复电子邮件，让其认可，在得到读者肯定的答复之后，再开始检索工作。

第二节 图书馆参考咨询工作的演进历程

一、萌芽阶段

古代图书馆的功能主要是收集、保存文献，读者范围也仅限于极少数的贵族读者。由于文献数量相当有限，读者根本就不需要任何参考咨询服务。到了近代，图书馆也逐渐发展为公共文化设施，读者范围也由过去的贵族读者变为了全民参与。图书馆的业务工作也变成了文献的收集、整理、典藏和服务 4 个部分。到 19 世纪下半叶，由于科学技术的发展，各学科之间相互交叉渗透，文献信息量剧增，读者的文献需求增加，导致读者的需求量也日益多元化，在这样的条件下参考咨询服务也应运而生。

参考咨询工作最早是在美国公共图书馆和高等院校图书馆开展起来的，是近代科技、教育、文化发展，书刊资源日益丰富以及世界图书馆事业蓬勃发展的产物。文字记录的产生和发展，出现了整理、收集各种资料的机构和专职人员，这就是最初形式的图书馆。大概从 18 世纪开始，图书馆的管理模式开始发生改变，图书馆不仅仅是保存图书，工作人员开始担任指导与管理工作，对图书馆的图书资料进行分类编辑管理，对于读者进行咨询服务工作，“参考服务”管理也由此开始。参考咨询服务工作正式诞生于美国图书馆协会第一届大会上，确立了图书馆的工作是要给予读者帮助，提供参考咨询服务，确定工作责任，并倡导图书馆要给予读者咨询服务。图书馆咨询服务工作逐渐在各个图书馆中展开，图书馆开始设置专职参考馆员和参考阅览室，甚至设置了专职人员作为图书馆咨询员。“参考工作”这个词语也出现在学术界，在索引中也诞生了“参考咨询工作”这个词语，参考咨询工作成为图书馆工作人员或其他专家向读者提供信息解答的一种服务方式。“参考咨询工作”作为“图书馆的心脏”和近代图书馆的重要标志风行美国并推向世界。

二、传统参考咨询阶段

20世纪20年代以后，参考咨询作为一项崭新的服务形式引起图书馆界的关注。多数图书馆，尤其是公共图书馆，首先配备专职工作人员、配置专门藏书，并设立专门的工作部门，开展咨询服务。参考咨询服务内容主要是利用图书馆的书目工具帮助读者查找图书、期刊、报纸等文献资料。参考咨询工作以其机动、灵活的服务方式和显著的效果大受读者（用户）欢迎，并以强大的生命力向纵深发展，成为图书馆工作的一部分。到40年代，参考咨询服务开始回答事实性咨询。为读者提供现成的答案。到五六十年代，随着网络技术和信息技术的高速发展，参考咨询的形式和内容都发生了根本性的改变，如何方便快捷地查询需要的资料，就需要检索工具书对于资料的管理编辑，作为读者用来存储和查找文献信息的工具，图书馆开始了检索工具书的编辑，开展了一系列的服务工作。现代化国家的专业图书馆，如立法、工业、商业图书馆，以藏书和人员配备上的优势，逐步扩大服务的范围，设置了新的情报机构，建立信息库、思想库，提倡并开展专题情报研究、专题文献评价及综合情报服务，参与重大决策。这类服务为发展咨询服务的技术和理论研究奠定了较好的基础。

随着参考咨询理论的发展，20世纪初开始传入中国，并在各个高校开展建立参考咨询服务工作，一些大型图书馆也随后不同规模地开展了此类服务项目，建立检索工具书的管理编辑。图书馆参考咨询工作作为读者服务工作中的重要组成部分，可以体现图书馆服务的增值服务和工作人员的价值。

这时期的参考咨询服务工作模式主要分为直接服务和间接支持服务两种形式。直接服务是指图书馆工作人员直接面对面地为读者进行问题解答，提供图书指导信息，为读者提供直接服务。间接支持服务则是通过其他工具进行服务，例如编辑检索工具等，为读者查阅、获取有关资料提供方便的服务。参考咨询理论研究开始探讨参考咨询工作在图书馆的地位、与读者的关系、服务内容与形式、咨询方法与技巧、读者需求特点等具体问题。参考咨询工作蓬勃发展，各级各类图书馆纷纷建立参考咨询部门，开展了形式多样的参考咨询服务工作，有力推动了图书馆事业的发展。

然而，原有的参考咨询服务工作已经远远不能满足日益扩大的咨询需求，在原有的参考咨询服务工作模式下，服务形式比较陈旧单一，属于被动地接受咨询，已不适应形势发展的需要，咨询服务方式需要与时俱进，资源向数字化方向发展，文献资料的储存方式、检索方式以及信息交流传播都需要进行更新，互联网技术的迅速发展也让一些专门从事文献检索服务的专业公司开始出现，他们研究新设备新技术，进行革新发展，改变传统的文献结构和图书馆管理模式，参考咨询工作开始进入了网络服务阶段，计算机的联网使得实现资源共享，可以在图书馆就可以搜索到世界各地自己需要的资料信息。

三、网络化参考咨询阶段

（一）传统咨询服务内容的网络化

网络化参考咨询服务是传统的参考咨询服务借助了网络技术形成的，就好比常见问题（FAQ）、咨询的在线化、信息的传送、电子邮件、数据库的查询以及读者教育园地等服务，都可以在网上进行。网络参考咨询有以下优点：不受时间和空间限制。即不再受时间的束缚，从其方式上而言，参考咨询服务是 24 小时待命，使读者的信息咨询需求可以实时实现及完成，然后以最快的速度给予读者确切的答复。拥有图片、文章、声音集成一体化的信息资源，以此来为读者提供良好的服务。服务内容的发展趋向于多元化。而文献借阅服务的单一性也无法再满足读者所需的信息方面的要求，因此，以类似于光盘检索服务以及给读者开展培训服务等各种信息服务为其发展的方向，用户可随时随地上网查询，从而使大规模、整体化开发和利用信息成为可能。

（二）联合虚拟咨询服务

作为服务方式的全新面貌即联合虚拟咨询，是通过几个或更多图书馆或者是咨询机构联合打造，最大化地运用它们各具特色的信息资源及人才上的优势互补开展咨询服务工作，对用户的咨询服务没有时间上的限定。图书馆在数字参考服务方面是以联合虚拟咨询来作为其以后发展的目标，打破图书馆传统模式的局限，使本馆资源不再是参考信息源的唯一渠道，而是将网络信息的资源以及电子文献的有效结合，相互融合；而用户在需要使用咨询服务时可以选择本馆馆员，也可以是选择有合作关系的参考咨询者以及参考咨询的学科专家组所构成的服务团队；当然所服务的范围也不再仅仅是本馆的读者了，而是遍布世界各地的用户群体。

冲破时空的束缚是网络技术上的发展所致，在进行文献方面的加工以及信息检索之类的方式方法实施变更。咨询服务工作者不再进行大量乏味的手工操作，开始了将时间与精力的集中起来进行较高层次的思维劳动，如专题文献分析研究等。图书馆信息的载体由于网络环境的影响其发展开始趋于多样化的进程，而信息来源也逐渐丰富起来。传统的服务方式是具有被动性的，而参考咨询工作网络化的到来彻底地打破了这一局面，从单一的横向服务、层次服务、范围服务以及动态服务等方面向多样化方向发展。物联网信息资源的丰富性以及通信方式的便利性促使人类社会进入了信息化时代。图书馆不再是读者在进行信息以及文件查找时仅有的查找工具。要想图书馆的事业发展得以上升，那么就需要及时地进行自我调整，需要图书馆的工作人员利用与读者接触的机会，对社会要求图书馆进行改进和调整的地方积极地进行改进和调整。

（三）我国参考咨询的发展

咨询这种社会活动在几千年前就已经存在了。古代的君主、帝王以及贵族会向史官、博士之类的谋臣征集意见，然后制定规章制度，以此来维护、稳固自己的统治地位。另外各个学派、文人学士之间也会有相互切磋、相互探讨的学术交流的活动。例如《礼记》、《庄子》和《史记》等书中提到，孔子每隔一段时间都会“问礼于老子”“论史记旧闻”等历史记载。老子曾经掌管周朝王室的图书馆，所以孔子及老子的行为都可被认为是早期的图书馆的咨询活动。

咨询活动在汉代以后有了新的发展。汉代的经学家、目录学家刘向、刘歆父子及其他学者在校书的过程中，“条其篇目，撮其旨意，录而奏之”，即一条一条地罗列出书的篇名目录，归纳书中的内容梗概，写成叙录并上呈给皇帝。由此编纂了我国第一部综合性提要目录——《别录》和第一部分类目录——《七略》，用来给皇上及大臣等作为参考，这可以称之为早期的书目参考工作。到了清代，书目参考工作发展得更具规模。《四库全书总目提要》就是非常具有代表性的文摘著作。现代图书馆兴起于20世纪初，为查找图书资料的读者提供有针对性的帮助的情况在当时已经存在，不过，我国真正具有现代意义的参考咨询工作是从20世纪20年代开始的。

康有为在1895年上书请求皇上开放便殿，并放置书籍，让二十个人轮流充当咨询员的角色，无论是政治、历史、文化、经济、时事、治国策略方面，还是地方风土人情等各方面，皇上可以在翻阅图书的过程中，随意咨询。既可以赐坐，也可以共食水果点心，让咨询者畅所欲言，无所顾忌。站在科学的角度，康有为这种咨询的倡议，就是图书馆提供参考咨询服务的前兆。

20世纪20年代初，先为约翰大学图书馆馆长的戴志骞后来又调到清华大学成为其图书馆的馆长，他在美国进行了图书馆有关方面的知识学习回国后，便在其负责的清华大学图书馆内成立了参考咨询部门，就此使参考咨询登上了中国现代史的舞台。

北海图书馆在1928年将参考科最先设置在公共图书馆中。北京图书馆在1929年时将此馆进行并入依然保存其参考组，专管咨询事项的答复，可以为一般的读者信息咨询展开服务，还需在国际学术咨询问题的解答上予以帮助。而各个地区也紧随其后，在一些公共图书馆展开参考咨询服务的活动，规模大小不一，并结合中国目录学的传统编纂了大量的书目索引。比如位于江苏省的镇江图书馆，1933 年在原本的咨询服务基础上还加入了书目参考并举，将参考工具书进行陈列并将索引进行编制形成参考室。安徽省的省立图书馆也于 1963 年在其研究部设置了参考科、咨询处。

20 世纪 50 年代初期，北京图书馆即今国家图书馆、现如今重庆市的图书馆即西南人民图书馆、在陕西省的图书馆即西北人民图书馆，还有在浙江省的图书馆即浙江省立图书馆以及在南京的图书馆即江苏省立国学图书馆等均有着参考咨询组或室的存在，在信息咨询工作方面的活动都各自在进行，在建设国家经济、教学科研方面的工作以及抗美援朝中都积极且给予了强有力的帮助。1954 年，据不完全统计，556 万次是全国的图书馆为读者咨询的解答次数，而 953 种是其为各类所推荐的数目以及参考数目所进行的编制数目。

参考咨询工作在某些中心的图书馆以及很多大型或中型的图书馆利用各种渠道来进行深入开展，是在党中央所实施“向科学进军”的政策方针指引下从 20 世纪 50 年代后开始积极响应并实施。比如 1957 年的初期，北京图书馆开始将原有的参考研究组扩展并编制成参考部，而将参考组又分为社会科学与科学技术两方面来进行服务。天津市人民图书馆、中国科学院图书馆、广东省立中山图书馆以及中国人民大学图书馆等的参考咨询部门积极开展书目参考、解答咨询及文献情报工作。为适应发展的科学形势所需，某些图书馆在进行参考咨询工作的深入发展与广泛应用时，着重地把参考咨询服务中的情报职能以及对科学研究服务方面作为重点项目来加强力度。另外也有不少图书馆结合社会与时代发展的脚步形成一道息息相关的屏障，在其工作内容上逐渐走向情报化，在探索服务层次的深化、文献情报资源的开发以及服务领域的扩张等方面予以大力支持。

随着网络技术的发展，参考咨询工作在机遇方面也有了全新的前进方向，参考咨询服务飞速发展，其服务的内容不断拓展和深化，服务的形式也不断增加。主要表现在以下几个方面：第一，利用信息技术研究开发“一站式”的信息集成系统，主要特点为把各种不同的文献资源整合为统一的信息检索系统，进而开展信息的定制与推送服务，以网络为基础，提供一种虚拟的参考咨询服务，以知识管理方式，根据用户需求建立“我的图书馆”，开展个性化的服务。第二，通过网页来宣传图书馆的文献资源以及各种服务形式，与用户的交流则是采用 Email、表单的形式来实现的。第三，基于知识导航的特长，利用先进的网络技术，通过对信息的过滤、分析，对信息资源进行持续地开发和挖掘，实行知识管理，为科研人员提供个性化定制信息服务。科员人员所需的文献信息一般都是无序的，对这些信息进行分类、重组，然后通过网络便捷地提供给用户，这样，科研人员则不受时间与地点的限制，随时可接收所需信息，实时地与图书馆双向沟通，静态服务变为动态跟踪服务。第四，加强整合国内外馆藏资源和网络资源，参考咨询服务主动联系各基层用户，了解科研人员对文献信息的需求，征求书刊征订的意见，采用各种方式来宣传图书馆文献资源和服务内容，积极地挖掘和开发网络信息资源，极大地突破了馆藏资源和服务的范围。第五，建立各式各样的读者教育专栏来普及文献检索方面的知识，举办形式各异的读者教育活动，以此来提高读者利用不同类型文献的方法和技巧。

（四）我国参考咨询的发展特点

1. 合作咨询发展迅速，初步建立协作系统

文献资源的共建共享促进了合作咨询的未来发展，CALIS 即国家高等教育文献保障系统是国家发展计划委员会于 1998 年所批准实施的，也是为了促使合作咨询道路的畅通，形成以一个文献信息共享服务系统的广域网背景为良好基础的保障。我国就现状而言在合作参考咨询上已有了初步形成的几个系统并日趋完善。

以中国国家图书馆为首所创建的全国图书馆信息咨询协作网，吸纳了全国各种类型的图书馆为网员，是我国图书馆向合作参考咨询服务发展迈出的第一步。在信息交流的活动中只要是该网的会员都具有两个身份即信息的需求者和信息的提供者，回答系统以及知识库都是独立存在于各成员的手中，在实施信息的交流与互动时可以采用音频、电子白板、视频等方式进行，想了解其他成员的状况可借助一些相关的技术来获取，促使各成员馆之间展开咨询合作的联系与活动。该网所营造的良好环境促进了图书馆咨询部门之间在合作与交流上的关系，使其得以优势互补和资源共享。

2. 建立网上联合知识导航站

参考咨询服务的合作化项目是在 2001 年 5 月由网上联合知识导航站所推行的，这种参考专家虚拟化的分布式网络是以上海图书馆为首，联同复旦大学图书馆、同济大学图书馆、上海交通大学图书馆、上海社会科学研究院图书馆、华东师范大学图书馆，以及 16 位长期从事情报与参考咨询服务的中青年参考工作者精英于中科院上海文献情报中心联合打造的。目前此项目的模式是专家服务的合作化形式，在

咨询问题的若干专题方面由此系统中的各个专家分管，利用上海图书馆在界面统一形式下给予用户进行自主选择所提供的专家的权利，并将问题表单化来实现答案的回复。上海图书馆中心数据库会在专家与用户所进行的问答方面的交流实时监控，对于数据库中现有的答案会由导航站管理中心给用户提供参考。但是，此项目有其一定的局限性，它只能利用电子表格以及电子邮件结合起来进行，无法在交流与互动上实现实时服务，也就是说读者所咨询的问题，需要以电子表格的形式提交给所选咨询工作者，再用电子邮件传送到专家手中，专家对读者的问题一周内进行回复。

3. 建立图书馆专家联合导航系统

图书馆的专家联合导航系统的组成部分有超星数字图书馆、广东省的中山图书馆和一些公共图书馆。这个系统已经可以完全利用数字方面的技术，给予读者一种即时性的信息服务模式，并且它不再需要经过任何传统的工作环节、步骤和程序就可以实现。该系统能够在咨询员发布咨询答案到网络上时，将电子邮件利用系统的自动化操作来给到读者，同时告知读者接收并读取所咨询问题的答案。此外，系统将原文实现在线化的阅读模式给予读者使用，或利用下载的方式保存在本地硬盘上来实现电子图书的阅读。

现在，虽然我国参考咨询工作有了很大发展，但是，各级各类图书馆参考咨询工作的整体发展水平还参差不齐。

从参考咨询人员看，图书馆内可以提供专业性咨询服务的工作人员还是比较短缺的，因为目前的状况是咨询人员整体水平不够，发展不平衡，而且存在部分咨询人员业务知识面狭窄、技术不够等问题，在面对专业问题咨询时，无法提供咨询服务，这样的状况严重制约了我国参考咨询服务工作的发展。

从互联网参考咨询工作来看，我国还属于起步阶段，各方面都不够成熟，可以提供的服务信息面相对来说比较狭小，开展读者教育服务仅借助于网页或者是 FAQ 等形式，读者可以搜索的内容也仅限于图书馆的数据库，还没有真正地实现全球化的资源信息共享，在解读读者疑问时，形式也比较单一，通常还是面对面的服务或者是邮件联系。我国必须加快网络参考咨询服务软件系统的研究开发，加强图书馆的全球化资源共享，实现联合服务，完善信息咨询的各类服务。

通过进一步的调查研究发现，在一些偏远地区或者是非综合性的图书馆，还是原先的图书馆功能，包括文献的收集、整理这类服务，没有专业人士可以进行参考咨询服务，只是在图书、期刊阅览室配备一名图书管理员或由其他人员兼职，对读者直接提供检索目录信息、资料信息录入服务，进行一些基础性的指导工作。在大中型综合性图书馆，如省市级公共图书馆、高校图书馆、科研系统图书馆等，都设立了专门的参考咨询部门和咨询人员，不但从事基础性的参考咨询问题解答，接受各种读者咨询，而且在某种程度上也开展较深层次的信息加工、开发和利用；参考咨询员能够根据读者需求主动编制一些二、三次文献，如专题目录、文摘、网络资源学科导航等；咨询员能够熟练地利用网络信息资源、主要的学术性光盘、镜像数据库等电子资源，承担课题立项服务、科技查新服务、专题文献调研，以及编制文献书目、论文索引或特定的资料汇编等更深层次的服务。

第三节 图书馆参考咨询工作体系构建的研究

一、参考咨询工作体系

（一）咨询对象

不同的图书馆具有不同的任务、不同的用户群体，参考咨询工作首先应根据图书馆的根本任务，分析用户群体的构成、需求特点，确定参考咨询服务对象。

（二）服务内容

在用户需求分析基础上确定参考咨询工作的服务内容和服务形式。目前，图书馆提供的咨询内容丰富多彩，形式多种多样。在服务内容上，有针对图书馆基本情况的问题，如藏书布局、机构设置、服务项目（包括基础服务和扩展服务）、开放时间、规章制度等方面的一般性问题；也有比较专业的检索类问题；还有各种宣传活动和专题讲座等，如各种信息发布、信息资源的宣传、文献检索方法的培训、网络资源导航、观看录像、组织实地参观、文件传输和视频点播服务、学术讲座、专题展览等。此外，文献资源的数字化建设和专题数据库建设也是参考咨询的重要内容。在服务形式上，馆员与用户互动，有面对面的交流、通信、电话、传真、虚拟咨询台等咨询方式。各馆面对的用户群体不同，其信息需求也不同，参考咨询的服务内容应根据用户实际需求进行选择。

（三）参考咨询员

参考咨询员是咨询的主体，是整个咨询体系中最活跃和最具决定性的因素。一般大型图书馆都建立专门的咨询部门，配备专职的参考咨询员，开展各种咨询服务，参考咨询员的业务素质和工作态度对咨询的成败和质量具有决定性的影响，因此，选择优秀的参考咨询员是咨询工作的首要内容。

（四）参考信息源

参考信息源是开展参考咨询工作活动的必备工具，是类型丰富的常用文献资料，包括各类检索工具书和电子资源。有一定的经验知识基础的咨询人员在某些较常见的问题上是可以实时进行回答的，至于问题过于复杂或者专业性较强的，通过参考信息源的助力来实现咨询人员对于问题的回答就必不可少了。数据库与工具书的多种多样一般来说就是构成这些咨询的信息源，甚至有时候需要综合文献信息资源来实现。如果用户所提出的咨询疑问是出自图书馆的场所、组织策划以及设施服务里，那需要借助有着一定特殊性存在的参考信息源，比如该项服务的相关介绍资料、成功案例的资料、服务的制度与要求、设备设施的一些使用说明书等。

（五）参考咨询平台

参考咨询工作需要借助一定的平台开展进行参考咨询工作，可以通过工作场所、技术设备或者其他服务平台进行工作支持。参考咨询服务平台可以包括工作场所、参考工具书、电话、计算机、打印及网络设备、文献资源数据库等。图书馆的咨询服务台作为综合性的参考咨询平台，图书馆的工作人员则作为咨询员为读者进行参考咨询服务。作为总咨询员应该具备一定的专业知识，对图书馆各类资料的管理和程序都有详细的了解和认识，对于读者提出的疑惑可以进行解答。

（六）咨询规范

为了更有效地促进图书馆参考咨询工作的健康有序的发展，持续提高咨询规范工作的有效性，实现咨询规范化，应该制定咨询的方法、程序以及制度，规范咨询服务管理、咨询服务程序、咨询收费标准以及咨询档案管理等内容，让咨询工作更加健康有序发展，也持续提高了咨询规范工作的有效性，通过建立自律机制，提供规范的咨询服务。同时还可以通过国家制定的相关准则制度来规范咨询活动的开展，制定相关的法律法规和规章制度，例如针对相关特殊性咨询工作的管理办法和规范文件，建立咨询规范体系，提高整体咨询服务水平，更好地为读者进行服务活动。

（七）后台的知识管理

后台的知识管理是图书馆咨询服务中的重要组成部分，后台的知识管理类似于企业中的信息管理系统，通过对信息服务的管理来进行图书馆信息管理，其中包括图书馆工作人员的人力资源管理、图书馆中出现的问题处理情况、对于咨询服务中的条目管理等。通过后台的知识管理系统，可以使得工作人员更好地进行服务管理，了解咨询服务活动中出现的咨询问题，同时可以对咨询服务活动进行改进，提高工作效率，促进整个咨询团队的良好运作。

二、参考咨询工作体系的构建原则

（一）坚持“以人为本”

从我国咨询活动的现状分析中可以看出，图书馆咨询服务活动更多的是围绕现有的资源开展的，而不是围绕用户需求开展的。参考咨询注重馆藏文献资源的利用与开发，而忽视对用户需求和围绕信息服务于用户所需的现代化保障体系的分析与研究。用户与馆内人员沟通的活动是以参考咨询为中心，实际上也就是大家相互之间的沟通活动，所以“以人为本”是参考咨询的基本原则。以用户至上为首要目的，对用户的需求特点进行深入的分析、研究，建立信息服务的综合体系体系，最大化地满足客户需求，当然，合理需求是前提；再者，馆员作为图书馆的主要工作者，要为其创造一个舒适方便及快捷的工作环境，从而促使馆员发挥主观能动性以及创造力，调动其积极性，开展深层次的服务，促使参考咨询服务水平提高了一个新台阶。

（二）坚持服务至上

组成服务的部分也包含参考咨询自身，当然也是为了在服务的质量与效率上有所提升，参考咨询和服务本是一家。所以，咨询与服务是相辅相成的。想要图书馆的服务和管理稳步向前发展，保持咨询和服务两者之间的密切联系是十分必要的。

（三）坚持分工与协作相结合

图书馆这一单位本身就具有较强的协作性，参考咨询用户来自社会各行各业，咨询问题五花八门。用户对于信息的需求一直就是高标准、高要求以及个性化的，且杜绝品质低下、鱼目混珠的有关信息。要回答用户的各种咨询问题，往往依靠一个图书馆的力量远远不够，所以参考咨询工作中既要有所分工，各司其职，又要体现团结协作，联合多个图书馆的咨询专家共同开展咨询服务，确保信息不管是哪个方向、哪个层次都能满足各个领域的各种用户对其的需求。

（四）坚持实用性

参考咨询工作体系的建立应突出实用性，包括服务内容要坚持全面性。能够覆盖图书馆的全部服务领域；运行时进一步提升反应机制，保持快速、高效且敏捷的特点；最大化地开展对用户的咨询服务，使咨询体系内的馆内工作者及用户都能切身体会并了解其运行特征及运行动态。

三、参考咨询的具体实施方案

图书馆全体工作人员都必须了解图书馆的基本情况，比如图书馆建筑结构、馆内藏书的布局、行政机构的设置、基础服务和扩展服务的项目、开放的时间以及馆内规章制度等基本问题，必要时需要向用户详细解答。当然，也可以通过发放《服务指南》彩页、播放介绍本馆的影像资料、在图书馆官网上开放《服务指南》栏目、在图书馆内放置计算机导航系统、设置指示牌、通过文件传输协议提供《服务指南》演示文稿等各种不同的方式来向用户传递相关信息。

图书馆可以在馆场内配置总咨询台，同时配备一定数量的总咨询员（专职、兼职均可）。总咨询员能够深入地了解全馆的基本情况以及各业务部门的工作内容和工作流程，如果能熟练地使用各种工具书以及目录系统和常用数据库的基本检索方法，那就更好不过了。当用户咨询此类问题时，便可熟练应对。对于一些咨询员无法直接解决的专业细节化的问题，总咨询员应该指导用户去找相关部门的相关人员解决或者帮助用户联系解决问题。

某项服务的管理部门或管理人员应负责解释此项服务的详细内容，并负责有关规程和制度的参考咨询服务。当该项服务属于文献信息服务时，还需给用户提供文献信息资源的特征、组织体系、检索方法和使用方法等参考咨询服务；当该项服务属于提供场所或设施使用的服务时，还需要给用户提供有关这些场所或设施的状况、使用规定和使用方法等参考咨询服务；当该项服务属于向用户提供某种活动的组织策划时，还需要给用户提供相应事务的参考咨询服务。

所有部门都应该竭尽所能地开展一些具有扩展性质的参考咨询服务。如多媒体与电子阅览室，一方面负责自己管理的设备与资源的使用参考咨询，另一方面，可以就本馆 OPAC 和重要网络资源的使用、上网基本知识和常用软件的使用等向用户提供参考咨询服务。就网络管理与技术部门来说，一方面主要负责图书馆网络系统、业务管理系统和网站系统的使用参考咨询，另一方面，如果条件允许，则可以开展网络筹建、网站制作、软件开发数字化制作和数字图书馆技术等领域的参考咨询服务。

除了总咨询台之外，部分图书馆还设有专职的信息参考咨询部门，以便就比较专业的问题向用户提供信息参考咨询服务，主要职责是指导用户正确使用各种数字信息资源和其他信息资源；开展专题参考咨询服务，就用户的项目研发或管理决策等活动，可提供信息分析和研究服务；如条件允许，还可提供科技查新参考咨询和市场调研参考咨询等服务。

通过 BBS 和虚拟参考咨询台等途径所开展的参考咨询服务统称为网上互动参考咨询。此类咨询应该由具备网络环境的部门或者人员来负责管理。像总咨询台、信息咨询部、网络管理与技术部、办公室等部门，都可以负责管理。

四、参考咨询体系的评价

（一）评价各项要素的建设状况

咨询工作的需求满足与否是以建设与配置情况的各个要素方面的考察评论为主，例如资质合格与否、在咨询服务中是否有足够的人员数量、是否有合理的结构布局、是否具备完善的咨询规范体系、在各要素的配置是否合理等。

（二）评价参考咨询体系运行状况和效果

畅通的综合性咨询体系及其运行的情况、咨询的不同业务的分布状况以及在预计目标上所完成的数量是其考察的主要方向。还有用户的满意度是多少，有多少满意率以及满意与否；是否在已建成的咨询体系上有漏洞，图书馆所覆盖的服务区域是否全面；综合咨询体系的初衷是否得到了展现，还有是否贯彻落实了事先所定的指导原则及行为指南等。

评价工作的具体化流程中预先应制定详细化的评价指标，对比此指标与一些实际情况加以分析与评判，我国的图书馆事业可以说在目前是飞速发展的，服务领域与手段都在很多图书馆的管理下逐渐扩大与革新。而与之对应的有关咨询上的工作与理论也需要稳步向前地发展以及创新。

五、建立颇具个性化的参考工具书体系

不管是哪个图书馆在搜罗资料上都不可能面面俱到，所以各图书馆需要做的是

加强自身的特色，从本馆的任务、性质、文献的质量以及系统上的原则进行有针对性的新的文献的补充。

图书馆应侧重于参考工具书配套上的合理化，以完整、全面以及有机的形式组合在一起，促进参考工具书检索效率的提高。尽可能将参考工具书所缺失的方面进行有效的完善，做到推陈出新，促使咨询用户在参考工具书方面的需求得到高质量的满足。在标准、年鉴、专利公报、CA 即化学文摘方面加以完善的同时，引进英汉或汉英的辞典类时应酌量缩减，且应添加采购一些有关专业性的辞典，例如化工、管理、生物、通信等专业性辞典。

大型、权威、实用且资料性的参考工具书的补充，从原则上说是以求精、求新、求专为基础，且此必不可少的工具书具有较高的使用价值和广泛的用途。百科全书的品种繁多，而社会与科学的发展脚步也从未停歇，在新内容的补充上，其最佳的办法就是采用“百科年鉴一年用一本的方式”予以补充。提高百科全书的匹配率也至关重要，不可忽视。就像《中国百科年鉴》与《中国大百科全书》的相辅相成，《中国标准化年鉴》和《中国国家标准汇编》的相得益彰，都是二者不可缺其一的。

有些参考工具书的出版方式是具有连续性的，要求尽可能地维护其完整度。较为重要的是，在综合性较强、实用性较高的年鉴上，在含有文摘、索引、目录等检索方面，应在配套上加强其系统性，采购连续且不遗漏。在配套与完整度不够的方面要尽可能地补充齐全。

参考咨询馆员在解答咨询问题或指导用户使用参考工具书时，需要了解参考咨询工具书的内容、功能，熟悉其编排方法，熟练掌握其使用方法等。参考咨询工具书的使用原则如下：

（1）要了解各种类型工具书的内容和功能。这样在遇到疑难问题时才能对症下药，选用合适的参考工具书。

（2）熟悉参考咨询工具书的排检方法。工具书的排检方法，是指所有条目按照一定规则排列成系统，便于检索的方法，从编排的角度说叫排列法，从使用的角度上说叫检索法，二者合称为排检法。使用工具书必须熟悉工具书的排检法。例如，外文参考工具书大致是按字母顺序排列，而中文参考工具书的排序方法则种类繁多，有按拼音排序的，有按笔画和笔顺排序的，这些使用起来简单方便且容易掌握。但也有一些我们陌生的排序法，如按四角号码排序的参考工具书。

（3）在使用工具书之前，我们要先阅读其编辑说明、凡例、前言等，以了解它的编排、组织方法和收录范围。有些工具书如名录、指南等，大量使用缩略语或代码等，我们还要从前言或凡例中知道那些缩略语或代码代表什么意义。注意参考工具书资料的新颖也是使用原则之一，有些工具书，如法规、名录、指南、统计资料、年鉴等，如果已过时，就不太适合使用了。

第四节　图书馆参考咨询工作的价值认知

一、图书馆参考咨询工作的价值观认知

（一）以人为本，为人服务

从社会价值体现上来看，图书馆对比其他行业的差异还是较大的。于信息资源共享来说，图书馆的工作人员与读者之间进行密切的交流互动体现了图书馆的社会价值，将图书馆学方面的知识看作是图书馆工作人员的基本保证，在市场的需求下，把不同的文献如电子文献、网络信息、馆藏图书、中外报刊等作为载体最大化地进行利用，使用户接收到来自馆员通过自身的智力资源结合专科类的科学领域在利用上来加以创造、创新进而形成特色化的信息产品，再结合专业的技能，将文献内容的特征及形式通过编目与分类技术来体现，且为了确保信息服务可有效地被读者使用，从手段上可以通过科学的组织与分类来进行。

（二）科学专业，与时俱进

就我国目前情况来说，图书馆的认证资格制度还没有正式建立，所以从专业化角度来看、从客观的背景下来说，此工作还没有被大众所知。各个学科方向人才的专业化是图书馆的必要且首要条件，在学科的发展动向上他们是最具发言权的，业务上的知识也因学科的发展不断更新，从而在参考咨询服务的各个方面给予到用户身上。他们所具备的应该是专业的图书馆情报学方面的知识，通过收集、整理、优中选优以及总结方面的特长，来应对丰富多样的信息源形式下的信息；所需人才在计算机、网络等技术方面还需是专业、精英的级别，在技术上为现代图书馆提供强有力的支撑；同时，从读者的角度尽可能地去了解、认识并掌握，第一时间为其提供服务。总而言之，是将“服务至上、读者第一”视为座右铭，这不仅是对图书馆员的要求，也是树立图书馆形象的必然要求。

二、图书馆参考咨询工作价值取向

（一）不断更新服务方式

传统的图书馆提供服务的主要方式是将馆藏的文献资料加以利用，运用人工的手段提供信息服务，其中所含内容有手工方式的咨询、检索，对文献进行复制流通以及进行文献阅览等。但文献信息服务在信息时代所囊括的是网上教育、提供上网信息服务、在网上实现信息资源的借助及参考咨询的服务等信息服务现代化方式。可以进行以下分类：一是利用互联网进行目录检索。数字化的目录馆藏模式，在公共目录上搭建数据库，结合校园的网络，促使阅读者在不同的地方用不同途径检索查询个人借阅情况并在网上进行图书预约和续借，节省阅读者的时间，最大化地利用文献资料。二是网上导读服务。读者在以往是通过印刷品了解并接受导读服务。图书馆借助校园网络上实现图书馆的专用网，推行书刊的最新版、报道专业性学科的数目、进行信息快报的选编、书目的推荐、进行读书书评的活动开展，促使图书馆文献信息被大量的读者通过网络而认识、了解，实现有效的导读，进一步地利用到图书馆文献信息。三是网上咨询服务。馆藏文献是传统咨询服务的前提基础，进行解答咨询的方式是手工。而网上咨询实现检索的快速性是依靠互联网、校园网以及光盘数据等方式，减少了文献查找时所需时间，相对于手工方式而言，查全率是无可比拟的；同时，也能化被动为主动，颠覆了以往传统的参考咨询服务的被动性，对读者进行区别对待，达到主动出击的目的。

（二）提高服务质量

文献在被读者所获取及利用时便可知图书馆的价值所在。确保文献信息满足读者需求是图书馆的初衷也是其最后的愿望。我们所说的图书馆职业简单来说就是为读者找其需要的书。为读者服务，将读者所需放在第一位是我们在意识上需要重点加强的，读者类型的丰富性要求所需文献也相对来说会有多样性，最大化满足读者要求，在服务的时候做到礼貌、文明、尽职尽责，读者至上。可是，“读者至上”这一理念要求在工作中心理上往往会产生动摇，因此在面对读者待人接物时所具备的应是亲切自然，举止得宜，以良师益友的形象深入众多读者的心中。将文献信息推荐给读者时应积极主动、热情大方，指正读者在行为道德方面的不规范时应注意言语措辞。利用职业道德的良好形象来构建读者和图书馆相互之间的依存关系。研究分析读者情感、心理、文献上的需求、行为等各个方面来实现文献信息有针对性的供给。用“轮子”来形容图书馆，那么其所围绕的轴心是提供给读者的服务。

（三）继续教育，与时俱进

教育的延续，是指在职人员为适应社会需要而接受的再教育，它是终身教育的组成部分。传统化的图书馆也因科学技术与日俱增的发展，知识日新月异的更替，为了满足大众所需求的信息量，而转变为文献信息中心且设备先进、具有现代化的管理措施。在图书馆工作者成长的道路上，经验的积累、渊博的知识、专业化的训练是满足其发展需求必不可少的因素，进而成为高水平的成员或专家。继续教育于在岗图书工作者来说是筑成队伍的重中之重，在素质上也有着整体化的提升。就目前来说，自动化、现代化的图书馆工作却极少有素质上与之相匹配的图书馆工作者，不仅导致图书馆发展停滞不前，且在自我价值的体现上也是微乎其微。

当下，不论是大型或者是中型图书馆，在业务上如书刊上的管理、图书的流通、文献的检索、编目的分类、用户的情报教育及书刊的采访等方面均已在管理上完成了计算机化，而在图书馆中应用最多的则是多媒体等先进的现代化技术，从网络方面来看图书馆的网络连接是大至国际，小到局域，要在大面积范围内开展共享资源及信息服务，让许多图书馆工作者感觉自身知识、技能的缺乏，因此在信息技术的现代化认识及掌握上需要运用一定的手段促使图书馆工作人员在知识与技能上得以与时俱进，同步更新，在知识结构上进行合理的规划。

从内容上说，继续教育有以下特征：

（1）信息技术教育的现代化。信息技术在 21 世纪有着质的飞跃，也影响着图书馆事业前进的脚步。图书馆工作人员需具备可进行计算机的实际操作、维护工作等，简单来说在使用计算机时需得心应手。当然互联网的检索这一技术也是情报信息者需了解及掌握的。

（2）图书馆于情报学上的教育，就全国范围了解，并不是所有在图书馆就业的人所学专业是图书情报，所以对图书馆员进行专业化的理论基础教育是必要步骤。同时，对于国内外的图书情报学的最新消息要及时追踪并认识了解，汲取目前情报学信息反映的新理论、新观念、新方法，最关键的是处理现有的情报信息并掌握该信息的处理技术，比如对情报信息进行加工、情报信息运用的网络检索功能等。

（3）对于相关学科知识方面的教育。图书馆在时代的知识经济发展道路上势必会成为社会信息系统中不可或缺的部分，其事业与相关的各方面密不可分，促使其与经济、社会、文化以及科学等方面协同发展。有关专家表示：“最精锐的图书馆员是那些有着广阔博大的知识，或具有某一个专业知识的背景而投身于图书馆行业的人”。因此，知识的专业性是图书馆工作者应必备的条件之一，另外还需在有关学科的知识上加以了解及掌握，特别应以在未来的发展路上图书馆工作所需及关系密切的知识为主，注重类似于管理、信息、公共关系、经济、教育、心理以及其他与自然科学有关的学科等各类学科的知识专业性。

（4）“服务于读者”在信息咨询中的地位是不可动摇的，也是图书馆工作的根本宗旨，读者需求是否得到满足以及进行读者服务的工作成果如何决定了该图书馆的工作水平程度。从服务对象来说，图书馆的读者在层次上具有多样性，在利用文献的方面他们都尽可能地做到面面俱到。当然，情报检索方面的需求是丰富多彩的，在文献信息内容上的服务也是多种多样的，所以，图书馆的读者服务想要实现科研及教学工作，就要杜绝用以往还书、借书等方式继续运行。

（5）对职业的尽忠职守及无私奉献也是其职业的价值体现。当自身处于该行业中，做到爱岗敬业，从根本上说敬业也是文化方面的一种精神体现，一个从业者都想借助自身所处职位及职业来实现职业文化价值及职业道德理念。

三、图书馆参考咨询工作的价值意义

（一）辅导读者阅读的重要手段

许多读者不清楚现代图书馆的服务特色及状况，所以在阅读时独自在图书馆的学习中是会存在很多难以解决的问题。像生僻字、专有名词、地名、人名、朝代的那些名称以及一些引言、名言名句，都会存在一定程度的不熟悉、不了解或认识不够全面的地方，对某些材料需要进一步查找原始文献和参考材料，等等。以上这些，虽然看似都是些小问题，但是如果不能认识通透，或许只是在学习与阅读的质量上有所影响，也有可能会促使读者丧失对学习的兴趣。像这一类型的咨询，要是对图书馆在收藏方面有所认知或了解，对图书馆中的藏书目录能运用得当，那么这些问题都可以说不算问题。

有些问题是需要读者在其阅读时加以解决的，其困难的地方在于以下两点：首先，所耗费的时间与精力较大；其次，读者对于图书馆所收藏的资料方面较为陌生，可能会有一些问题没有办法解决。由于图书馆参考咨询是有着一批专业化的工作人员，各自所分管着不同的专业领域，所以在面对这些问题时才有可能提供又快又全面的解决方案。站在参考咨询工作的角度来看，它不仅是帮助读者在进行阅读时的一种重要方式，而且对于解决数以万计的读者在阅读过程中遇到的问题意义重大，读者可以减少精力及节约时间。从此工作方面来说，借助图书馆方面的文献资料有效利用的途径来创造良好的条件，并且为读者节约了时间，以此来促使精力更多地转移到更加重要的工作当中。

（二）宣传利用图书馆藏书的重要方法

从内容与体系上可知，图书馆在文献资料上的收藏方面可以说是无所不包，不管是天文还是地理，也不论是古今还是中外，涉及之广浩如烟海。一般来讲，前往图书馆的读者对藏书的需求是一种个体行为，自己往往不会在总体或是全方位地去把握自身在专题性知识方面的需求。可以专门找出一种中文资料或外文资料、一篇期刊刊登的论文或工具书中某一数据，而不善于围绕自己所研究的专题，从图书、期刊、论文集、丛书、科技报告、专利、标准、样本、工具书等图书馆收藏的诸多的文献类型中将有关资料收集齐全。图书馆的参考咨询是围绕专题展开的工作，总体方向是利用图书馆的藏书来解决问题，拓展读者的视野，让读者明白并感受到图书馆是实至名归的知识宝库，其知识的资源无穷无尽、生生不息。所以，通过参考咨询不仅使图书馆更为形象化地实现了宣传，同时也让大家认识到图书馆藏书的重要性，再者，最大化地促进读者对图书馆的利用。

（三）系统地向读者提供文献资料的有效方法

由于现代科学技术正向许多未知领域进军，其深度广度达到前所未有的程度，每年提出的科研成果以几何速度上升，记载科研成果的科学文献高速增长，而以下问题就是大多在科研工作中的人员所要面对的。所有学科对参考文献的需求是各种各样的，要是继续沿用以往手工规整的方式，就算是耗费大量的时间也不见得能保证资料的完整性；一种或以上的书刊文献被参考文献所需时，在收集工作中耗费的精力也往往是事倍功半的，因此也无法保障文件的齐全；并且在所需要的参考文献数量上是极其大的，从实质上说直接阅读的几乎是不存在实现的可能，而必须借助于文摘、索引、目录，掌握文献的全貌，便于选择最为直接的文献资料来进一步阅读。所以不管是文献的线索还是检索工具及方法的全面性都需要进一步地掌握和了解，并且所需参考文献的要求必须是具有最佳价值效用且最为直接相关联的资料，所以参考文献必须是在有关联的资料中进行摘选，从而从文献中选出水平最高、价值最优的资料。

（四）为科学研究提供便捷的服务

科学技术的现代化和经济事业的建设是由各行各业所促成，在所有组成部分里，图书馆参考咨询工作这一环为其重要的组成部分，它不仅在信息的传递上具有及时性，同时也为科学研究提了优质的服务，让文献的使用价值得到充分地发挥，且对于文献资源开发推广和优化都有很大的提升。面对文献资源的急剧增长，读者在信息查找、筛选与利用过程中需要花费大量的时间。为了帮助读者利用资料，参考咨询工作不断完善服务内容，开始从多种文献源中查找、分析、评价和重新组织情报资料，为读者提供更深层次的服务。因而，有无参考咨询工作、参考咨询工作的好坏，对科学研究工作的影响是很大的。参考咨询工作为第一线的科研人员节省了时间和精力，从实质上说也是为科研的一线工作给予了很大的助力。图书馆参考咨询工作是科学研究服务的内容及主要方法，图书馆对诸如书目参考服务、情报工作、利用及编制各类型的书目索引、特定主题服务的开展、有关的书刊文献资料的全面介绍与提供等工作的安排，都是按照读者所需来进行的。

（五）助力市场经济建设的发展

随着社会经济的迅速发展，市场竞争越来越激烈，读者的信息意识越来越强，对信息的需求也日益迫切。参考咨询服务从科学研究向经济建设主战场转移，参考咨询直接参与社会的经济建设、科学研究、政治活动、社会生活等各个领域，并为重大的社会研究课题提供文献信息服务和技术服务，其社会效益也日益明显。在引进先进技术和设备过程中，参考咨询充分发挥科技情报尖兵、耳目作用，通过调研分析，引进具有世界先进水平的技术设备，这样不仅能减少盲目引进造成的不应有的损失，而且能使企业增添活力和实力。另外，参考咨询工作可以充分发挥纽带作用，有利于促进科技成果尽快转化为生产力。参考咨询工作利用信息教育的方式促使用户的传统思想发生了颠覆性的转变，并以信息服务的功能来提升用户自身的综合素养，进而让更多的用户认识、了解、利用并依靠情报，这不但促使科学技术水平的提升，而且也有助于用户在竞争以及信息方面的意识有所加强。参考咨询工作为各个行业职能转变给予了极大的助力，不管是经营的能力或是科学管理水平上都有显著的提升。以科学情报为导向的服务，已经成了一种重要的方式来为企业获取先进的生产技术，以及开发出有一定竞争力的产品，也是企业采用先进的生产技术并开发出的有竞争力产品的重要途径。越来越快地满足社会经济发展的需求，促使决策在宏观上得以规范及科学化，并以较快的速度、较小的成本来促成利益的最大化，使咨询服务的效果和服务质量能够取得良好的社会效益和经济效益。正因为咨询服务对社会发展意义重大，图书馆工作者都力图通过咨询服务方式来扩大文献服务的范围，充分开发和利用文献资源，真正实现为社会服务。

第二章　图书馆参考咨询工作组织机构研究

第一节　图书馆参考咨询组织机构的设置

一、参考咨询组织机构的设置

参考咨询机构的设置是开展参考咨询服务的重要标志和条件。早在1883—1884年，美国的波士顿公共图书馆和哥伦比亚大学图书馆就已经设立了参考类工具书的阅读室，并且后者还专门为此设立了一个参考部作为管理阅读室的部门，可见当时人们已经开始重视图书馆参考咨询服务，同时随着专业部门的设立也使得为读者提供的参考服务更加正规和专业。我国的第一个图书馆参考部落座在清华大学图书馆，始建于1920年左右，创始人为我国著名学者戴志骞，其当时被任命为清华大学图书馆馆长，因其在美国图书馆工作的经历以及自己对参考部的认识，所以第一次将图书馆参考咨询服务带进了国门。

我国图书馆参考咨询服务发展壮大是在1980年左右，那时国内大多数图书馆都非常重视参考咨询服务，各种咨询机构也井喷式地涌现出来，可以说开创了图书馆创新的一种新局面，随着越来越多的参考咨询部被设立，文献检索技术也根据需要日趋成熟和进步，文献检索室的大量成立也为阅读者参考文献提供了便利性。同时为了满足阅读者的更多需要，联机检索室也随之兴起。受到国际互联网发展势头的影响，我国互联网也走上了高速发展的轨道，互联网的兴起拉近了人与人之间的距离，同时也方便了人们的生产生活，同样我国图书馆也顺应了互联网发展的时势，像北京和广州图书馆就早在1995年兴建了电子图书阅览室，随之其他大型图书馆也相继跟随，这股图书馆的互联网浪潮同时也促进了信息网络部的兴起和发展。

参考咨询部的建立标志着图书馆参考咨询服务更加专业而便捷，同时咨询部的建立也顺应了时代的发展和科技的进步，而电子阅览室无疑是在咨询部的基础上给阅读者带来了使用上的更加便利以及阅读的快乐，电子阅览室增加了读者可阅读的内容，同时方便了读者的使用，提高了读者的阅读体验。

我国人口众多，图书馆数量也非常庞大，而大多数图书馆之间也存在着经营规模、经营类别以及藏书品质的差别，这些差别都和图书馆参考咨询服务息息相关。图书馆的经营规模扩大以及藏书的增多必将吸引大量读者的阅读，这时参考咨询服务就显得非常有必要性，这也是促使大多数参考咨询机构建立的因素。图书馆设置一个专门的参考咨询工作机构，有利于参考咨询服务工作有领导、有组织、有计划、有步骤地开展，更好地为用户服务，充分发挥图书馆的服务职能。

大、中型图书馆专门成立参考咨询服务部门，可以对搞好参考咨询工作起到组织领导和保证的作用。不但便于集中领导，使参考咨询工作顺利开展，而且也便于计划、总结，不断改进服务方式，提高服务质量。成立参考咨询部门有利于以下工作的开展：①制订季度、年度计划，拟定工作发展的远景规划，让参考咨询馆员看到远大前途；②及时检查参考咨询工作的质量，总结经验，好的工作经验要总结，失败的经验也要总结，并从中找出存在的问题，提出改进的办法，提高参考咨询服务的工作质量；③认真检查参考咨询工作的效果，参考咨询部门必须深入实际，进行调查研究，倾听读者反映，了解图书馆所提供的参考咨询源的来自读者的反映以及所起作用，了解所提供参考咨询源的思想性、知识性和准确性究竟如何等。由于具体条件的限制，有些小型图书馆把参考咨询工作合并到其他业务部门开展工作。

有了组织机构，还必须有一支参考咨询工作人员队伍。随着参考咨询服务工作的拓展与深入，具有一支优秀的参考咨询馆员队伍尤为重要。

首先是参考咨询馆员的知识结构专业化，就是说，图书馆要加强情报职能，必须在采、编、阅的各个环节加强情报观点之外，还要有一支专门从事情报服务的参考咨询工作人员队伍，这个队伍不仅要有图书情报知识，更重要的是要有学科专业知识，只有具备了学科专业知识，参考咨询工作才能做得深透。如开展情报分析与文献研究主动为各种决策机关当好参谋，系统地跟踪一些重大科研课题；对情报资料做更细致的加工——高质量的专题索引或文摘等，只有具有全面的、综合性的图书馆专业知识才能胜任，就是说，知道到什么地方去查找用户所需的文献知识。这样还远远不能满足用户的需求。从图书馆事业发达的国家来看，参考咨询馆员除具有某一学科的本科学历外，同时还要求具备图书馆学、情报学硕士学位或其他专业的硕士及以上学历，有的参考咨询馆员甚至有博士学位或三个学位。如罗格斯大学科学医学馆的参考咨询馆员就有化学博士学位或生物学、图书馆学双学位。人员的配置，从数量上看，参考咨询馆员占馆员总数比例较大，如加州北岭大学图书馆所有 20 名馆员都集中在参考咨询部；肯特大学图书馆 26 名工作人员中的一半、芝加哥大学图书馆60名馆员中的一半均从事参考咨询工作。美国国会图书馆研究服务部配备有许多各方面专家，按照法律、经济、教育及公共福利、环境政策、外交、行政和科学政策等七个专题提供专业咨询服务，在国会图书馆的参考咨询部（现改称为研究服务部），也备有各种专家为专业性很强的读者服务。只有如此，参考咨询馆员才能成为寻找资料的专家。

其次，参考咨询馆员的组织专业化。也就是要按专业分工，由组织来保证。参考咨询部门的规模、参考咨询馆员的数量、参考咨询馆员中各种专业人员的比例和领导的重视程度是参考咨询服务质量的保证。目前各大图书馆，特别是大学图书馆，都设置了学科馆员，他们都在自己的学科领域里进行研究。多数人也从事与图书馆业务有关的研究工作或从事书目、索引的编纂、选书，研究与今后改进图书馆工作有直接联系的各种问题。这大大有助于改变图书馆体制，有助于提高服务质量，提高图书馆员的声望和在社会上的地位。

综上所述，合理健全的机构设置是图书馆开展参考咨询服务的重要因素。在参考咨询服务上，美国的一些图书馆也在进行科学布局，在如今强调专业人才的时代，图书馆顺应时势开设了学科专业化设置，同时参考咨询部也按照学科专业开展对应的咨询服务，专业类别细化是咨询服务发展的需要，也是为了满足读者的不同需要，常见的学科类别有人文类、社科类、科学技术类、计算机类以及生物化学类等，在检索功能上咨询部也积极与相对应的学科专家或者导师进行直接对接，不仅提高了检索准确率，而且完善了现代化的检索技术。美国的图书馆咨询服务不仅发展快，而且还非常注重一些服务细节，比如在图书馆设立综合性的参考咨询台，咨询台给读者带来了方便地使用，增加了阅读体验感，同时专业的咨询服务人员还能给读者解决很多问题，可谓是一举两得。

二、参考咨询组织机构建设的原则

（一）参考咨询机构建设的原则

1. 针对性原则

参考咨询部应该有针对性地满足阅读者的不同需要，根据需要来确定图书馆的主要经营类别以及藏书品类等。

2. 可能性原则

参考机构在设立上需要耗费一定的人力、物力和财力，所以要根据图书馆以及读者的实际情况，在确定可能性的原则下进行投资建立，不要盲目发展，避免造成资源浪费。

3. 方便性原则

咨询部的建立首先是要满足读者的需要，给读者带来阅读上的方便，所以提供方便时参考咨询部首要考虑的原则问题，不仅要体现在位置设立上方便寻找，而且要保证读者在检索使用上操作方便简单。

4. 发展性原则

随着科技时代的发展和进步，图书馆参考咨询服务更要与时俱进、顺应发展，在原有基础上需要不断创新，满足读者多元化的阅读需求。

（二）电子阅览室建设的原则

1. 整体性原则

电子阅览室既是图书馆的一个组成部分，同时也是 Internet 的一个组成部分，应考虑与图书馆原有自动化管理软件的兼容及与互联网的联通。

2. 集成性原则

电子阅览室是一个包括设备、管理等多种因素在内的系统工程，选择什么样的网络系统、拓扑结构、服务器、客户机、网络操作系统和数据库软件，已不是一个简单的部件组合问题，而是一个集技术和管理为一体的网络系统集成问题，必须有一个详细的总体规划及方案。

3. 开放性原则

为了充分发挥数字化信息资源检索中心的功能，电子阅览室必须具有良好的开放性，既要采取符合国际标准和公认的工业标准的设备组建高性能的网络，并能支持各种标准协议，支持多种数据格式的传输，也要保证系统的可互连性、可分布性、可移植性和可扩展性。

4. 先进性原则

计算机及网络通信技术发展十分迅速，更新换代非常快。要尽量采用比较先进的技术和较为成熟的产品，以防技术过早落后、设备过早陈旧以及出现安全隐患。

5. 安全性原则

电子阅览室流量大，且往往有外界干扰，因此应注意选择安全可靠的设备及配套软件。在关键的网络服务器和主机设备上，能消除单点故障问题。在各个独立的节点上应考虑相应的系统软件和硬件方面的可靠性，以及网络布线的合理性。在网络和应用软件方面应注意系统的安全保密性，具有对外部和内部用户访问各种资源进行管理和控制的能力。

6. 扩展性原则

要在满足现有应用功能需求基础上，配合技术发展提供良好的扩展能力。选用设备应充分考虑到未来网络应用在设计上的要求，软硬件配置要考虑尽量降低以后的维修工作量和维修费用，尽量统一配置设备的规格和型号。

第二节　图书馆参考咨询组织机构的管理模式

随着时代的发展和进步，越来越多的信息充斥着我们的生活，读者的阅读需求也在不断增多而变得多元化，而为了满足读者的这些多元化的阅读需求，图书馆参考机构也在不同程度上做出了相应变化和创新，不仅在硬件管理上做出了充实的补充，而且在咨询服务水平软实力上也是做足了功课。参考咨询员是开展参考咨询服务的主体并起着关键作用，对参考咨询员的设置应该着重满足方便和专业两点，首先咨询员是为了方便阅读者能够快速找到符合自己要求的阅读服务，所以咨询员应该长期出现在读者能够注意到的位置，这样才能方便为读者带来服务；其次是专业，咨询员不像简单的理货员，需要其具备一定的专业水平和服务素质，这样才能增加读者的阅读服务体验。根据以上原则，参考咨询机构现阶段可以分为集中管理、分散管理、并列管理和复合分层管理四种管理模式。

（1）集中管理。集中管理模式的基础组成是参考咨询机构，机构本身仅向读者提供专业的参考咨询服务，在服务种类上要优于普通的咨询台，在集中管理模式中，读者不仅可以接受参考、咨询等服务，同时还能接受委托、专题咨询等比较专业化的服务，这也是集中管理模式的优势和特点。但是值得注意的是，这种管理模式如果想要发挥出最大的作用，必须要保证图书馆内的各种资源和部门统一配合提供咨询服务，同时这也需要投入很大的人力物力，所以在一些经济实力和基础比较雄厚的图书馆一般会采用这种管理模式，如北京大学、清华大学、华中科技大学、武汉大学和中山大学等都是采用的专业参考咨询部，同时，不同类别的咨询服务部的分散管理使图书馆参考咨询工作按专业类别分散在各个专业参考咨询部中开展。

（2）分散管理。分散管理模式区别于集中管理模式，其主要处理的是专题类的咨询服务，这种管理模式能够很好地为咨询部门带来经济收入，但是其最大的问题是咨询的质量不能保证，同时也是引起各部门之间矛盾的源头。像我们所熟知的上海图书馆以及国家图书馆等都是采用的这种管理模式。国家图书馆规模大、机构多，参考研究辅导部是国家图书馆参考咨询一级咨询机构，同时下边还分别有信息类、社会科学类、科学技术类咨询室以及各种各样的培训机构等，这些分支组成了一个比较综合的咨询服务体系，在我国中央国家机关立法机构以及一般的社会科学咨询机构应用都比较广泛。

（3）并列管理。并列管理是由传统的参考咨询部与网络部并列管理，分别管理不同的内容，这种管理模式的优势是可以综合发挥各个单元的优势，比如广东中山图书馆就分别开设了报刊信息中心和网络咨询部，诸如此类的图书馆还有浙江大学图书馆等。并列管理模式中不同部门分管不同的领域，报刊信息中心主要负责电子简报或者企业咨询等服务，该部门主要涉及现实中的信息咨询服务内容，而网络咨询部主要负责网络信息咨询工作，二者分工不同。浙江大学图书馆的两个部门也分别负责不同的服务内容，其中咨询部负责一般咨询服务以及阅览室和文献检索等服务事项，而数字资源中心则主要负责网络咨询以及数字技术研发等。

（4）复合分层管理。武汉大学信息管理学院詹德优教授认为建立复合分层的服务机构是开展咨询服务的理想模式。第一层即组建全馆统一管理的“信息咨询中心”，统一对外开展参考咨询服务，包括传统参考咨询文献及服务的实施情况。这类咨询馆员如能把工作做到实处，必将解决许多本来不容易解决的问题，极大地方便读者，从而为本馆树立第一形象，赢得更多的读者。第二层是设在阅览、流通等一般服务部门的咨询岗位，这一岗位应由富有经验的中级或副高级职称馆员担任。随时解答本部门咨询问题，提供书目查询、题录检索、原文提供等一般性的参考咨询服务。第三层设在参考咨询部门，这一岗位应由综合素质较高的馆员或学科专业馆员担任，他们代表该馆的最高咨询能力和水平，解答一二类参考咨询员难以解答的问题，并开展科研立项查新、定题和课题跟踪、专家咨询（主要由资深参考馆员和学科馆员组成）负责专项研究、决策咨询、数据库设计与建设等。如对于高校图书馆来说，参考咨询部门应主动参与教学科研计划以便有针对性地开展工作。配合教学、科研，向教师和研究人员提供国内外最新的教学与学术信息，以提高教学和科研水平。参考咨询馆员应定期深入各学院、系，明确各专业的课程设置、教学计划以及学位、毕业论文的选题情况，在此基础上编制各种书目索引，尤其是指定参考书目；编制有关专业方面的专题文献资料；主动配合重点科研项目和科研人员，提供定题服务，开展专题检索、科研立项查新、成果鉴定以及代查等服务。这种复合型分布式分层次的参考咨询服务机构有利于人力资源、文献资源的优化配置与使用，有利于现代化技术手段和传统服务手段的综合应用，从而有利于参考咨询工作的开展及服务质量的提高。但这种模式必须建立在参考咨询专家和计算机技术专家合作及全馆一盘棋的基础上。因为涵盖网络参考咨询和传统参考咨询的服务机构，必须在系统设计、资源配置与开发、服务传递等各方面充分集成，营造既能提供传统文献资源又能提供数字化资源以及网络信息资源的综合服务环境，以建立一个融本地服务和远程服务为一体的统一服务模式。

第三节 图书馆参考咨询组织机构中的人员设置

一、兼管型参考咨询员

兼管型是指小型公共图书馆，由于受人员、经费与场地所限，一般不单独设立参考咨询员岗位，参考咨询服务工作由阅览室管理人员兼管。在这种条件下挑选的参考咨询员必须是知识面较广，需要面对各种类型的读者，解答各种各样的参考咨询问题。图书馆学情报学专业毕业的馆员较难胜任此项工作，应鼓励主修其他专业的毕业生到图书馆工作，通过图书馆学情报学专门知识的学习，承担参考咨询员职务，同时在参考咨询服务工作中积累服务经验，顺利地解答参考咨询问题。

二、专管型参考咨询员

专管型是一些大型公共图书馆，专门设立了参考咨询室，由专职的参考咨询员解答读者的咨询，同时各阅览室的管理人员也解答读者的一般咨询。专职的参考咨询员应具有学科专长，例如人文、社会科学及科学技术专业背景。

在人才建设上要进行科学规划，既重视吸纳通才，又吸收专才，除图书情报专业毕业生外，还兼收科技、政治、经济和信息技术等方面的人才，形成多元化人才结构，做到知识互补、能力互助。在人才选拔时不仅注重专业知识和技能，还要注重事业心、责任感和团结协作精神。图书馆还可聘请各学科专家学者兼职任情报咨询人员，吸纳馆内其他部门的优秀人才从事网络信息咨询服务，解决咨询中遇到的特殊问题。

选择参考咨询员可采取各种方法，如竞争上岗。首先应将参考咨询员岗位的岗位概况、工作内容以及相应的职责和条件作出明确描述，同时要提出岗位规范，阐明能胜任参考咨询员岗位职责者的整体素质和能力，表明参考咨询岗位上最适合人选应具备的特征。将选择好的参考咨询员有效地组织起来，就形成一个团队组织。团队组织强调发挥各人所长，相互协调，发挥组织的整体优势。每位参考咨询员除了非常明确部门的整体目标即为读者开展参考咨询工作以外，他们对实现目标的措施都十分明确，更知道自己在实现目标过程中要做哪些工作、所起的作用，以及如何与其他参考咨询人员的协调与合作，使整个参考咨询部凝聚成一个协调良好的整体。

对参考咨询人员要有明确的要求和必要的考核，使参考咨询人员有足够的服务能力和服务水平，从专业角度强化自身，不断地补充自己的专业知识，并且要紧随时代的脚步去不断创新才能满足当今咨询服务的发展需要，抛开咨询服务人员自身而言，国家和地方政府也要健全咨询人员的技能培训和考核，鼓励咨询服务学位研究，健全相对应的激励制度，只有各方面充分配合才能真正落实好参考咨询服务的业务政策，提高参考咨询服务的整体服务水平。

三、学科参考咨询员

大中型图书馆所设立的参考咨询室，不仅按人文、社科、科技来设置参考咨询员，而且在这些专业基础上有可能再细分，分成哲学、社会科学、自然科学、应用科学、历史地理、文学艺术等。具有学科专长的参考咨询员如果拥有足够的参考资料，加上自己的专业知识，能够给予读者很好的服务。为了使信息服务向学科化、知识化发展，高校图书馆的参考咨询服务开始推行学科馆员制度，提高了图书馆为教学科研的服务层次和服务功能。

在资源整合以及业务提升方面需要图书馆工作人员时时刻刻保持与用户的沟通，第一时间获知用户的使用反馈以及建议等，根据用户的反馈以及实际需求来确定服务内容。同时对于各类信息要有步骤、有计划地去分析和汇总，从实际角度出发对用户需求进行钻研和探索，解决用户在使用参考咨询服务过程中出现的种种问题，对于用户信息的获取要建立完善的组织和管理机构，全方位进行资源的获取和把控，有助于提高用户的使用度以及增加用户使用的满足感。

1981 年，美国卡内基 · 梅隆大学图书馆率先推出学科馆员服务，由此，这一模式慢慢地被引入了中国，在我国最早出现图书馆学科馆员服务的是清华大学图书馆，其在 1998 年率先推行该管理制度，并结合自身实际情况以及国外优秀经验对学科馆员进行培训和宣导，在一定程度上起到了积极的促进作用，随着清华大学学科馆员的顺利开展，我国其他图书馆如北京大学、西安交大、武汉大学等图书馆也积极开展了学科馆员服务。学科馆员服务的成立在一定程度上促进了参考咨询服务的发展，而且这种专业学科的服务内容使得对用户的帮助更加专一而丰富，深受广大用户的支持和喜爱。同时从学校角度来看，学科馆员服务的成立为学校与学生之间搭建了桥梁，使得学校在体制改革方面更加具有可实行性以及理论基础，可以说学科馆员服务真正满足了现代教学的宗旨，顺应了现代教学的发展。

四、参考咨询网络的建立

随着读者信息意识的逐步提高，咨询问题涉及的内容也越来越专深，咨询范围也越来越广泛。然而任何一位专家都不是万能的，只能解决一定范围的问题。因此，参考咨询工作必须将大批的专业人才聚集起来，构建咨询专家网络。从咨询专家研究领域看，应广泛涉及所有学科；从咨询专家来源看，有馆内专家、有协作关系的图书情报机构的专家、从读者中吸纳的专家。

此外，还应加强网络架构的管理。由于专家分布在各地，都承担着各自的工作，因出差、生病不能在岗的情况时有发生，为避免造成回答时间的延误，应建立监督保障机制，及时发现未能回答的问题，由咨询人员或其他专家予以答复。

第三章 图书馆参考咨询工作人员素质研究

第一节 图书馆参考咨询工作人员应具备的基本素质

一、良好的职业道德

为社会提供文献信息是图书馆发展的根本动力，也是图书馆各项工作的基本任务，否则，图书馆就失去了存在的价值。高尚的思想品德是做好参考咨询工作的基础。首先，参考咨询馆员一定要具备优秀的职业道德以及职业素质，并且身体力行去勇于创新，积极参与学习，不断强化自身素质。参考咨询员要坚持“以人为本”的思想，牢固地树立服务至上的观念，不为了自己的利益去阻碍行业发展和进步，同时要确立良好的服务意识，把用户的需求放在首要位置，以行业素质和行业规范时刻要求自己，并保证在服务的过程中不侵犯用户的隐私，不触犯国家的法律，树立正确的社会价值观。

二、良好的交流能力

（一）语言表达能力

面对面的口头解答是图书馆参考咨询工作中最基本的服务形式。参考咨询员需要根据用户提出的问题，利用馆藏文献目录卡片、文摘、索引、字典、年鉴等检索工具，向用户提供具体事实或有关文献资源。参考咨询员应该具有较强的语言表达能力，这样才能轻松地回答读者的咨询问题。语言表达能力不仅包括礼貌用语，还具有用户沟通技能和敏锐的思维能力，能够准确地把握用户需求，运用所掌握的专业知识和检索技巧，正确地解答咨询问题。

语言表达能力体现了一个人的思维表达能力，同时提高思维能力有助于准确而规范地进行语言表达内容。在参考咨询服务中，服务人员需要时刻与用户建立语言交流，并能够从沟通中探求到用户的实际需求，利用自己专业所学为用户提供帮助，那么在服务的过程中，语言交流与表达无疑是至关重要的，但是如果没有足够的思维能力，就会使语言显得没有条理，不能正确地表达核心理论，就不能给用户带来最佳的服务体验，所以要求参考咨询员要锻炼自己的思维能力，能够很清晰、很顺畅地表达自己的思路，与用户建立完整的语言交流。在语言表达的同时要做到言简意赅，精确把握核心思路，准确找到用户的核心需求点是每个参考员需要具备的业务能力。语言表达能力是长期积累的一种能力，在日常生活中我们可以多阅读一些文章或者报刊，有意识地锻炼自己的语言表达能力，多进行一些实践操作，相信随着时间的积累，这种语言表达能力会慢慢养成和提升的。

（二）文字写作能力

随着参考咨询服务深度的提高，参考咨询员对于读者提出的专题性参考咨询需求，往往要用书面形式给以解答，甚至读者要求参考咨询员能提供调研报告之类的咨询报告，这就要求参考咨询员必须具备一定的文字写作能力。文字写作能力是语言表达能力的另一种表现，与人的综合分析能力有密切的关系。参考咨询员在撰写专题咨询报告或书面回答读者问题时，应注意咨询问题的实质内容，切忌辞藻华丽。如果是撰写咨询报告，则应紧紧围绕咨询专题的目的，即针对读者咨询的需求，以形成的观点为基础，列出进行撰写的提纲，并把综合分析所获得的心得体会，融合到提纲中去，使之紧扣主题，条理清楚。在按提纲进行具体撰写时，为支撑所提出的论点，务必要有论据。阐述论据时，应少用逻辑推理性质的概念性语言，可多用数据或实例来论证，使之更有说服力。

（三）公共关系能力

随着国人对于图书馆的需求日益增高，图书馆的公共关系能力被越来越重视，并且成立了相对应的人员进行单独操作。图书馆的公共关系提升将会促进图书馆在社会上的良好形象确立，并且可以更加方便地对用户进行多方面的服务，公共关系能力的提升将直接影响图书馆参考咨询服务的服务水平与用户满意程度。为了更好地实现图书馆的经营目标，参考咨询员不仅要强化自身的专业能力，而且还要具备较强的服务意识以及营销能力，能够根据用户需求匹配相应的服务内容将是参考咨询员的必备服务事项以及业务能力。那么想要吸引更多的用户，就要求参考咨询员有意识地锻炼自身的公共关系能力，能够对自身优秀资源进行深度整合，这就要求参考咨询员做到两方面内容，其一需要不断结识在内容检索或者参考领域做得较为专业的人才，通过和他们的业务沟通中学习到优秀经验，以满足自身的业务需要；其二是能够结识网络领域的人才，因为在咨询服务的过程中难免会碰到一些网络难题，通过与该领域人才的沟通和交流能够补充自身的不足，增加自身的业务水平。

三、较高的外语和计算机能力

（一）外语能力

在世界经济高速发展的今天，外语能力依然成为我们日常工作和学习中所要掌握的一门语言技能，而图书馆参考咨询服务更是如此，对于一些优秀的外语文献出现在我们的生活和学习中，外语能力显得非常有必要性，同时外语能力也是提高咨询服务水平的一个途径，也是考核参考咨询人员的一项重要标准。参考咨询员具备了较高的外语翻译能力和文字处理能力，在做外国文献的咨询工作中，就可以第一时间掌握外国先进的文化发展，并且通过学习和借鉴补足我们的服务空缺。

外语能力的提高是一个长期的过程，参考咨询员要经常阅读、摘译外语资料。还可以参加各类外语学习班，包括口语班，学习的同时，必须学以致用，运用于参考咨询服务。为了掌握外语，笔译全文进行外语水平的锻炼，还是必不可少的。笔译要以理解文章原意为基础，注意一些翻译技巧。参加翻译技巧班学习或挑选一两本介绍翻译技巧的书籍进行自学，都是可取的。同时可以通过一些优秀的翻译教材进行学习和借鉴，通过与自己翻译的范文进行对比，找出自身的不足，假以时日便会通晓其中的道理。随着国际交往日益频繁，要求参考咨询员能为外国读者服务，或者参加国际学术交流会议，外语口语已经是信息交流必不可少的语言工具。

（二）计算机能力

计算机无疑是当今时代的主流产物，随着网络时代的发展，参考咨询服务相对应的也要具备一定的计算机网络操作能力，以便满足现代用户的需求，同时良好的计算机操作能力能够更好地帮助用户解决一些问题，如信息检索以及快速筛选等。有了网络的应用，图书文献信息资源将可以从网络上大批量的获取，通过筛选和甄别能够选出对用户帮助最大的信息，这也是参考服务的升级。

计算机技术、网络技术、通信技术以及多媒体技术在图书馆的广泛应用，为用户提供了各种功能强大、灵活方便和实用性强的检索工具。用户通过图书馆咨询网页上的读者提问表单、实时咨询软件等方式向馆员咨询问题。参考咨询员应能够熟练操作计算机，掌握网络技术知识，熟悉各类型电子信息资源的检索途径，能够利用各种数据库及参考工具书，或借助于智能化网络搜索工具对信息进行收集、筛选、加工、存储、组织、利用，为读者提供高水平的服务。咨询员借助计算机与网络技术，大大提高了信息服务的速度和质量。

计算机已经成为参考咨询员开展日常咨询服务的常用工具，从工作的内容看，参考咨询员的计算机能力主要集中在三个层次：一是熟悉办公自动化系统的使用，能够进行一般的文字、表格处理；二是能够熟练地利用图书馆电子资源和网络信息资源开展咨询服务，能够利用电子邮件、论坛、网络咨询软件等形式与读者进行网络交流；三是能够完成网页或网站的开发、管理与维护，能够通过自建数据库对信息资源进行组织、管理与对外服务。因此，参考咨询员使用计算机不应满足于一般的文字处理，其重要目的是能熟练地从网上收集解答咨询所需的信息，并运用相应的软件，建立个人的知识数据库。

四、创新能力

参考服务一定要时刻创新，不断强化自身能力，满足用户的不同需求，当然创新不是指完全抛开旧有的知识内容，这里指的创新是要让参考服务更加满足现代社会的发展需要，在继承的基础上敢于对新知识和新思维进行探索和发明，在创新的过程中一定要注意社会与人们的利益是第一位，同时在日常工作和生活中不断培养自身的创新意识，锻炼自身的创新能力是非常重要的。

无论怎样，创新能力需要参考咨询人员时刻保持清晰的思维能力，对于新事物要带着拥抱的心态，具有运用知识及进行知识创新的能力。

五、研究能力

在参考工作中，参考咨询人员会面对各种各样的问题，以及各种各样的新鲜事物，在这里就需要参考人员具备一定的研究能力，对新问题以及新事物进行调查和钻研，强化自身业务水平。要不断钻研国外优秀的参考咨询服务，并结合客观实际进行继承和发扬，只有具备一定的科学研究能力，才会使咨询服务做得更好。

第二节　图书馆参考咨询工作人员应具备的业务能力

一、扎实的专业基础

（一）熟悉各类参考工具书

参考咨询工作者对各种类型的工具书（字典、词典、索引、参考手册等）、文献资料（行业报告、专利、会议录等）、数据资源（如工业标准、年鉴）等出版物要连续系统地掌握其编制的步骤以及检索途径。参考咨询工作者不仅要掌握专业知识，有丰富的社会数据积累，还要在网络社会里学会用多种搜索引擎来找到并应用一些综合类和专业类的站点，只有这样才能在用户提出需求时给予准确的文献答案。

（二）掌握文献检索方法

优秀的参考咨询员在进行参考咨询工作时通常具有两方面的技能：文献检索与提取信息。文献检索是参考咨询工作中的基本内容，参考咨询员应先对文献资源的系统管理的基础方式加以理解，然后熟练应用检索文献的一些策略。例如，不仅要充分学习并掌握综合性和专业性期刊、专利、参考手册、图书、报纸、工具书、行业报告等，还要学会使用包括书目、百科全书、索引等在内的各种大型的权威的综合性及专业性检索工具。熟悉并掌握因特网上的信息源，这是参考咨询员应用现代信息技术的基本功，也是体现自身业务水平的重要方面。在日常工作过程中，以更全面地为用户做出解答、引导其进一步阅读为目的，进行各种情报服务，参考咨询馆员更要学习一些心理学、教育学、社会学的相关知识。这些领域的知识对于参考咨询馆员更好地跟进读者的动态，观察用户的反馈，正确引领他的阅读大有裨益。另外，还要求馆员具有快速阅读文献并准确传达其信息的能力，再加以自己的语言表达来推广文献的内涵。

（三）较高的政策水平

对于开放的图书馆，参考咨询员面对的服务对象包括海内外各方读者，只有提高参考咨询服务的政策水平，才能深化服务深度，提高服务质量。参考咨询员要了解并掌握党和国家的总体方针与政策，例如，社会主义初级阶段的理论，国家农村改革、经济体制改革和科技体制改革的方针、政策与措施等。从微观上，应掌握科技、经济和社会发展的方针政策，如引进外资政策、对外贸易政策、知识产权保护政策、发展高新技术政策，甚至环保政策、能源政策以及养老保险、医疗保险和房改等政策，具有相当水平的参考咨询员在接受读者参考咨询需求时，不但能解答读者的需求，而且能从政策上给予解释，从而创造性地完成参考咨询服务。例如，读者为开发某项产品，需要查找同类产品专利时，具有良好素质的参考咨询员，除了进行常规的指导专利查询外，还引导读者在同类产品专利基础上进行创新，同时告诫读者在产品开发中不能侵犯他人专利。

（四）卓越的信息组织能力

1. 政府信息

政府信息包括政府对政治、经济和社会发展采取的有关政策与措施。具体内容包括有关政治与法令方面的信息，如政界动态、人事更迭、国际形势、外交关系、国际关系、法案与法令修正等；有关政府方针、政策的信息，如财政年度的计划、预算分配与决算、税收政策、物价政策、金融和保险政策等；有关产业政策的信息，如产业结构调整政策、高新技术产业化政策、产业重组政策、产业的振兴与培育等；有关经济与社会信息化的信息，如国民经济信息化计划、信息高速公路建设计划等；有关社会福利的信息，如社会福利计划、养老保险条例、医疗保险条例、老龄化计划等；有关文化发展的信息，如文化政策、文化设施建设、文化发展规划等。

2. 科技信息

科技信息具体内容包括有关专利和知识产权的信息，如专利法、知识产权法、专利申请等；有关科技创新与技术创新的信息，如科技研究与开发计划、重大科技创新工程项目、高科技园区计划、软硬件的技术革新等；有关生产技术的信息，如制造、加工、操作等方面的新的生产方法与技术；有关新产品开发的信息，如新产品开发计划、新产品的应用等；有关新材料开发的信息，如新材料开发计划、新材料的应用等；国内外有关科技进步、经济建设和社会发展的历史沿革、现状与发展趋势。积累的内容着重于数据性，例如，科技、经济和社会发展的各类指标。国内外有关新技术、新工艺、新产品和新设备的发展及对科技与产业发展的影响情况，可以先从本省或本市所关心和重点发展的行业和科技领域着手，按产品或项目进行积累。应用有关的期刊、统计性年鉴、出国考察报告和专业会议录，能有效地获取所需积累的内容。

3. 市场信息

市场信息具体内容主要与经营或竞争有关，包括需求预测的信息，如需求结构及用户分析；市场份额的信息，如同行业之间市场份额状况、市场份额变化等；消费者和用户动向的信息；有关竞争的信息，如竞争的产品及服务，价格及质量情况，竞争对手公司的市场计划、销售目标、销售战术等情况；有关产业结构调整引起市场变化的情况等。

4. 社会资源信息

社会资源信息包括人力资源信息，如人才市场与职业介绍情况、人力资源开发与培训情况、社会老龄化情况等；原材料和物资的信息，如国内外工业原材料情况、物资市场供应情况等；能源资源的信息，如石油、煤、电力、天然气、原子能和新能源开发利用情况等；土地资源信息，如土地批租、土地开发利用情况等。

面对大量的信息资源，参考咨询员不可能也不必完全由自己掌握全部信息源，只要能做到心中有数，在读者提出参考咨询需求时，懂得运用各种信息源来获得解答参考咨询的信息即可。在实际运作时，参考咨询员能了解这些文献信息源的性质、特点以及专业范围、使用方法等，以便按参考咨询的要求进行有选择性的使用。此外，时常参加有关专业会议、研讨会、专业展览会以及有条件时参加国外专业考察，这都是了解掌握最新信息的重要途径，也是典型的混合信息源；与主管科技、经济与社会发展的政府部门以及相应的民间协会、学会保持经常联系，这也是开辟信息源的重要方面。特别是对于有关政策的掌握以及学术动态的了解，起着重要作用；与熟悉科技、经济和社会发展领域的专业人员有广泛的工作联系，甚至交上朋友，成为参考咨询员解答咨询的人际信息源。

二、广博的知识结构

读者需求多种多样，除了一些常规性的文献检索类问题外，参考咨询工作还有大量的深层次的定题服务、专题情报服务等，而这些服务的开展要求馆员必须具备相关的学科专业背景。因此，参考咨询馆员必须具备广博的知识结构。学习一些人文社会科学方面的知识，如地理、历史、风土人情、语言文学、经济管理等；此外还要了解自然科学以及工程技术方面的知识，如数理基础、生物化学、机械电子、能源环保、交通运输等，它们对知识结构的构成相当重要。随着科学技术的迅速发展，参考咨询员所具有的基础知识还应瞄准当代世界新学科，特别是交叉学科，例如数理经济学、统计计量学、运筹学、文化社会学、工业社会学、科学美学等；综合学科，例如环境科学、决策科学、领导科学等；横断科学，例如系统科学、控制论、信息论等；比较学科，例如比较哲学、比较伦理学、比较政治学、比较经济学、比较社会学等；元科学，例如科学学、哲学学等。

获得广博的知识更多地依赖于参考咨询馆员的自我学习和基础知识的丰富积累。所谓积累，指的是对一些基础信息，不是靠几篇文献资料或几本图书就能全面掌握，而是要通过参考咨询员日常逐步地收集和整理加工而成。一方面，参考咨询员在开展咨询服务中获得的基础资料，在向读者进行咨询解答之后，有必要进行整理加工，积累起来，成为今后参考咨询的基本素材。另一方面，在学习与了解过程中，参考咨询员可以综合运用知识分类框架和时空框架来构筑个人的知识库，通过学习，锻炼自己的认知能力和智力水平。从学科分类角度看，结合自己的专业背景、研究兴趣、读者重点需求来构建自己的学科知识框架，然后按时空框架系统地组织基础知识。从时间维度，分过去、现在、未来，也可分成古代、近代与现代；在空间维度，分为本地、国内和国外，细分则有本地与本省、国内各省市与国外各国家。在这个时空主框架下，将学习基础知识的要点与心得进行记录，加以填充，在开展参考咨询服务的实践中，逐步充实自己的基础知识库。

三、较强的科研能力

参考咨询是高度智能化的信息服务，是一种创造性的科学劳动，一个合格的参考咨询馆员必须是开拓型的，还需具备较强的科学研究能力。在咨询过程中，参考咨询馆员要利用丰富与扎实的图书情报学专业理论和广博的知识结构，不断地检索、查询、扫描本行业及相关行业的发展动向，审视世界政治与经济局势的发展，随时掌握最新科研动态，能对科研课题进行科学的预测，设计检索策略，要能敏锐发现问题，善于去捕捉信息、挖掘信息，并通过对信息的分析与综合、归纳与演绎，提出正确的分析与判断，预测行业发展趋向，为决策者提供专业的服务。此外，参考咨询馆员必须在工作中要自我努力、自我提高、自我完善，要大胆采用新颖、独创、有突破性的方式方法服务于用户，善于利用现代信息技术和高科技手段开展各种参考咨询服务，始终走在社会发展的前沿。

第三节 美国参考咨询工作人员素质要求的借鉴

一、美国参考咨询工作人员的专业资质

（一）获取问题能力

为了达到获取问题的目的，需要从读者返回的信息中提取出有用的信号。首先要看的地方是读者有什么样的问题，然后甄别其关键因素，从而判断出他所需要的文献类别，这里面反映了馆员的批判思考力、分析问题能力、系统服务能力。

（二）知识基础

参考咨询员的知识基础包括两个层次。一方面，参考咨询馆员要有最基本的知识储备，主要是版权与知识产权法、设身处地与用户沟通的法则、信息资源的结构知识，涵盖了检索系统、印刷与电子版的期刊专论、联机目录、音视频等在内的基本信息工具，还要对初级读者的信息搜寻方式了如指掌。另一方面，除了最基本的知识，馆员还要不断更新自己的知识库，与他人交流，审视环境，应用与传播知识，自主学习等。所以说，通过外部学习和一定的自学能力来不断丰富更新自己的知识至关重要。

（三）营销能力

参考咨询馆员要将通过学习获得包括服务宣传、扩张、评估、对服务对象和产品的调查在内的经济学理论与模式进行推广和应用于自己的服务中。

（四）协作能力

当代社会信息繁杂，信息获取方式多样，参考咨询馆员要获得一种合作能力，懂得与其他专业的机构组织、团体、图书馆等合作，建立起用户、同事、同行和其他专业人员的良好关系，从而使用户在需要的时候能够尽快获得最专业的解答。

（五）资源与服务的评价与评估

参考咨询馆员要以读者需求为导向，运用正式或者非正式的方法对信息接收、服务方式、信息资源、信息服务提供者、读者需求等对象进行图书馆服务方面的全面评价。

二、美国参考咨询工作人员的行为方式

（一）接待用户时的亲和力

为了获得理想的咨询效果，用户首先要确认一位合适的参考咨询馆员，而且在整个咨询过程中始终乐于接受馆员的帮助。因此，馆员的行为应该表现出对用户的欢迎和接纳，并尽量使用户感到放松。为了做到这一点，参考咨询馆员应该随时准备着迎接用户的咨询；工作时间不得忙于与用户咨询不相关的事，如读闲书、聊天等；养成与用户主动接触的习惯；通过微笑或身体语言表示注重用户的来访；主动在开始的交往中礼貌性地问候用户或与用户近距离交谈；对其他等候用户予以确认；最大限度地重视用户的需求；在咨询处经常走动，只要有可能，要主动向用户提供帮助。

（二）服务过程中的兴趣

优秀的参考咨询馆员一定要喜欢参考咨询服务，也要有工作的激情，毕竟并非每天都有极具挑战性的难关。在处理日常工作中的问题时，馆员要注意对所有的用户信息和用户所提出的问题给予充满兴趣的有效帮助。因为在馆员表现出好奇心时，能够给用户带来一种自我成就感，具体要怎么做到这点呢？在用户说话时或者在交际的过程中，始终与用户保持联系；可以根据用户的语言或非语言的反应，来与用户保持适当的距离；还可以通过口头或肢体语言如点头或提出问题来响应；在咨询过程中面对用户要心神专注、冷静镇定。

（三）聆听 / 询问的技巧

面对面咨询服务在整个参考咨询服务极具关键性的意义。首先，馆员在做出回答之前，应先以正确有效的方法来获取用户的需求，其中最重要的就是倾听。在交流过程中，馆员要选择恰当的口音与强调，始终保持一种中立、可信赖的姿态，让用户能充分表达自己的真实需求，然后再以一种不固定的提问模式来让用户能扩大问题的层面并提供附加信息，或者用总结式的提问技巧精简检索提问来得到用户的理解和确定。在这个过程中，馆员要机灵使用通俗易懂的词语，避免造成理解偏差。最后，馆员就可以根据自己的专业知识，站在客观的角度上，不掺杂个人态度，以一种容易理解且愉悦的方式来对用户进行咨询服务。

（四）高超的检索技术

检索过程是参考咨询服务的核心。光靠工具是不够的，还需要馆员的甄别行为。

检索过程是一个需要具备完善有效的策略的技术性活动。在检索之前，馆员要对问题的核心信息作出提取，找出其中的语言、数据等限定词，将其分类，确认最精确的检索词。可以让读者参与到制定策略中来，给用户解释检索的环节，在用户规定范围内作出结果，还可以给用户讲解信息源的运用。初次检索时，要在最小范围内展开，确定最符合要求的信息源，完善拼写或者事实性问题，如果用户不能自主确认信息源，则需要借助数据库、专家或其他馆员来完成。如果初次检索命中率较低，可以和用户协商缩小或者扩大新的检索范围，如果需要附加信息可以向用户询问，馆员有义务给用户介绍最恰当的图书馆、馆员或其他信息源。

（五）跟踪服务

后续跟踪服务也是检索过程中非常重要的一个环节。馆员要确认读者对结果是否满意，问题是否得到完整解答。对于读者再次返回图书馆寻求检索服务时表示欢迎，并且在读者获得信息源以后还可以为其进行二次指导与解答。如果在解答过程中出现其他学科的知识，可以向其他专家、图书馆或者馆员寻求帮助，与其他机构组织、相关行业共同合作为用户提供最全面、精准、专业的信息源，满足其检索需求。如果用户不满意结果，馆员要给用户推荐其他符合需求的信息源、机构组织、专业团体等。在这个过程中，馆员要事先电话预约并且给予它们交流的方向及建议，更加全面地传达信息。

从上述两个方面可以看出，馆员内在素质因为个体培养过程的长期性、随外界技术变化的多样性、针对个体用户的特定性等因素，无法用一致的标准来量化规范。美国图书馆正在把多样化的内在素质统一为外在行为特征，用基础的专业标准来培养适合时代需要的馆员队伍。

第四节 我国参考咨询工作人员的培训形式与内容

一、参考咨询工作人员的遴选

参考咨询员的遴选，取决于图书馆的规模和性质，不同的规模与性质，导致参考咨询员的不同组织配置。通常将按以下三种类型进行参考咨询员的遴选。

（1）兼管型。这是指小型公共图书馆。由于受人员、经费与场地所限，一般不单独设立参考咨询员岗位，参考咨询服务工作由阅览室管理人员兼管。在这种条件下挑选的参考咨询员，必须是知识面较广，需要面对各种类型的读者，解答各种各样的参考咨询问题。图书馆学情报学专业毕业的馆员，较难胜任此项工作。应鼓励主修其他专业的毕业生到图书馆工作，通过图书馆学情报学专门知识的学习，承担参考咨询员职务，同时在参考咨询服务工作中积累服务经验，顺利地解答参考咨询。

（2）专管型。这是指一些大型公共图书馆，专门设立了参考咨询室（部），由专职的参考咨询员解答读者的咨询，同时各阅览室的管理人员也解答读者的一般咨询。鉴于参考咨询室（部）的建立，需要配置具有学科专长的参考咨询员，为此应遴选具有人文、社会科学以及科技专业背景的人才，承担参考咨询员的工作。

（2）专业细分型。这是指国家级公共图书馆，所设立的参考咨询部门，不仅分成人文、社会科学以及科技三个专业，而且在这些专业基础上有可能再细分，分成哲学、社会科学、自然科学、应用科学、历史地理、文学艺术等。具有学科专长的参考咨询员，如果拥有足够的参考资料，加之自己的专业知识，能够给予读者较好的服务。

遴选参考咨询员可采取各种方法。例如竞争上岗，这是行之有效的办法。首先应将参考咨询员岗位的岗位概况、工作内容以及相应的职责和条件作出明确描述，同时要判定岗位规范，阐明能胜任参考咨询员岗位职责者的整体素质和能力，也即表明参考咨询员岗位上最适合人选应具备的特征。在此基础上，通过公布岗位规范、应聘者竞争演说、面试以及群众测评等步骤，确定和选拔出参考咨询员。又如，也可从外部招聘，在图书馆内部通过人才流动或调整组织配置尚不能满足对参考咨询员的需求时，可从图书馆外招聘合适的人才。当然，通过登载招聘广告、人才市场或馆内外熟人的推荐介绍等方法，都有可能有效地吸引合适的人员加入参考咨询员队伍，但较为理想的方法应是选择几家有良好业绩的人才市场或介绍所，与之长期挂钩，委托这些市场或介绍所代为物色对象，通过它们的筛选或推荐，再经过图书馆进行测评与面试，由此招聘到的人才往往较为合适，质量较高。当然，由于要支付相应的费用给人才市场或介绍所，招聘成本提高了，但可节省图书馆内人事部门的大量工作量，这是非常值得的。

二、参考咨询员的团队组织

参考咨询员遴选之后，如何把他们有效地组织起来，关键就是形成团队组织。

团队组织不同于一般的组织，它强调发挥各人所长，相互协调，发挥组织的整体优势。图书馆设立参考咨询部，并不是简单地将先分散在其他部门的专业人才通过挑选集合起来就可，优秀的参考咨询部必须是一个参考咨询员的团队组织。部中的每位参考咨询员除了非常明确部门的整体目标即为读者开展参考咨询工作以外，他们对实现目标的措施都十分明确，更知道自己在实现目标过程中要做哪些工作，所起的作用十分明确，与部内其他参考咨询工作人员如何协调也非常明确，使整个参考咨询部凝聚成一个协调良好的整体。举例来说，团队组织犹如一个足球队，足球队的主要目标是在竞赛中赢得比赛。足球队中每位球员有明确分工，前锋、中卫、后卫和守门员各司其职，各方协调和配合，争取比赛获胜。因此，要成为一个团队组织，参考咨询部中的参考咨询员应根据客观需求具有不同的专业学科背景，例如管理科学专业、图书馆学情报学专业、社会或自然科学专业、外语专业、计算技术专业等。参考咨询部不同专业的人员组合在一起，仅仅是构成团队组织的前提，要达到良好的协调，就像足球队需要有一套共同遵循的常规作业方式和技术一样，参考咨询部对参考咨询员也应有一套共同的准则和规程，使每位参考咨询员知道自己在部中的“定位”以及与其他人员之间协调的界面，从而发挥整体优势，有效地完成参考咨询任务。

团队组织的前提是由不同种类的人员所组成，这对国内图书馆是一种挑战。国外图书馆员往往是具有其他专业学士学位的图书馆学情报学硕士研究生，这类人员不仅有良好的图书馆学情报学知识，而且还具有一门其他专业学科的基础知识，通过一定的学习深造，较有条件胜任参考咨询员工作。然而目前国内的图书馆学情报学专业毕业生，大都不具有其他专业学科的背景，要胜任参考咨询工作有相当的局限性。即使在国内高等院校图书馆中，有学者对32所院校图书馆的参考咨询队伍中人员的专业背景作出分析研究，结果表明，35%以上为图书馆学情报学专业毕业，比例较高。为此，可通过组建参考咨询部，有意识地对图书馆专业人员结构加以重组，多多吸收和招聘非图书馆学情报学专业的大学毕业生、硕士或博士研究生，充实图书馆专业队伍。

三、工作网络架构的建立

图书馆专业人员结构的重组，可从组建参考咨询部起步。但是，实现重组谈何容易，要有相当的时间过程。因此，参考咨询部必须重视建立工作网络架构，将馆内外的各种类型的专业人才聚集起来，形成工作网络，成为参考咨询部有效地开展咨询工作的信息源、知识库和智囊团。

建立工作网络架构，可从多层面开展。从基础层面来看，参考咨询服务的最基础工作是运用各种文献信息资源，解答读者或用户的参考咨询服务题目。因此参考咨询部应在部外形成一个参考咨询服务经验相当丰富的参考咨询专家的工作网络，一旦遇到参考咨询的“疑难杂症”，主动请教这些专家，日积月累，也将会提升参考咨询部自身的素质与业务水平。从专业层面来看，鉴于读者要求解答咨询的专业范围相当广泛，参考咨询部不可能具有“万宝全书”功能，有必要形成一个由各类专业专家组成的专业知识工作网络，成为参考咨询员的知识库，特别是高新技术等发展异常迅速的领域，参考咨询员难以全面掌握，有了这样的工作网络，将成为参考咨询员解答新兴领域题目的坚强后盾。从管理层面来看，参考咨询部的工作还取决于对部门自身的科学管理，才能成为良好的团队组织。参考咨询部尽可能熟悉一批具有相当造诣的科学管理人才，构成智囊型工作网络，提高整体素质，充分发挥整体功能，开创参考咨询服务新局面。

工作网络架构的建立，主要是环绕各种类型的“人”展开的。因此参考咨询部和参考咨询员具有良好的公共关系素质是十分重要的。工作或社交中接触到的人物，都可能成为工作网络架构中的潜在成员。在开展参考咨询工作中，读者或用户既是参考咨询的客户，同时按照工作网络架构的各种层面的要求，将他们吸纳进来，也可成为参考咨询员请求他们帮助开展工作的专家，从参考咨询员与读者之间构成双向咨询形式，发挥各自优势，形成互补。在社交时，参考咨询员应做有心人，牢牢记住为形成工作网络架构寻找潜在的对象、合适的对象。通过一定的努力，有望建成良好的工作网络架构。

四、培训的意义和目标

参考咨询员的培训是图书馆人力资源开发的一种有计划、有连续性的工作，它关系到提高参考咨询员的素质与能力，增强应对不断变化的工作环境的技能，能够极大地提升馆员的能力与素质。

为了使馆员在面对不同的工作环境时有更好的适应性，更好更快地提高其素质与能力，进行一系列系统的专业培训。这样才能使参考咨询者具备基本的知识储备与技能，尽快投入到工作中，为用户提供优质的咨询服务。

现代社会更新迭代速度很快，科学技术和经济飞速发展，这就需要咨询馆员对这份工作有更深层次的把握，从管理学角度来看，培训就成了馆员在更新观念、适应改革过程中必不可少的一项工作。而从公共关系角度来看，培训的重要意义在于成就专业标准化的咨询员，有效确认其必备的技能与知识。在培训中，馆员之间相互沟通借鉴，彼此学习，更新知识，拥抱变化，便于在工作中达成共识，促使业务的统一化与科学化。

与此同时，培训还能使参与其中的咨询员有更好的成就感与社会认同感，达到正面的激励效果。

参考咨询员的培训目标，从狭义上理解，就是明确指出，经过培训课程的学习与实习后，受培训的参考咨询员应接受哪些新的理念，改进工作态度与行为，或了解哪些专业知识，或掌握哪些专业技能，因此，培训的目标往往是清晰、明确的。但从图书馆管理层的视角来审视，培训的目标不仅仅是按照图书馆工作的需求来塑造参考咨询员，应进行以下几方面的思考：

（1）对参考咨询员的培训就是人力资源的一种积累。要知道，好的图书馆除了珍贵的馆藏、丰富的文献，还有一个重要的组成——优秀的人力资源，能够对已有的文献资源加以优化整理，开发利用，更好地为用户服务。对馆员进行统一规范的培训，不仅有助于馆员自身的正向激励，使其建立起一种自我满足感，体会到自身对于团队的价值，输出更好的工作内容；还能为图书馆留住优秀的人才，凝聚中坚力量。由此，更能建立起团队精神，使部门的成员都感到英雄有用武之地，减少人才流失。

（2）培训的目标也营造了一种激励机制，使接受培训的参考咨询员进一步明确自己的工作定位，认识自己的不足，不是屈于压力而是自觉地找出自身的问题及解决问题的办法，从而永远进行自我完善，设计出工作的新构想，始终对工作有着饱满的热情，富有责任感。

（3）对于图书馆管理层而言，培训目标能充分发挥参考咨询部每位成员蕴藏着的潜能与积极性，充满生机和活力，产生“以一当十、以百当千”的效果，另一个深层次的理念，就是通过培训实践，形成系统化的专业培训的计划框架，以及形成一支素质优良的师资队伍，从而在实施本图书馆参考咨询员培训计划的同时，有条件地面向图书馆外，为社会代为培训相关人才，进一步体现图书馆的面向社会的文化教育功能。

五、培训的计划与方法

参考咨询员培训计划的核心，是根据图书馆馆内所制订的事业发展规划对参考咨询工作提出的要求，结合参考咨询部门的实际情况，从近期与远期两个方面，为提高参考咨询员素质，为适应不断变化的工作环境，更新参考咨询员的知识，以及增强参考咨询员的技能，构建基础培训框架。培训计划旨在将人才的培训与开发，与图书馆的事业发展规划相联系，系统地提出培训的需求、具体目标、培训的对象和内容、组织实施与评估等，为参考咨询员提供指导和帮助。

确定培训的需求，行之有效的方法是开展调研工作，明确在近期或三五年内需要开展哪些类型的培训。调研工作可运用系统分析方法，首先对图书馆和参考咨询部门进行分析，了解与分析发展规划对参考咨询员的要求，从而明确培训的方向；其次，进行任务分析，应突出重点，将参考咨询部的主要任务加以分解，从而相应地归纳出对参考咨询员的能力要求以及需要达到的业务水平；再次，进行人员分析，对照相关职称的参考咨询员应具备的素质、知识和能力标准，确定参考咨询部门内部各类参考咨询员中哪些成员需要接受培训，以及需要哪些培训。例如，除了业务能力以外，为提高参考咨询员的素质，有必要根据实际情况，进行外语能力、语言表达能力、人际交往能力的培训。开展调研也可采用征询调查方法，针对各类培训，设计出具有一整套提问的征询表，由参考咨询员回答，征询表回收后进行统计分析，从中可提出有价值的结果，作为制订培训计划的参考依据。

确立培训的具体目标，它是在确定了培训需求的基础上，有针对性地明确参考咨询员经过培训后应该掌握的具体知识或技能，或应该学会的行为方式。例如非图书馆学情报学专业的图书馆馆员要担当参考咨询员的职责，有必要进行熟悉各种工具书的培训，但是工具书的种类较多，有研究中国古代近代文史用的类书、政书与百科全书，有研究中外科技、经济和社会发展的年鉴、手册，有查找专业书籍、文章用的书目、索引、文摘，有查考用字、词典等，在培训计划中应确定需要熟悉的工具书的范围，并提出具体要求，从而确立培训的具体目标。

六、培训形式

（一）脱产培训

脱产培训指离开参考咨询岗位，或在走上参考咨询岗位之前，按照图书馆对参考咨询员岗位的要求，就满足岗位要求所需的基本知识、基本技能或行为规范进行教育培训。

（二）在职培训

1. 在职学位教育式

它是指在研究生、本科、大专等不同学历层次以函授方式进行的比较系统的图书馆学和情报学专业的课程教学，是继续教育的一种形式。

2. 在岗自学式

自学是参考咨询工作者向网络信息咨询员过渡的一个重要途径。在工作过程中，参考咨询员最能了解自己的岗位需求，从而查漏补缺，完善自我的知识储备和操作技能，对于自身知识结构的不足，通过自学来进一步提高实际操作能力。

3. 讲座式

这种培训最常见的两种形式是开办讲座和举办专题学习班。开办讲座是指在某一时间段内，请某一领域的专业人士如计算机专家来为参考咨询工作者进行计算机网络知识等某一个专题宣讲，传播知识。而专题学习班则是通过一个或者多个主题，让馆员进行全面系统的学习。因此，要想课程结束之后达到一种良好的效果，就需要在设计课程的整体计划进度、内容和实施步骤等方面与工作高度联系起来。

4. 讨论会式

最典型的例子就是案例研究的培训形式。对于某一案例，大家聚集在一起，通过对大量背景因素的分析与研究，充分讨论后，形成一套有针对性的案例解决方案。在这个过程中，不仅充分调动了参与者的主观能动性，还能使召集者成为意见领袖，引导他人，集思广益。这种将有共同需求的人集中起来，充分沟通、相互学习、拓宽思路、打破局限的方式，非常有助于参与培训者业务服务能力的提升。

5. 考察访问式

通过组织经验丰富的参考咨询工作者对优秀的参考咨询图书馆进行某个专题的实地考察，可以取长补短，进一步借鉴好的经验，利用优秀人员的传帮带，更好地改进服务，有效提升咨询服务的技巧。这种培训方法可以独立展开，也可与其他方式结合进行。

当然，辅导培训、系统训练、轮岗实习、学术交流、远程学习、电视会议等形式都可以作为培训来进行。

七、培训内容

（一）知识培训

1. 计算机和网络技术

网络信息咨询是图书馆现代化服务的标志，但参考咨询人员普遍存在计算机和网络技术水平低的问题，相当一部分参考咨询人员安于现状，缺乏现代信息咨询意识，观念封闭保守，对网络信息咨询这个新事物不是积极接受，努力学习去适应，而是消极等待，服务观念和服务手段远远落后于时代的发展，不能适应网络环境下信息咨询服务的要求。因此，培训的内容首先应集中在提高计算机能力，使他们熟练地利用现代信息技术对网络信息资源进行检索、存储和处理。

2. 外语水平低

图书馆参考咨询工作者往往外语知识匮乏，能够精通其他语种的人才甚少，大多馆员无法使用英语来进行检索，更别说流畅地阅读某一学科的外国文献，进行深入的情报服务。

3. 知识结构不合理

现实情况是，目前很多图书馆还存在一些老馆员，知识更新不及时，无法适应新环境和日新月异的网络信息时代，知识面显得越来越窄，无法为读者提供最新的全面的情报服务。图书馆可根据开展参考咨询工作的实际情况，有针对性地、适时地提出有关知识培训的内容，从而安排培训计划，组织实施。

（二）技能培训

技能培训，应使参考咨询员具备完成本职岗位工作所必需的基本技能以及相关技能，如承接课题技能、网络信息搜索技能、人际关系处理技能等。

参考咨询员的技能培训，不仅要有所授课程的基础知识，而且要有实践的经验，操作性较强，这对培训教师提出了较高的水平要求，既讲授理论，又讲授经验。

（三）行为规范培训

行业规范是每个行业所必备的，是每个馆员都应遵守的准则。参考咨询员有义务维护本部门和本馆的良好形象，同时具备对本职工作认真负责的精神，因此针对行为规范来制定培训任务也是必不可少的。“即问即答，百问不烦”，这既反映了参考咨询员的行为规范的正面，也反映了参考咨询员的知识和技能的侧面，同样也是参考咨询员所追求的目标。

第四章 图书馆参考咨询用户分析

第一节 图书馆参考咨询用户类型解析

一、图书馆参考咨询用户类型解析

咨询用户就是咨询业的服务对象。在文献、档案、图书馆和部分大众传播领域，也称为读者，不过读者还有一个严格的先决条件，即读者必须拥有阅读能力。国内的研究者对咨询用户的划分更多的是以用户的自然属性为根据，认为不同自然属性的人有不同的信息需求。这种划分结果是把一类咨询用户看作是有较为统一的社会关系户的群体。

在当今信息化社会中，人们对信息的需求不是单一的而是多方面的。所以，国内的研究者对咨询用户的划分，更多的是以用户的自然属性为依据。每个人不管其从事什么工作，属于何种职业，具有哪个层次的水平，在他的工作、学习和生活中，都会不同程度地需要信息。所以，咨询用户是很广泛的，应根据不同的标准对它们进行划分。

按咨询用户所从事工作的学科性质进行分类，可分为社会科学用户和自然科学用户。社会科学用户包括从事社会科学研究、教育、管理等方面的人员以及文化、艺术等方面的实际工作人员；自然科学用户包括基础科学、应用科学的研究人员、工农业生产技术人员、医生等。

按用户的职业性质进行分类，可分为：国家领导人及各部、厅、局等部门的决策者和管理者；经济、政治、文化、艺术等部门的实际工作者；科学家（包括自然科学家与社会科学家）；工程师；医生；作家；艺术家；生产技术人员；军事人员；餐饮、旅游、商业人员；教师；学生；信息人员等。

根据用户信息需求的表达情况，可分为正式用户和潜在用户。

根据用户对信息的使用情况，可分为过去用户、目前用户和未来用户。

根据用户具备的能力和水平，可分为初级用户、中级用户和高级用户。

根据对用户提供信息服务的级别，可分为一般用户、重点用户和特殊用户。

根据用户信息需求的方式，可分为借阅用户、复印用户、咨询用户、定题服务用户和翻译用户等。

在这里，可将上述7种划分方法结合起来，根据我国的实际情况进行我国的咨询用户分类。社会科学及相关领域的信息用户包括：社会科学部门的领导者、管理人员；社会科学研究人员；社会科学方面的教师；经济、政治、文化、艺术、新闻、出版等部门的实际工作者；文科学生。

自然科学及工程技术部门的用户包括：基础科学及技术科学研究人员；理工科教师；工业生产技术人员；农业生产技术人员；医生及医学专家；科技及生产管理人员；理工科学生。

特殊用户包括：国家及部门领导者、决策者；军事人员。

二、对图书馆参考咨询用户的辅导

（一）经常性的个别辅导

帮助个别用户了解图书馆的馆藏结构，教会他们使用图书馆的馆藏资源，是最原始也是至今最常用的读者辅导方式。咨询人员在接待读者时经常会遇到一些第一次到图书馆来的读者，或是带着科研项目到图书馆来找资料而又不熟悉检索工具的研究人员。对于首次来馆的读者，咨询人员应着重介绍图书馆资源的结构体系，如何通过查找目录获取馆藏文献。许多用户往往不会使用检索工具，尤其是一些查找方法较为复杂的检索期刊，咨询人员应该告诉他们这些检索工具的编排方式、收录范围和查找方法。要运用实例传授检索知识，让用户了解咨询人员如何一步一步地从检索工具中查到所需的文献或数据，要注意让用户学会检索的全过程，以便以后能够独立操作。

随着信息技术的发展，公共图书馆对数据库的使用越来越普及，目前相当多的用户尚不会操作计算机。教会他们通过计算机查阅联网、联机或光盘数据库以获取各类信息，是用户辅导中一项刻不容缓的新任务。虽然一些操作程序会提示操作步骤，但对初学者来说，难免会因生疏而不理解这种提示或举棋不定，有的还会出现一些问题，因此咨询人员不可以此为由对辅导草率了事。对计算机操作的辅导最好的方式是口授与手动相结合，边操作边解释，这比“动口不动手”效果更好。

用户辅导工作一般应集中设若干个点，有明显的标识，便于用户询问，如参考咨询台、目录咨询台、各阅览或外借室的出纳台等。还可视需要安排若干辅导人员巡回走动，随时对用户进行辅导。目录讲解员应多在用户间走动，以便及时发现问题。

（二）采用多种方式进行集中辅导

集中辅导一般比个别辅导效率高。当一批用户面临相似的问题时，如新办借阅卡的用户缺乏对图书馆的基本了解，或不会操作计算机进行网上检索，咨询人员可将他们组织起来进行集中辅导。

集中辅导应根据实际情况灵活多样地进行，针对不同的用户群，可走出去辅导，也可请进来辅导。国外的公共图书馆常用的方法是定期组织用户参观图书馆，由参考咨询员带队，边参观边讲解馆藏，使一批用户对图书馆资源产生感性认识和粗略印象，还以此真诚地表示欢迎用户利用图书馆，鼓励他们今后遇到问题时寻找咨询人员解决。实践证明，这一方法行之有效。公共图书馆与附近的学校、企事业单位挂钩，双方合作开设介绍图书馆和信息查询知识的课程或讲座也是一种可取的方法。这些学校或单位的师生、科研人员很可能是图书馆的常客，咨询人员把有关图书馆的知识送上门，体现了图书馆的开放意识和在社会信息化的过程中图书馆应有的参与意识。国外的公共图书馆特别重视向青少年传授图书馆知识，使公民从小就会利用图书馆。青少年喜欢图书馆无疑能使图书馆更好地发挥教育功能。尽管我国目前有各级少年儿童图书馆，专门接待少儿用户，但少儿馆主要服务对象的年龄层次偏低，对于即将步入青年的中学生来说，显然已不能满足他们的要求，何况少儿馆的数量还很有限。事实上许多公共图书馆已经将青少年作为自己重要的服务对象，但是不应仅满足于提供借阅服务，还应重视对他们进行知识辅导。这种辅导工作采用集中进行的方式比较合适。

公共图书馆还可根据不同时期的不同需要，举办一些专题培训班。例如许多图书馆在 20 世纪 70 年代末，看到广大科技人员如饥似渴地吸收国外信息，及时举办科技文献检索短期培训班，传授查找国外文献的知识和方法，使他们掌握进入国外科技信息宝库的钥匙。当前，在公共图书馆普遍进行数据库建设的同时，对读者的集体辅导应注意从印刷型文献的利用向电子型延伸，加强对机读目录、光盘数据库、网上信息检索的培训。目前许多图书馆已配备了一流的现代化的信息检索系统，为了帮助用户用好这些资源，及时向用户提供各种辅导，如对计算机公共书目查询系统的使用进行集体辅导，举办光盘数据库和网上信息检索短训班等，是非常必要的。

通过图书馆工作人员的言传身教，让培训合格者独立上机操作，应该说，这样的培训是具有战略眼光的。

第二节　图书馆参考咨询用户心理研究

一、参考咨询用户的心理活动过程

咨询用户的心理过程是一个运动、变化和发展的过程。首先是认识过程，二是情感过程，三是意志过程。

当咨询用户接收到某一信息或某一信息作用于用户时，他凭借各种感觉器官——耳、目、口等与“信息”接触产生认识信息的过程，感受到信息的某种属性。这就是我们常说的感觉，是认识的开始，咨询用户在信息感觉的基础上，通过一定数量的积累而了解信息的整体印象和表面的联系又产生了知觉。感觉到的和知觉到的东西就会印在人们的大脑中并形成景象保存起来，在需要时浮现出来，这就是我们经常说的记忆。咨询用户在认识信息的过程中，需要集中精力，使感觉到的和知觉的信息在头脑中更加清晰、完整，并促进记忆的发展。信息用户在已知觉材料的基础上进行思维活动，对信息知觉材料再进行新的组配、创造、设想从而形成信息中没有明确表达出来的东西，这就是信息想象。咨询用户采用分析、综合、抽象、概括等方法对所得到的信息进行比较、判断、推理后形成本质上的认知，这就是信息思维。咨询用户从信息感觉到信息思维完成了从感性到理性的飞跃。

咨询用户在认知信息的同时，也会对客观信息表明自己的态度。当信息作用于用户时，即咨询用户受到信息刺激时，便会产生各种心理反应。这种反应可称之为信息感情。用户的信息感情决定了他们对所接触到的信息所采取的态度，关系到咨询用户对信息的吸收和使用。

人类在改造客观世界的同时也在改造自己的主观世界，在这个活动中，自觉地确定活动的目标，并为实现预定的目标有意识地支配，调节其行动的心理现象在心理学上称为意志。用户在信息咨询活动中的信息意志则是用户在接收、吸收和利用信息中的意识与决策，它支配调节着用户的信息活动，表现出一系列的信息心理状态。

总之，咨询用户信息心理活动的认识过程、情感过程和意志过程是咨询用户心理过程的统一的、密切联系的三个方面。意志过程依赖于认识过程，反过来又促进认识过程的发展和变化；情感过程又影响着意志过程，而意志过程能调节情感过程的发展和变化。三者相互渗透和联系，共同作用于咨询用户的活动之中。

二、影响参考咨询用户需求的心理因素

（一）社会因素

1. 政治制度和国家方针政策

咨询用户所要咨询的信息需求是在一定的社会制度下产生的，理所当然会受到国家政治制度的制约。如我国实行改革开放以来，随着经济和政治体制改革的深入和发展，咨询用户不仅在数量上大幅上升，而且所需的信息内容也都具有鲜明的时代性。所以正确的方针政策和经济实力的增长，从多方面影响着咨询用户对信息咨询的需求，强化了咨询用户的需求心理和信息意识，也优化了咨询用户的需求与利用模式。

2. 传统文化心理

一个国家的历史、民族习惯、传统文化以及科学技术的发展水平，对咨询用户所咨询的内容和方式同样有着较大的影响。一般来说，咨询用户首先所要得到的信息是用本国出版的文献资源或以本民族的文字印刷的文献资料，其次才是国外的文字资料，这种传统文化心理也影响着咨询检索途径，如西方的咨询用户习惯于从主题途径或著者途径去咨询和检索文献资源，而我国咨询用户则习惯于从分类途径去咨询和检索文献资源。

3. 科学技术心理

科学技术发展的方针、科研结构、基础研究和应用研究的发展，决定着社会对科学技术方面的信息需求的类型、内容和结构，影响着国内对国外科学技术信息的接受与利用。如在科学技术发达的国家，咨询用户需要大量的先进尖端的科技信息，所咨询内容也多在这方面，而科学技术相对落后的发展中国家，咨询用户咨询的多为开发性资源的信息。

4. 信息保证心理

信息咨询机构能否通过一切可能的途径及时地、恰当地提供给咨询用户各种形式的信息供其选择使用，也在很大程度上影响着信息使用者咨询的心理及满意程度。

咨询者对信息源的选择标准依据“最省力法则”，一般首先考虑的是先选用获得信息最容易的信息源。咨询机构的服务效果，即咨询机构能否提供最大的方便，迅速地、准确地回答咨询者的问题，节省用户的时间和避免重复劳动；能否使咨询用户对所咨询的问题有着一种可获取性的满足心理，直接影响着咨询用户的需求心理转化为信息需求行为。

（二）咨询用户本身的心理因素

（1）咨询用户的职业与工作任务。咨询用户的职业特点和工作性质是影响他们咨询需求的主要因素。不同职业的咨询用户承担的任务不同，在具体的工作中有着各自不同的信息需求，所以其咨询的信息从范围、类型和数量上，以及信息的广度和深度上自然也各不相同。

（2）咨询用户的职责和作用。咨询用户的职责和作用，不仅影响着他们咨询内容的范围、类型，而且决定了他们所需信息的保障方式。

（3）咨询用户个人专长志趣与特点。咨询用户个人专长志趣与特点是指其个人的爱好、兴趣、走向、工作习惯和心理特点等，也就是咨询用户的个体特征，他们的这些特征往往决定了对信息的特殊需求，影响着对所咨询信息的接受程度，在某些程度上也改变着咨询用户的知识结构。

（4）咨询用户所受的教育及知识水平。由于咨询用户所受的教育程度及知识水平不同，其结果是所咨询的信息范围也不尽相同。例如，高校教师，他们同时担负着教育和科研双重任务，对他们所要咨询的信息来说，专业范围和内容对象就比较明确。一般都要求得到其从事教学活动的专业领域中有关教学内容、教学方法、教学实习、学习仪器和工具的各种信息，而且他们大多习惯于通过向校图书馆和有关信息机构进行咨询而获取所需要的信息。

（三）信息价值因素

信息价值的大小，取决于用户心理上感觉其需要通过信息来解决的问题的重要性和迫切性，即信息价值心理，决定着用户对信息的需求心理，信息价值越大，用户对信息的需求心理也就越强烈。

（四）有关咨询服务方面的因素

咨询服务的成本及服务收费；咨询服务的速度和效率，能否满足咨询用户的各种需求；咨询服务的质量，主要表现为信息提供的准确性。除上述因素外，还有其他因素也会影响咨询用户的信息需求，如信息市场，国家对信息服务业的方针、政策及管理体制，用户的信息消费能力等。

三、参考咨询用户的咨询行为

（一）咨询过程的行为特征

咨询用户的咨询行为泛指咨询用户出于决策、管理、科研生产等特定的需求而产生的活动，是在外部刺激作用下经内部经验的折射而产生的反应结果，是在一定动机支配下的主体活动，是为了满足某一特定的信息需求，在外部作用刺激下表现出的获取、搜集、选择、研究所需信息的活动。这种需求取决于两个方面的条件：一是信息咨询者是否感觉有不足感，感觉到对某种客观事物认识的缺乏；二是信息咨询者是否具有求知欲，希望了解某种客观事物。可以说，信息需求是在这两种状态下所产生的一种心理现象。一般情况下，促使信息咨询者与目标对象发生联系，也就形成了行为动机。在动机驱使下，咨询者就要积极行动，以各种方式如咨询、检索求得满足需要的目标，并开始满足需要的活动。但不同的咨询用户由于不同的信息需求，其行为心理是不一样的，即使是同一咨询用户在利用信息的不同阶段，在不同场合下，其行为也是不同的。

（二）咨询过程的行为阶段

1. 预备阶段

科研人员确立科研课题并着手研究之前，都需要有足够的相关信息资料作为依据，要对课题进行全面的了解，搞清楚该课题的来龙去脉。当他们选定了要咨询或查找某一方面的信息目标后，其注意力便会指向查询这一信息行为，会着手做一些预备活动，如考虑到哪一个信息部门去咨询最合适？是否要带介绍信、工作证或身份证等证件？是否要带笔和纸？想象如何咨询才能得到更准确的信息？得到答案后怎样使用？如果是外文资料怎样翻译？有时也会产生对能不能咨询到自己所想用的信息的担心或一些紧张心理。伴随着这些复杂的心情，有的咨询用户，特别是某些新用户有时可能会产生激动心理，而对于一些富有经验的老咨询用户来说，咨询就显得从容、沉着。

2. 咨询阶段

咨询用户到达信息咨询部门后，都希望能尽快咨询到自己需求的信息，他们希望咨询部门地点适宜，咨询服务人员接待热情，手续办理简便；同时还希望服务设施完备，信息源充足，咨询信息提取方便，灯光的照明条件好，环境幽静。某些新的咨询用户会用好奇的目光审视周围的一切，会觉得十分兴奋。咨询人员良好的服务态度能给咨询者创造愉快轻松的心情。随着咨询者与咨询工作人员的逐步熟悉，咨询者会在精神上出现一种解放感，从而轻松自然地表达自己的需求，表现在咨询信息过程中就是不同职业的、不同年龄段的、不同性别的、不同兴趣的和不同知识水平的咨询者会向咨询工作人员提出各种各样、名目繁多的问题。检索技能比较熟悉的和喜欢独立工作的咨询用户可能会按照服务人员的解答埋头自己查找信息，但还不够熟练的用户可能会向咨询服务人员提出，希望提供更好更简便的方法和线索协助自己尽快找到所需的信息。

3. 结束阶段

当所咨询的问题得到解决后，需求也就得到了满足，紧张不安的心理状态也就随之而消失，但在以后的决策、管理、科研、教学、生产中又会产生新的需求，形成新的动机，引起新的行为。

（三）参考咨询用户的信息行为

咨询用户的信息行为就是信息使用者自觉地为解决问题而获取和使用信息的活动。对用户的这种信息行为的理解，可从行为的主体、外界刺激、目标和主体的活动等方面做出较为明确的界定。第一，行为的主体当然是咨询用户而不是信息的生产者。第二，信息使用者行为受用户的主体工作和外在的信息所激励，是一种与需求直接相联系的信息目标活动。信息本身对信息使用者的意义（如关系重大或可有可无），对其信息行为的产生有着重要的影响，处在一定环境下的使用者，在社会、个体、自然因素的作用下必然产生某种信息需求，而这种需求有明显的对象性，即指向具体的信息。第三，咨询用户的目标是解决问题。为此目标，咨询者会确定相对具体的阶段性目的，如通过咨询再进行检索、吸收、使用所需信息，通过整个过程的各种阶段性目的的实现，求得问题的最终解决。第四，信息使用者的咨询活动是其动机驱使的结果，它以“动作”作为为基本组成部分。“动作”就是由于动机的激励而指向并服从自觉目的的过程，是运用必要的条件对各种刺激的反应，因而它直接取决于达到目的的条件。

（四）参考咨询用户信息行为的实际意义

咨询者的信息行为是信息需求得以满足的必然途径，他们所需的信息主要有两种来源：一是自己直接查询所得；二是别人供给包括通过咨询得到的信息。前者有信息查找行为，后者有信息接受和吸收行为，没有这些行为，咨询者就得不到所需信息，也就满足不了信息需求。

咨询工作虽然是被动的，但却是对信息使用者的直接服务，而咨询者的信息行为是他们解决问题的重要组成部分，咨询者为了解决决策、生产、教学、科研等工作中的实际问题，需要经常到图书馆或其他咨询机构进行咨询活动。虽然他们对本专业、本领域非常熟悉，但对浩瀚的信息，有时也会感到无从下手。这就需要工作人员协助查找，解答他们所咨询的问题。咨询工作之所以存在，并不断发展，其基础是我们在实际工作中有需要它解决的矛盾。这种矛盾产生于广大咨询者对信息的需求和他们对所需信息了解不足的现实情况。咨询工作就是为解决这些难题和矛盾而展开的。咨询工作人员只要善于开发信息资源，就能有针对性地向信息使用者提供有用的和最新的信息，使他们得到更多的各种相关信息。

咨询者的信息行为始终伴随着其主体工作发生，研究信息行为应与研究主体工作行为相结合。咨询者的信息行为也是一种目的性很强的主动行为。对人的信息行为可以从总体上控制和优化。咨询者的信息行为同时也是信息市场行为的表现。他们的信息咨询和接受行为在信息市场中表现为信息需求行为，信息吸收和使用行为表现为消费行为，市场行为的体现是供需双方的交易行为，交易行为的直接目的是满足需要，而间接目的之一就是激发信息消费行为。

在这里需要说明的是，一般而言，咨询者往往不能完全确切地说明其需求，例如他们不能清楚地意识到自己的需求或对咨询部门的能力持有怀疑态度等而不能客观地描述自己的需求。因此，常常出现咨询机构能提供给他们的东西，并不是他们真正想要的东西。实践表明，通过书面方式比口头方式更能准确地描述咨询者的信息需求，在用户表达所咨询内容时，咨询服务人员尽量不要启发和诱导，这样有助于咨询用户对信息需求描述的真实性。此外，咨询服务人员也要善于对用户的信息需求说明做出正确的理解和描述。

第三节 图书馆参考咨询用户的信息需求

一、人类的社会信息需求

（一）生活中的需求

人类的生活不是一种简单的生存，其生活是在一定行为规范控制下进行的，有着独特的精神生活领域。因此，信息需求行为是非物质的，是一种精神需求。在现代，人的活动要素已从体力活动占优势的领域转移到意识和心理状态领域，从而更具有思想、信念和意识性。这反映了个人在兴趣、爱好等方面的精神需要。表现在信息需求上就是人类生存以外的精神、文化生活的信息需求。应该说，在一定社会条件下生活的人，其生活中的信息需求包含在总体信息需求当中，例如，在吃、穿、住、行方面，人们就需要有物质生活方面的信息；在精神和文体娱乐方面需要有高雅的文化生活信息；要了解住地的安全状况就需要治安方面的信息；在求职活动中，需要有自己更适合做那一项工作的信息等。

21 世纪是知识经济时代，信息、知识在促进社会发展方面将发挥越来越重要的作用，人们要跟上时代的发展，只有通过学习，才能不断提高自己，也就是需要学习科学技术，增长文化知识的信息。人们在改造大自然的实践中，总要以新的思想、采用新的手段、新的方法，创造出新的事物。如一个企业要创造出新产品，就需要了解创造此产品的新技术、新材料、新工艺方面的信息，要打开市场就要了解消费者的消费信息。

人们不是生活在真空中，每个人都要同周围的人接触，人生百态，各有千秋。面对各式各样的人，各种各样的事，面对各种各样的人际关系，怎样与周围的人相处，这是每个人天天都要碰到的而且是想躲也躲不开的问题，所以要处理好各种人际关系，就需要如何搞好人际关系方面的信息。

（二）职业工作中的信息需求

在人类社会中，由于存在着各种职业分工，所以人们在各自的工作中会产生不同职业方面的信息需求。但是，无论是哪一种职业，一般来说，其信息需求可以归纳为以下几个方面：所从事工作的内部和外部环境信息；所从事工作业务素质有何要求信息；所从事工作有什么样的物质待遇方面信息；所从事的工作要达到什么目标方面信息；所从事的工作专业知识信息等。职业工作中的信息需求会随着其职业结构的变化而变化。

（三）社会化中的信息需求

人在社会生活中，就要接受社会和时代以特有的方式对其所施加的各种影响，使之成为一个合乎社会行为，按社会规范行动的人。人类为了生存就要满足其各种需求，冷了穿衣，累了休息，这是反映人类社会生活习惯原始的规范信息。而人类的社会化是从婴幼时期开始的，例如，婴幼儿时期，是以吃、穿、睡的生理现象为标准，长大一些，即使饿了也不随意吃别人的食物，除非在家长同意下才会接受，这里有一个是否合乎社会化规范的问题，这时的社会化是信息需求的原始阶段。

少年时期的社会化是在中、小学阶段进行的。这一阶段是从无组织、无计划、无系统的非正规教育向有组织、有计划、有系统的正规教育，从传授基础生存知识到较系统地传授科学文化知识，从以行动和口头语言为主的教育到以文字语言及科学符号教育为主的转化阶段，此时的信息需求是以接受吸收文化知识为主要目标的需求，由于人类在少年时期已经具有抽象思维与复合思维的能力，所以其信息需求也就具有智能化的特性。

人类的青年社会化是在少年社会化的基础上展开的，是少年社会化的继续，同时又是一次社会化的完成时期。无论以后是继续上大学或者是参加社会工作，都包含了将一个还没完全具备社会成员资格的人逐步转化为合格的社会成员的必然过程。其不同点是，社会化过程中的信息需求是因人而异的。学生时代的信息需求主要侧重于专业知识方面的信息，而已经参加社会工作的年轻人信息需求除了专业知识方面外，更侧重于工作实践方面的信息。

二、咨询用户与信息需求分类

（一）社会科学领域中工作者的信息需求

1. 重视和依赖文献信息

社会科学文献是社会科学研究成果的直接体现，同时也是社会科学研究的主要依据和信息源；是评价研究者功过是非的主要凭证，也是衡量一个国家社会科学发展水平的重要尺度。比较而言，从事学术性研究的一般侧重于使用专著和期刊论文；从事动态性研究的侧重于使用报刊、广播等信息来源，同时动态性研究和学术性研究都要结合使用口头交流、广播、电视等多种信息渠道。

2. 所需信息的时间跨度较大

社会现象是动态的，有其自身的发展和形成过程，人们的认识也有一个逐步深化的过程，因此，社会科学研究周期一般来讲要比自然科学技术研究周期长，从现象的发现、观点的提出、理论的形成到经过实践检验往往要经过一个较长的时间才能完成；再则，社会科学信息本身也具有一个较长的半衰期。所以社会科学研究者所需要的信息时间跨度大，不仅需要了解新的信息资料而且也必须重视各个不同时期有关该课题的历史文献。

3. 要求提供系统、完整的信息

由于社会现象的复杂性以及缺乏自然科学所具有的可靠检测手段，社会现象和人们的思维活动又经常处在不断的发展变化之中等原因，在社会科学研究领域中新的研究成果往往不能简单取代原有的研究，形成不同的研究成果并存的局面。因此在社会科学研究中必须了解历史和现实发展的全过程，全面、系统、完整地掌握与研究课题有关的信息，要求提供不同时期、不同类型、不同形式、不同学派、不同观点的能基本反映课题发展全貌的文献，并对此加以分析比较。

4. 所需信息涉及面广

由于社会现象之间存在着各种联系，学科之间互相渗透，因此使得社会科学研究人员所需的信息往往超出特定的学科范围，学科范围在不断扩大，目前他们不仅要掌握该课题所属学科的信息资料，甚至直接需要某些自然科学方面的信息资料，这不仅表现在哲学研究中，而且还表现在其他学科研究中。

5. 所需信息具有政治评价与选择标准

社会科学研究带有鲜明的阶梯性，在信息需求上自然也表现出这一特点。信息收集范围随着研究深入不断扩大，往往会根据各人思想观点、知识结构的不同，在研究过程中要不断调整研究方向和重点，逐步明确进一步的信息需求。

重视通过二次文献及各种途径查找所需的信息资料，科学研究人员除通过口头咨询外，各种书目索引也是检索文献资料的重要工具。此外，往往还要通过浏览核心期刊、书评等发现有价值的信息。

（二）高校用户群体的信息需求

高等学校是知识和人才高度集中的地方。从其用户来看，可分三个层次，一是管理决策层，主要指分管教学、科研工作的校、院级领导和科技职能部门的领导；二是担负教学、科研工作的教师；三是广大在校大学生。

1. 管理决策层

管理决策层是高校教学科研工作的管理者，他们关心国内外政治经济形势，非常重视对党中央、国务院方针、政策的学习，也特别关注教育部有关重要指示；希望了解国内外科技发展的动态；对提供的信息质量要求比较高，希望得到的信息具有全面性、开拓性和指导性。

2. 教师

教师可分为社会科学专业教师和理工专业教师两种，在信息需求上有着较多的共同点，所不同的仅仅是学科性质的差异。下面分别简述一下。

社会科学专业教师的信息需求具有以下特点：信息的学科范围比较固定，主题明确；社科方面的教师在自己所从事的学科中所需的信息总体来说比较稳定，而且往往以比较明确的方式表示出来，容易被信息部门察觉。

因为社科教师在实际工作中多运用具有科研性质的信息，比较接近于社科研究者的工作，做研究时，教师会从多方面汲取信息，他们从各种资料典籍，身边的亲朋、同事，以及信息图书馆中的有效信息中心获取信息资料。他们寻求的信息比一般的社会工作者更具有成熟性，对信息的要求更加严苛，要求其实时、准确。他们更偏向于对已经被整理改善过的信息的汲取，需要更加全面、系统的专业信息。

理工科教师的工作较为繁琐，他们兼任了科研和教学两项工作任务，因此，理工科教师需要的信息量更大，范围更广。由于理工科教师的科研和社会科学研究活动有着明显的差异，相对而言，理工科教师信息求的范围要广一些，内容丰富一些。

理工科教师信息需求的特点：所需信息的学科、主题比较明确和固定；在本学科内他们的信息需求有一定的阶段性；十分注重信息的可靠性和成熟性。这一特点主要表现在他们的教学工作中。理工科教师在科学研究工作中的信息需求基本与工程技术人员的信息需求相同。

3. 在校大学生

在校大学生群体中，既有重在培养创造能力和实践能力的博士、硕士研究生，也有重在工程型人才的本科生。其信息需求一般具有以下特点：需求的信息重点明确；因受所学专业、选择课程的影响，所以有关专业的教科书，专著和参考工具书，教学参考资料是他们需求的主要对象；另外购书、复印资料也是其获取信息的方式之一；需求的信息有较强的阶段性和规律性；信息需求随着学习的逐步深入和课程的变化有规律地变化。

就目前情况看，在校大学生所需信息的类型虽然比较单调，但就以后的发展来看，学生将成为重要信息咨询用户，这是因为他们所需的信息量会越来越大，类型也会越来越复杂；获取信息的方式日益多样化，将会为信息咨询部门的主要服务对象。

（三）从事政治、经济、文学、艺术、新闻、影视等部门工作人员的信息需求

1. 需求的信息涉及范围较广

他们虽然只从事某一方面的工作，但与其他学科或多或少地有联系，互为影响。例如，新闻记者虽然只从事新闻报道工作，但却与政治经济、历史地理、文学艺术、科学技术等密切相关。因此，他们对相关方面的信息需求广泛。

2. 需求的信息有较大的多变性

随着工作任务的变化，他们所需求的信息也会随着工作内容的变动而变化，一般而言，他们总是围绕着工作任务获得所需信息。

3. 需求的信息有其多样性并要求尽快获得信息

在实际工作中，他们不仅仅需要文献信息而且更多地需要具体的信息，如社会发展方面的信息、事实信息等，并希望能迅速取得与实际工作相关而必要的信息资料。

4. 需要信息咨询人员更多的帮助

从事政治、经济、文学、艺术、新闻、影视的实际工作者往往缺乏利用信息的系统知识，利用信息服务的频率不及其他用户，所以他们在实际工作中更多地求助于信息咨询服务人员的主动帮助。

（四）科学研究人员的信息需求

1. 所需信息的学科范围较窄，内容专深

科研人员多集中在一个专深的领域从事研究开发工作，所以，科研人员的信息需求一般不超出他们从事研究的某学科的范围。在本学科范围内，研究工作可能会遇到意想不到的困难和挫折，这就使得研究人员所需求的信息内容会越来越专深。而通过信息途径来寻找借鉴和启发，是科研人员坚守的原则和自觉行动。而当今学科之间的相互渗透也引起了科研人员知识结构的变化，使他们产生了对相关学科信息的需求，扩大了所需信息的学科范围，但是这毕竟是伴随着专门化而出现的，其信息需求总特征仍是范围窄而内容深，这一点与社科研究人员的信息需求稍有不同。

2. 对信息准确，完整性要求提高

科研工作人员需要拥有大量的专业知识，对科研信息的要求更加全面，以点对点的形式注入实践，更准确地完成科研课题任务。这顺应了科研的目的，即继承与发展。信息在不同的阶段步骤有不同的需求。与一般社会实践任务相似的是，科研工作也分为三个阶段，即计划、实施和鉴定成果。计划即为准备阶段，为计划的实践打好基础，需要对即将实施的任务明确方向，并为其综合收集信息，需要了解国内外的大环境，也需要了解以往的实践中常见的错误。实施的时候，需要科研人员通过实施来追溯根源，判断最初的选题是否具有准确性，同时也可以发现计划阶段确定的方向上的漏洞，以便对课题深入了解，正确评价，判断完成后才明确计划是否正确并做出调整。鉴定成果时就需要将类似的课题和以往的实践相比较，查看是否做出改变甚至超越。科研人员在不同阶段需要不同的信息。

3. 获得信息的方式具有多样化，信息需求广泛

对科研人员来说，通过各种正式渠道获取信息是重要的，但是非正式渠道得到的信息也会有画龙点睛之作用。一切信息源只要载有最新的科学知识、科学成果，都是科研人员要涉及的信息。除中外文期刊、图书、会议文献之外，交流也是其获得信息的主渠道之一。他们经常参加一些讨论会、讲座、鉴定会，从中吸收一些有用的信息或充实自己的科学研究、或修订自己的实验方法。在不同时期所获信息量的基础上，保证科研工作的质量。另外，科研人员对信息咨询部门最大的要求是为他们提供文献信息线索，并为其查阅原文提供方便。

4. 需要的信息不容易被分辨表达

科学研究是一门比较深奥的学问，以探索人类未知领域的知识为目的的科研活动，所需要的信息也较为冷门，不容易被满足。

由于科研工作的特殊性，所以对信息咨询服务的期限要求不如工程技术人员那样严格。对信息咨询服务的时间跨度介于社会科学研究人员与工程技术人员之间。

从研究人员利用信息类型来看，科学研究人员需求最多的是理论性较强的一次文献和原始资料。期刊、图书、考察与调查报告、科技报告、专利文献、会议文献等是主要信息源。

国内研究表明，对我国科研人员来说，从事基础研究的科研人员所需信息源主要在期刊、学位论文、科技报告、考察与研究报告等及一些相关的标准、专利文献等。而从事应用和开发研究的科研人员主要需要有关新产品、新技术、新工艺等方面的具体信息，包括技术期刊、标准、专利、样本、图纸、技术报告、实用手册及物化信息，而对学位论文、会议论文需求较少。在满足科研人员信息需求上，他们对信息服务机构的借阅服务和文献复制服务满意度比较高，但对咨询服务、定题服务和信息咨询研究服务的满意度较低。

（五）工程技术人员的信息需求

1. 针对性较强的专业知识

工程技术人员需要各种不同范围的信息，但其拥有主攻的方面，他们对信息的寻找具有特定的方向。如电气工程师总是围绕电气工程专业方向去掌握有关产品原理、产品设计、制造工艺、原材料、能源环境以及市场和法律等方面的信息。就工程技术人员所需信息的类型而言，重点是有关新产品、新技术、新工艺、新材料等方面的具体应用信息，一般这些具体信息有技术期刊、专利文献、标准、产品样本、技术报告、实用手册、物化信息等。

2. 强调信息内容的可靠性、准确性和新颖性

由于工程技术人员要解决的问题大都来自研制、开发和生产的实践，着重解决怎样做的问题，即着重解决在研制过程和生产实践中出现的各种问题，因而需要可靠、准确的信息帮助他们解决技术上的难题，又需要新颖的信息以使其研究开发工作避免重复他人工作，获得理想的经济效益。工程技术人员信息需求的时间跨度小、对信息咨询服务的期限要求严格。这是由其工作实践的时效性所决定的。一般情况

下，工程技术人员总是希望在规定的期限内获得时间跨度不大的近期信息。工程技术人员对物化信息的需求量越来越大，重点信息是有关新产品、新材料、新工艺、新技术、新设备等方面的应用信息，特别是在新产品研制和技术引进中，掌握这些信息是非常必要的。工程技术人员也比较重视从非正式渠道获取有关信息。工程技术人员的主要信息源是技术期刊、专利、标准、产品样本、技术报告、各种实用手册，实物、档案图纸等，其中需求量较大的是技术期刊和专利文献。除此之外，同行业间的交流、参观、互赠的技术报告等也是获取信息的渠道。

（六）医务人员的信息需求

被人们尊称为白衣天使的医务工作者，他们从事着防病、治病的任务。他们所从事的科研工作与其他科研工作有所不同，所以他们的信息需求有一些固有的特点。

医务工作者由于经常面临临床中的某些特殊的、有待解决的问题，而需要获得诊治方法、病例以及药物剂量等方面的详细信息，所以对具体事实和有关数据信息的需求量较大，所需信息必须准确、可靠。与其他专业人员相比，医务工作者更加注重信息的准确性和可靠性。人命关天，所以准确性和可靠性是信息是否被采用的前提，医务工作者由于其职业的特殊性，决定了所需信息必须以最快的速度获得。这是其他咨询用户所不能及的。

在我国，不少医务工作者是通过各种交往获取信息的，因此非正式渠道的交流也是医务工作者获得信息的一种方式。临床医生和从事医学研究的专家对文献信息源的需求也有所不同。医生对文献信息的需求按重要性依次为：国内医学杂志、国外医学杂志、专著、科学著作汇编、会议文献；从事医学研究的专家对文献信息的需求按重要性依次为：学术会议资料、学位论文、教科书、科学研究和试验工作报告，考察报告。

（七）决策者、领导者和管理人员的信息需求

企业中有领导阶级和管理阶级，他们分管公司的决策制定和企业内部的管理，他们顺势而为，决定企业的制度，各司其职，各阶层拥有其特定的工作方式，不论是政府机关、科研机构还是个体企业，都拥有各自的与社会相连接的方式，顺应社会，改革公司制度，筹谋规划政策的制定。

公司中掌管企业宏观大局的便是决策者、领导者和管理人员这三者，他们肩负重任，决策和管理都需要综合企业及其发展的大环境中的各方面信息，工作任务复

杂且对个人能力要求高，因此，他们也许要较为成熟的数据供其统筹规划，这也是大势所趋。

因此，他们对信息的需求一般具有以下几个特点：及时准确，浓缩精华，简单清晰并且顺应潮流，全面系统。拥有这些特点的信息是他们做出正确战略的前提。

虽然决策者、领导者和管理人员有层次高低之分，但其职业特点使其信息需求具有共性，具体来说有：对信息内容的需求具有广泛性、综合性、特别关注有关发展战略，宏观决策和管理咨询等方面的信息；在日常工作中，上述人员所需包括政治、经济、科学技术、法律、管理、市场、资源、环境等多方面的多种信息；涉及哲学、社会科学、自然科学许多分支。

在企业中的管理阶层和领导阶层两部分的人群对企业发展几乎是起决定作用的，因此，他们的决策必须准确并且符合企业发展的需求，这就要求他们的信息是准确且简练的，他们需求的信息需要经过严格的筛选、浓缩，最终对其决策和管理带来影响；所需信息应该是完整的，各级领导及管理人员非常注重信息的全面性、系统性和完整性。唯有如此，才能统揽全局。工作过程中，不同的人员有不同的角色，他们需求的信息也不尽相同，因此信息与工作者需求的点对点的针对性特别重要，他们更需要最新的即时信息。

信息需求不应太专深，所需信息要符合简易性原则，内容专深的信息对他们没有太大的意义。相反，简单明了、易懂可靠的实用信息才是他们所需要的。所需信息主要通过信息服务人员提供和从正式渠道获取。通过正式渠道的信息提供业已纳入管理工作范畴。如对于现代企业，其管理决策主要通过正规化的系统管理作保证。

（八）企业管理人员的信息需求

企业管理人员是企业的组织者和决策者，其主要工作是确定企业的发展，制定企业发展规划，进行企业经营决策，对企业进行科学管理，而不从事具体的科学研究工作、设计工作和生产工作。信息沟通是企业这个由人、财、物等多因素组成的经济综合体内物质和能量合理流动的基础，是发挥企业各种要素效能的必要条件，对于企业管理的功效提高有着明显的能动作用。企业管理人员的信息需求的一般特点如下：

（1）信息需求量大、面广。主要表现在经济趋势、企业规划、市场走向、价格动态、组织管理、人员结构、科技水平、材料供应、设备情况、环境保护等方面。

（2）需要准确、新颖而且简明扼要的信息。任何主观性信息或误传的信给企业管理人员的经营管理和决策带来严重后果，所以企业管理人员需要的是经过深度加工、仔细分析、正确评价以后的实用性浓缩的信息。企业管理人员也非常重视经济政策、经营管理、市场营销方面的信息，对本行业，尤其是竞争对手的各种信息十分敏感。

（3）所需信息源主要是三次文献。他们主要从信息人员在调查研究基础上编写的综述、述评、动态报道、预测报告、咨询报告中获取信息，而对原始文献信息、口头信息和实物信息需求量并不多。

企业管理者一般通过正式渠道获得所需信息，他们要求信息人员要有针对性地及时提供有关信息，面对瞬息万变的市场，在对突发事件应做出反应时，更需要信息的及时、准确和迅速。

企业中的三类管理人员，即从事日常业务管理人员、控制管理人员、经营决策人员，在主要信息来源、信息内容、信息范围、信息详略程度、信息新颖程度、信息准确程度、使用频率和信息加工等7个方面均有不同，表现出这三类管理人员不同的信息要求。

（九）广大农民的信息需求

全国90%的农民群体非常渴望技术型信息、政策法规信息、市场行情信息或者是一些见效快、实用性强、能够脱贫致富的信息。他们的信息主要来源于广播、电视、报纸、国家政策文件、用户反馈及购买实物等。由于他们对信息咨询机构缺乏认识，因而很少利用信息咨询机构。

（十）城市居民的信息需求

城市居民由于其年龄、性别、职业、经济收入、受教育程度、专业特长等不同，对信息的需求也各不相同。城市居民需求的信息主要是事实与社会新闻、卫生与健康知识、商品信息、生活知识与技能，对科学技术知识也有一定的需求，最多的信息来源于大众媒体，其次是公共图书馆或高校图书馆以及期刊、图书等。

三、配合用户心理

（一）弄清楚用户想要什么

1. 具有重要价值

用户的价值观很重要，不同的文献资源对不同的用户的价值不同，要弄清楚用户想要什么，要根据用户的价值需求判断文献对用户的价值，用户一般都会根据自己的需要判断哪些文件是对自己有用的，这会导致用户对自己得到的信息有一些判断和选择，这些标准不能依照个人标准判断，而是学会比对、变通。

2. 为用户提供方便

人们在生活中一般都追求方便，在利用信息的时候也是这样，都希望自己做事情方便一些，办理流程情况和得到文献的方法尽量简单些往往会被用户所喜欢。

3. 资源完整性是第一要务

用户对资源的要求很一般很高，资源的完整性一般是第一要务，只有完整的资源才能得到用户的青睐，也就是首先要保证的就是信息的完整性。

4. 求新心理

人们往往对新的事物有兴趣，除了文献性资料之外，一些实时的信息的也很有价值，很多的新媒体等资源注重时效性，所以一些新的资源的及时更新就显得特别重要。

5. 长时间的使用会让用户产生依赖感

计算机的便捷性和工作人员的服务会给用户带来一些快捷感，这种感觉会使用户对自己接受的服务产生依赖性，这种情况才是保证用户不流失的关键。

6. 散漫心理

一些用户在信息方面比较散漫，一般都是利用直接到手的信息、散装的信息，这些信息就导致了用户的散漫心理。

7. 客户期盼主动的服务

很多用户都不满足问答式的咨询，而是希望工作人员完整介绍信息，有时候甚至觉得无所适从，希望咨询的时候可以得到尽可能多的信息，提供更完整的服务，希望工作人员主动向他们传递信息。

（二）咨询用户信息需求共同的规律

（1）用户信息的全面性。这一点是很重要的，在社会中的很多方面都有所体现，用户完整的信息会保证信息的行为转化。例如家长们希望自己的子女学习成绩优良还不惜代价送孩子上各种辅导班，学习音乐舞蹈、书法绘画、电脑网络等，希望孩子能全面发展。这类现象就表明了用户信息需求全面性的存在。

（2）咨询用户信息需求的集中性与分散性。我们从大量的咨询情况的结果来看，用户所需信息呈现出集中与分散的状况。从电子工程技术研究的用户所咨询的范围可以看出，他们所需信息约 1/3 左右来自本学科领域的文献，1/3 左右来自相关学科领域的文献信息，还有 1/3 左右来自关系并不密切的范围更广的学科领域。有一些重要的，比如信息载体和不同语种等条件也会影响信息的集中性，这些东西会导致一些信息的分散。这些信息的分散往往很广，会造成一些很分散的影响。

（3）咨询用户信息是有阶段性的，不是一蹴而就的，工作的阶段性和用户信息的阶段性是相对的。这种用户信息的阶段性也是工作人员要考虑的事情。如科研人员平时常规信息咨询，研究某一课题中遇到问题时的信息咨询，就在校大学生而言又分为四个年级，每个年级的学生都会根据自己在学习中所遇到的难题进行咨询。所以每个阶段的主要矛盾必然决定着用户在这一阶段主要的信息需求咨询的主要方向。据此可预测和分析特定用户信息需求变化的规律。

（4）咨询用户的信息需求是一个涉及多学科的研究话题。深入进行下去，可发现更多的这些规律性并给用户一定程度上的指导进而满足客户的一些主观需求、合理利用数据库的资源。

第四节　网络环境下图书馆参考咨询用户的信息需求

一、网络信息在搜索过程中存在阻碍

在现今的大背景下，对于信息的检索手段依旧有着大的缺陷，人们的需求也日渐增加，对其要求也越来越大，在考虑以计算机量化方法跟踪分析咨询用户需求的同时，开发者应该对信息所产生的结果结合人们的需求和外在的因素重视起来，并将它们有机结合加以利用，发挥其作用。

在网络中了解用户们的期望和需求是开发人员应尽的义务，用户对信息也有着一定的误解，用户有时候过度相信计算机，认为计算机的思考能力已经达到标准，这样的误解使得用户在检索过程中得不到最合适的结果，也就影响了最终表现。

我国的网络检索系统存在着诸多限制，时间长、程序繁杂都是其问题，这些问题影响了用户的积极性，但同时也为图书馆等非营利性机构提供了机会，使得其有所发展。

所有咨询业务的客户在咨询过程中支付了费用，但是即使是这样依旧会存在一些问题，这就导致了客户体验极差，进而流失客户，造成了互联网信息的表面上的繁华，实际上是一些无用的信息充斥在其间。

网络检索缺陷影响了其他技术的发挥。如界面系统的各具特色、多样性，这就需要咨询用户花费一些时间来逐个熟悉需要下载的各种规则、各种系统的浏览器。

各个信息机构虽然拥有各种大量的信息资源，但实际上只能服务于其内部用户（如各高校图书馆和院系资料室）。虽然题录数据库是公开的，但全文数据库则有使用权限，服务项目很多，但其核心部分并不对外部人员开放。虽然搜索引擎指引了检索途径，但并不给你检索结果，使咨询用户在检索过程中花费了不少精力，而得不到相应的结果。这种在效果和检索行为得不到统一的情况下，实际上也是对咨询用户下一次检索信息需求的压抑。

二、解决方案

（一）用户培训——试用体验策略

提高信息服务机构人员的业务水平和信息保障系统的功能，无疑有重大意义，这一点很容易被人们理解。然而，人们往往忽略了问题的另一方面——对咨询用户的培训，因为咨询用户的信息素质和检索信息能力也同样影响他们使用信息的质量。

古人云“将欲取之，必先予之。”由于人们对未曾接触过的事物，不知如何使用，也不知会有什么样的后果，所以会产生一些不确定的感觉。但在接触了新事物后，会逐渐了解其功能，并渐渐降低对新事物的疑虑直到决定采用。当然，养成使用习惯还需要一定的时间。因此，信息机构可采取培训帮助、提供免费试用一段时间的形式，让咨询用户在这段时间内测试信息系统是否能满足需求，并据此决定是否购买其使用权限。

开展对咨询用户的培训工作，无论是对图书馆或其他信息服务机构的工作来说，还是对咨询用户来说都是重要的。

对图书情报（信息）服务工作而言，开展咨询用户培训的意义在于，对咨询服务的工作人员来说，有助于其业务水平的提高。一般情况下，咨询用户的培训工作是由负责咨询服务的工作人员来承担的。在实际工作中，他们要不断地研究新情况，掌握新技术，以适应培训咨询用户的需要。

咨询用户培训工作的普及会使越来越多的人认识到信息工作的社会价值。确定信息工作者作为知识的开发者和传播者的社会地位，从而也有助于图书情报（信息）这一职业的社会地位的提高。

对于咨询用户来说，参加培训也有其现实意义。利于咨询用户对信息需求的表述。通过培训，咨询用户的信息意识会得到进一步提高，有助于唤起其潜在的信息需求，使其向实际需求转化并得以表达出来，能更有效地利用现有文献信息资源。通过培养，能提高以文献信息检索为主的综合性信息能力。在实际工作中，一旦需要，他们将自发地、主动地通过所有可能的途径开发文献信息资源，获取所需的信息。

（二）建立与咨询用户的协调机制

图书情报（信息）服务部门的目光不能仅仅盯在本机构内部的运行和机构所接触到的需要，应走出去，走进社会，参与和辅助住处用户构造自己的信息系统，参与或主持对社会群众各类信息资料、技术的管理和协调。

（三）注意捕捉咨询用户的需求，灵活服务方式

图书情报服务部门可以延伸出去，利用各种信息渠道主动融入咨询用户的信息交流网。利用网络咨询、网络导航、信息主动推送等方式，以灵活、形象、直观的形式来表现服务，来抓住咨询用户的注意力。

第五章　图书馆参考咨询的服务形式及内容

第一节　图书馆参考咨询服务的传统形式

一、咨询台咨询

（一）总咨询台形式

总咨询台咨询一般在显眼的位置如大厅设置咨询台，接收用户的咨询，为用户解答简单问题并引导用户接受进一步的咨询服务。这种馆员与用户面对面的直接交流方式，非常有利于了解用户的信息需求，做好图书馆宣传、接待、引导工作，解答到馆用户的口头咨询，也同时接受用户的电话咨询。总咨询台形式受到时空的限制，具有很大的局限性，仅在工作时间向到馆用户提供服务。

（二）专业咨询台形式

专业咨询台一般分散在各个专业阅览室，并在人力、资源等方面进行对应的配置和分布。如美国皇后区公共图书馆总馆设“信息”“艺术和娱乐”“小说”“社会科学”“商业科技”“文学语言”“历史旅游和传记”等9个咨询台，分属7个部门。每个咨询台由1～2名受过专业训练的参考咨询员值班，部门为参考咨询员配备助手，进行辅助工作。参考咨询员除了直接解答用户问题，还直接采购馆藏资料，并将图书简单分类，直接负责馆藏资料的建设、上架等工作。该馆的图书流量连续10年居全美公共图书馆的首位，是和该馆的服务模式分不开的。专业咨询台服务模式以人力资源和信息资源的纵向分类为特点，适应了用户解决问题的需要，不但使服务效率和服务的友好性有了提高，而且在服务的深度方面优于传统的横向分配的服务模式，是咨询服务朝专业化、个性化方向发展的一种方式。

（三）咨询台形式咨询应注意的问题

1. 热情接待用户

接待用户贯穿于咨询过程的始终，既有用户提问时的交谈，也有解答咨询时的沟通，因此是一种双向的、相互作用的行为，双方居于平等的地位。参考咨询员能否以适当的言语、得体的举止接待前来咨询的用户，直接关系到咨询工作的质量，而自始至终表示出对用户的提问感兴趣是参考咨询员必须做到的。参考咨询员应站在容易让用户看到的位置，随时准备以点头、微笑等形体语言向前来咨询的用户表示友好和欢迎。如果当用户来到咨询台时，参考咨询员仍在看书、整理资料或相互闲谈，会使用户感到不安、不悦。参考咨询员友善的言行是对前来咨询的用户的一种鼓励和支持，特别是对于性格比较内向的或略有生疏和紧张情绪的用户，更应给予这种鼓励和支持，使他们消除紧张心理，敢于询问，以顺利地开始双向交流。

2. 查找信息

现场解答的咨询问题一般是比较简单的，通过查阅一、两种检索工具或其他馆藏资源即可获得答案。在弄清了用户的提问后，参考咨询员需要尽快做出判断，确定采用哪种检索工具或使用哪种检索方法，使查获答案的可能性最大、而实际检索的工作量最小，以便能迅速准确地答复用户。如何针对不同的提问选用不同的工具书，这不仅是一个理论问题，更是一个实践问题。参考咨询员要了解各类工具书的特征、主要的收录内容和基本的检索方法，同时应注意在实践中做有心人，逐步积累经验，必要时做些书面记录，以备将来遇到类似问题时参考。但是工具书一般具有信息滞后的缺陷，有些问题是无法通过工具书解决的，特别是一些动态性的信息。这时需要查阅报刊，或通过网络检索来查找。

3. 解答问题

参考咨询员通过各种途径查找到用户询问的信息后，要清晰明了地向用户做出解答。在解答问题时，首先，咨询解答要通俗易懂，尽量避免使用用户难以听懂的图书馆专业术语。其次，一个令人满意的答案应该是正确的、完整的。正确与否取决于答案的准确度，而完整与否则意味着是否向用户提供了与该问题有关的最主要的重要信息。如果在问题解答中查找到非常重要的信息，但用户并没有提出这些需求，在答复用户时也应一并给出，因为这些相关信息可能是用户潜在需求的信息。再次，问题解答中，有时需要进行必要的说明和解释，特别是对一些用数字和统计资料来回答的问题，有时咨询解答还要提供信息的来源。这些有利于用户了解参考咨询员通过哪些技巧从馆藏资源中检索而得，指导用户熟悉具体的参考资源，同时还表明提供答案的工具书对答案负责任。如果参考咨询员没能找到用户需要的答案，可以向用户说明自己的查找过程，包括所用的工具书和检索词，以取得用户的认可和谅解。这样即使用户决定继续查找或求助于其他图书馆时，不会重复以往的工作。如果参考咨询员确信从其他机构或图书馆能够获得答案，应进一步向用户指示信息源，指示的信息源应尽可能完整，包括机构名称、地址、电话号码等，必要时打电话予以落实。参考咨询员并非对每个问题都回答，但对于不能回答的几类问题应明确列出，并向用户进行必要的说明。

二、电话咨询

（一）培养电话接听技巧

声音是电话咨询中唯一使用的交流工具。接听电话时，咨询人员要主动招呼“您好，请讲”，“您好，这里是图书馆电话咨询部”，有利于营造出友好合作的气氛。在聆听用户咨询问题时，要保持思维敏捷，边听边记录，善于从短短的交谈中快速判断用户遇到的问题，弄清楚什么是已知信息，什么是要求的信息，根据已知信息确定检索的主题，而根据其要求确定检索的范围和方向。

（二）配备必要的检索工具

电话咨询要求参考咨询员迅速做出回答，所以应配备必要的参考信息源和相关设备，配备的多少可从本馆的实际需要和经济实力出发，参考信息源越丰富、完整，咨询工作效率也相应提高。

（三）培养应变能力

电话咨询人员应具备良好的心理素质和应变能力。电话的普及，使电话咨询的数量急剧增长，向图书馆打个咨询电话已成为一件很方便很随意的事。在电话咨询过程中，有时会遇到一些纠缠不休的用户，有些用户可能因对图书馆工作有意见而借此发泄，甚至有的是无聊的恶作剧，对咨询答案不满或等待答案时缺乏耐心的用户也可能对咨询人员的劳动不予尊重。这要求电话咨询人员上岗前要做好较充分的心理准备，能灵活地处理各类电话，有较强的心理承受能力，善于借助语言准确地表达思想，有化解矛盾的能力，使电话咨询的过程成为一次双方不见面的愉快的合作过程。

（四）限制电话解答时间

电话咨询主要提供容易获取的事实或数据信息以及进行馆藏介绍，为了保证通信线路的畅通，有必要对通话时间进行适当控制，尽量在控制时间内解答完提问。若问题较复杂，检索较费时，可设定回答时间，约请用户过些时间再打进来，既给咨询人员留有充分的检索时间，又不使用户长时间在电话那头等待，也不至于影响其他用户使用电话线路。有些问题可以回答最简单的事实，同时介绍相关的参考资料和工具书，建议用户来图书馆进一步咨询或自行研读解决问题。不适合电话解答的课题查询，可将电话转到有关部门处理。一般来说，一次咨询的问题以不超过三个为宜，提供的答案亦不超过三个。一次提问过多，会占用太多的时间和电话线路。当然，在实际操作中，咨询人员有时也需要灵活掌握这些规定，总之其目标应是鼓励用户给图书馆打电话，以求最大限度地利用图书馆的信息资源。

三、信件咨询

（一）明确用户提问

信件咨询中用户能否清楚地表达提问是咨询能否成功的前提。有些用户从自己对问题的认识出发，提问表述过于简单，或使用一些含糊不清的字眼，使咨询人员难以判断出提问的目的、要求、所属学科范围。信件咨询不能像馆内咨询和电话咨询那样可以进行即时的双向交流和沟通，在这种情况下咨询人员应该写信询问清楚，例如可以提示提问者对问题应表达清楚哪几个方面，也可以附上本馆的咨询清单，请他按要求逐项填写清楚。

（二）书面解答

在以书面形式答复咨询结果时，咨询人员也应注意表述准确、明了，指明信息的来源。课题检索等较复杂的咨询有时不是经过一次通信就能达到沟通的目的。为了节省时间，可询问对方电话号码，改用电话进行联络。咨询信件应作为业务档案，予以保存。对信件咨询应本着认真负责的态度及时处理、复信，不应拖延或敷衍了事。不管检索结果如何，都应给以答复，切忌发生丢失信件的不良现象。

第二节 图书馆参考咨询服务的网络形式

一、信息推送服务形式

（一）电子邮件服务形式

电子邮件服务是在计算机网络和通信技术的紧密结合中应运而生的，是一种先进的现代化通信方式。电子邮件服务是目前最基本的数字化参考服务，用户咨询问题时以电子邮件的方式发送给相关咨询人员，咨询人员以电子邮件的方式将答案发送给用户。国外的一些图书馆从 20 世纪 80 年代后期开始将其引人参考咨询工作，并对这种新型的咨询方式进行研究和探索。图书馆一般在参考咨询主页上公布咨询台和相关工作人员的邮箱地址，最大程度满足用户的需求，并规定了答复用户询问问题的时间。

电子邮件通告是一种非常实用的服务方式。用户只要加入图书馆提供的该项服务，图书馆便会全面快速地将图书馆购买的新书新刊、电子资源、最新服务项目和公共信息等送至使用者的电子信箱，使用户及时了解本专业的电子资源和相关服务，更好地为教学科研服务。电子邮件的优点是传递速度快，提问不受时空限制，而且可以采用附件形式传递各种类型的电子文档。以电子邮件形式开展的信息服务方式有：解答用户咨询、代查代检服务、信息定题服务、科技查新服务、文献传递服务、邮件通告服务等。但是电子邮件也像普通信件那样，咨询人员不能与用户进行面对面的对话，这对问题比较复杂的咨询来说是不利的，用户对问题的描述往往不够全面，需要与参考咨询员之间的多次交流。

（二）“个人图书馆”形式

个人图书馆（My Library）就是典型的信息推送模式。个人图书馆是为用户个人搜集和组织数字化资源的一种工具，是当前开发应用较成熟的图书馆个性化定制服务系统，也是一个完全个性化的私人信息空间。系统利用软件保存、修改用户检索历史，分析用户的长期兴趣，根据用户的兴趣来对资源进行过滤，把其中符合需求的内容提取出来为用户提供主动的信息推送服务，从而形成一种因人而异的信息服务形式。如向用户发送图书馆新到的与其专业、研究方向及兴趣相关的新书的索书号和馆藏地、新刊的最新目次页等；不定期向用户发送介绍图书馆电子资源的相关信息；根据用户的学科情况提供比较详细的电子资源相关信息，包括数据库动态、数据库说明、相关数据库简介、最新信息、订购信息、培训信息、试用数据库反馈信息等；向用户介绍图书馆新开展的服务项目的内容、方式；通报图书馆开展的培训、讲座、最新服务项目、假期开放时间等。该项服务主动性强，适应了用户的个性化需求。

二、虚拟参考咨询服务形式

（一）虚拟咨询台形式

虚拟咨询台形式是一种基于 Web 表单形式的咨询服务。用户只要打开某台联网的计算机，就可以登录虚拟咨询台，填写咨询问题表单，提交到服务器。参考咨询员接收到咨询问题后，利用各种方法帮助用户解决问题，并将问题答案通过用户提供的电子邮件地址寄给用户。虚拟咨询台就是以数字图书馆馆藏资源为基础，以因特网的丰富信息资源和各种信息搜寻技术为依托，为用户提供网上参考咨询和文献远程传递服务。虚拟咨询台是针对参考咨询工作的各个环节专门开发的系统软件，便于对咨询问题进行管理、对咨询活动进行监督，对提高参考咨询工作质量具有重要作用。此外，虚拟咨询台还可用于异地咨询员参与解答用户的疑问。

在图书馆咨询网页建立用户需求提问表单，用户按要求逐项填写自己的需求，问题提交后，由参考咨询馆员在规定的时间内给出答复。当用户通过网络进行正式咨询时，首先进入一个咨询说明页面，内容为咨询台的主要服务内容、目的，让用户在看了以后再填写表单进行提问，这样可避免一些不属于咨询台回答的问题。表单包含用户和咨询问题的一些基本信息，例如用户名称、电子邮件地址、问题的主题、具体内容等。用户按要求填写表单，具体地表达自己的信息需求，然后发送给图书馆相应的咨询馆员，由他们根据表单提供的信息来为用户解答问题。提出的问题大多为简易型或事实型的参考问题，如查找书目资料、寻找某机构的地址或电话号码、解答有关图书馆馆藏和服务的问题、解答光盘和中外文网络数据库检索的问题、征集用户对图书馆的建议或意见并督促有关部门解决。

用户通过主页还可以访问自己需要的图书、浏览各种文献、检索数据库，提出疑难问题。

（二）实时咨询形式

电子邮件和表单咨询都属于异步咨询，为保持馆员与用户面对面咨询中实时交互的能力，实时在线咨询开始发展起来。实时咨询一般通过网上聊天方式进行，它所使用的软件通常是专门定制的，或者是利用已有的，如呼叫中心（Call Centers）、网上联系中心（Web Contact Centers）、电子商务客户服务中心以及有类似功能的商业软件完成咨询服务。数字参考咨询使用的软件能够给用户提供提交问题的表单，在问题提交后它会自动提醒参考馆员，使问题的提问者和回答者之间产生一种互动，可以追踪咨询进行的状态，用户提出的问题和咨询员对问题的解答都记录在检索数据库（Searchable Database）里。这个数据库又被称为知识库（Knowledge Base）。

总之，网络参考咨询是以网络环境为背景，以馆藏实物信息资源和世界范围内的网上虚拟信息资源为主要对象，根据用户的特定要求，以知识和信息的开发为手段，从事知识和信息的调研、搜集、加工、转换、重组与创新的一系列服务，它的核心理念是资源共享、利益对等、责任共担。

（三）联合虚拟咨询形式

随着高新技术在图书馆的广泛应用，信息处理的社会化程度不断提高，参考咨询工作朝着网络化、虚拟化的方向发展。例如，美国国会图书馆倡导并实施的全球数字化参考服务，依托丰富的网络资源及资深的咨询专家，为在任何时间、任何地点提问的任何用户提供高质量、专业化的服务，成为全球规模最大、服务范围最广的网上参考咨询服务系统。

第三节 图书馆参考咨询服务的内容范畴

一、用户咨询服务的范畴

用户咨询服务是参考咨询最常见的服务内容，一般由参考咨询员随时接受用户咨询提问，并提供解答。参考咨询的目的是满足用户的个性化信息需求，但用户提出的问题方方面面，五花八门，深浅不一，并非所有的问题都能够在图书馆解决。因此，明确图书馆参考咨询的范畴，可以省去一些不必要的咨询，提高处理咨询问题的效率。

从用户咨询问题的内容来看，参咨询服务包括以下范围：了解馆藏资源；了解图书馆的各种服务；提供文献资源利用指南；提供多个权威的专业信息源；对专业期刊进行评价；提供投稿指南；提供专利、会议、成果、内部信息；对科研课题提供查新、采集、组织、跟踪等特别咨询服务；提供专题研究服务；提供定题检索服务等。所有问题的回答不仅仅与参考咨询人员的能力有关，还与图书馆文献资源的收藏情况有关。有时用户的文献需求比较精深，需要提供情报研究服务，对情报的隐性信息进行。要求高，还涉及图书馆力量问题。有些问题不属于参考咨询的范围，例如，学生的作业题；病人的医方；文物的鉴定；法律问题咨询等。图书馆参考咨询工作应根据文献资源的规模和特点、基础设施、馆员素质、服务对象等，明确规定各馆参考咨询服务的范围。

例如，日本国立国会图书馆规定参考咨询的范围包括：馆藏图书的查询；图书馆的业务，包含书籍的收藏，藏书机构对书籍的调查整理，出版印刷和一些重要文献的内容介绍等方面，也就是在一定程度上尽可能回应客户。不属参考咨询范围的问题有：对将来的预测等问题；征询图书馆员的推理、推断、价值判断；推荐好书、中介图书的买卖；古籍、美术品的鉴定及市场价格的调查；文献的解读、注释、翻译；题目的解答、报道、毕业论文、智力竞赛题等；牵涉个人隐私的调查；私人问题、家庭问题及法律、医疗等问题的商量；制作包罗万象的文献目录；代行调查研究；无法正常检索的记事和照片。

参考咨询员在接受咨询问题后，不仅要了解客观需要，明确问题的范围、性质、目的、作用和要求，而且要分析主观条件，看自己是否有力量、有条件解答问题，以及是否应该解答问题。如果用户提出的问题较为重要，又迫切需要，某一图书馆无法单独完成咨询问题的解答，也可以通过同其他图书馆联系，共同来进行解决。因为图书馆事业是一个整体，图书馆之间有相互合作、相互支持的优良传统。

二、参考咨询服务的类型

（一）向导性咨询

在服务过程中为用户提供导向性的建议是最基本的服务内容，也就是及时回答一些客户的问题，各司其职，按照规章的规定，在客户信息、规章制度和书籍的分布情况等几个方面为客户解决一些问题。同时，要为客户办理相应手续，全程解决一些实际上的操作问题。一般发生在总咨询台，所以很多图书馆都在大厅或用户最容易看到的地方设置总参考咨询台，回复用户提出的各种咨询问题。

向导性咨询的问题都是一些常识性问题，随机性强，用户需要咨询人员能够立即回答。为满足工作需要，参考咨询员需要将问题进行分类，整理成手册，并在实践中不断总结经验。

（二）辅导性咨询

辅导性咨询就是在客户自主的查询过程中对客户所有遇见的各种问题进行相应的有针对性的帮助。这一点要由专业性的人员来解答，不同的问题和内容对应着不同的职务，例如图书馆的导读工作等，同时要专业性地对客户进行帮助。

对于客户提出的较为简单的问题，要做到能够直接对其进行解答，指引客户完成检索，必要时要拿出相应文字来证明，对于较为复杂的资料，也要帮助客户检索直到找到所需答案，总之，咨询性问题必须得到相应的回答，要切实解决实际问题。例如，一位退休老教师收集了平时遇到的 90 多个偏僻古文字，到图书馆查找它们的读音和注解。这些字在现代汉语字典中是查不到的，于是我们利用图书馆收藏的《汉语大字典》《康熙字典》《难字大字典》等工具书进行查找。由于需要查找的偏僻字多，而这些老字典的使用也不太熟练，有时一个字连续几种字典都查不着。经过这位老教师和几位馆员的共同努力，多方查找，最后只剩下个别字未能查到。虽然问题没能全部解决，但馆员的帮助节约了教师大量的时间，教师感到非常满意。

方法性咨询，即解决用户在查找文献过程中，因不熟悉检索方法而遇到的困难。这类咨询的特点是主动性强，图书馆工作人员可以充分发挥自己熟悉馆藏、熟悉检索工具的优势，给用户以检索方法的辅导和帮助。例如，某学生因写毕业论文需要参考《化学农药制备技术》一书，在书库没有找到，通过查找馆藏目录确信本馆没有收藏该书后，又查找图书馆联合目录，结果发现北京农业大学图书馆收藏该书，于是向信息咨询部门提出馆际互借申请。咨询人员明确用户需求的书名后，通过查询本馆电子图书数据库，结果在超星数字图书馆中找到该书。有了咨询馆员的帮助，用户在短短几分钟内就解决了难题，感到非常满意。

辅导性咨询占据总工作的很大比重，充斥在图书馆工作的各个环节。对于客户的检索要求，在面对面的交流中，工作人员要对各个问题给出适当的解决方案，这个方案必须精确完整，要结合馆内文件有针对性地解决。把提高客户的用户体验作为第一要务，提供不同形式的导读，提高客户的了解程度，提高工作效率。和用户探讨工作，抓住重点，发挥应有的专业能力；和用户多加交流，提高行业内的服务水平。

（三）相关文献的检索

文献检索就是根据客户需要找到对应文件，为了服务不同用户，图书馆要建立完整的检索体系，这方面要组建一支专业团队，全程服务客户，检索到的文件一般在记录之后直接交给用户。从文献检索的内容看，常见的类型有专题检索、科技查新、三大索引检索等。

（1）专题检索。即围绕用户提出的某一特定问题开展的文献检索服务。专题检索主要针对自然科学、社会科学及人文科学各个学科、各种目的的研究课题，以描述课题的主题词、关键词作为检索人口，开展文献检索服务。检索结果提供文献的目录、文摘，部分可提供全文。如专题目录就是对于用户提出的非一般性知识的咨询（如专项研究课题），所提供的一组专题的文献目录，供他们根据这种目录去查阅有关的文献资料，求得问题的解答。这种咨询的特点是系统性和回溯性强，要求提供的文献全面、系统、针对性强。

（2）科技查新服务。是指查新机构根据查新委托人提供的有关科研资料查证其研究结果是否具有新颖性，并做出结论。通过查新能为科研立项、科技成果鉴定、评估、验收、奖励、专利申请等提供客观依据。

（3）三大索引检索。通过作者姓名、作者单位、期刊名称及卷期、会议名称、会议时间、会议地点、文献篇名、发表时间等途径，查找文献被世界著名检索工具收录及被引用的情况，并依据检索结果出具检索证明。

我国国家图书馆利用电子邮件开展的代查代检服务除了文献检索、三大索引检索外，还有商业经济信息检索服务，如提供国内外公司的名录、商品经营范围、雇员人数、财政状况、销售额等信息检索服务。图书馆将检索结果包括书目资料、图表或全文等，利用电子邮件寄至使用者的电子邮箱。

为方便用户，图书馆还提供馆际互借和文献传递服务。当用户查到文献信息却无法在本馆获得资料原文时，可利用馆际互借服务。同时，图书馆开展文献传递活动，帮助用户获取期刊论文、专利说明书、技术报告和学位论文等文献资料，以最大限度地满足用户需求。不同场馆之间的交流一般通过电子邮件，这是最佳的文件处理方法，电子邮件对信息的处理速度是最快的，传递速度也是最快的，在互联网范围之内产生的文献传递服务就是通过电子邮件以账号互联而进行的，省去了之间的麻烦，为用户节省了时间，而且文献内容相对可靠，所开设的馆际互借和文献传递服务也就成了被大多数人接受的服务项目。

三、用户教育服务

（一）用户教育的内容

1. 如何利用图书馆

图书馆检索的主要辅导对象是一些新用户，他们不熟悉图书馆的操作流程，所以就要工作人员对他们进行引导和帮助，让他们更容易适应和了解图书馆的分布设置、流程和具体内容并让他们遵守适当的规章制度，同时对馆藏和文献做一个宣传，使新用户更加了解检索系统乃至整个图书馆，使得整个图书馆的资源能够被有效利用，避免资源的浪费，又能满足客户自己的需求，同时也能为自己的图书馆做出宣传工作。借助这些发展客户群体，增加使用人数才能合理发展自己的企业。

2. 如何使用信息资源

信息也是一种资源，资源就有其适合的使用方法，在引导新客户的同时，即要满足客户的需求，也要培养客户利用资源的和保护资源的意识，使电子资源增加而不是损耗，掌握正确的检索方法，避免资源的不合理占用，并且对信息学会筛选和处理，将信息合理利用起来。

3. 信息技术教育

数字图书馆还在发展阶段，这个过程中还存在着很多问题，在检索和咨询的过程中还会有些技术上的问题，对于信息的检索和数据库的搜索技术还有待提高，对于各类工具性软件的使用上也存在着很多问题，这些都是现在的技术人员的发展方向。参考咨询员应该主动为用户开展一些技术类培训活动。

（二）开展用户教育的形式

1. 常见问题解答（FAQ）

常见问题在新客户所提出的问题中占有很大比重，所以这也是最具有代表性和典型性的普遍问题，在经过对这些问题及其解答综合性地编辑排列之后就构成了常见问题解答数据库，以数据库为基础造就了现在的服务模式和问题范围。如参考咨询部门的联系方式与咨询方式，馆内服务台位置、电话、网上咨询方式，用户使用图书馆的联机目录查询系统，馆际互借服务，代查代检服务，查新服务，专利检索服务，标准检索服务等。由于 FAQ 是采用网络数据库查询技术开发的，其构成和制作过程也相对复杂一些，下面具体介绍其制作方法和步骤。

（1）创建常见问题解答数据库。FAQ数据库一般可以采用Access数据库来创建，数据表包含编号、问题名称、问题类型、问题描述、用户姓名、用户邮箱、问题答案等字段。

（2）用户问题提问网页及问题提交处理程序。用户提问网页采用表单形式来引导用户采用规范格式对提问问题进行描述，问题提交后由问题提交处理程序将问题追加到FAQ问题库。

（3）用户提问查询网页与问题解答处理程序。参考咨询员通过用户提问查询网页查看用户提交的咨询问题，选择具有普遍性的典型问题，进行详细解答，并由问题解答处理程序提交到FAQ库，供用户查阅。对于那些不具有普遍性的问题，可以直接将答案按用户提供的电子邮件地址发送给用户。

（4）常见问题分类导航和查看问题解答。FAQ库中是一些比较常见的问题，用户可以在网上浏览、查询。为便于用户查找问题，需要按问题的内容性质进行分类整理，建立分类导航栏来显示具体问题。分类导航栏采用Java语言来设计。这样，用户可以通过浏览常见问题，解决自己在使用图书馆中遇到的多个疑难问题。FAQ实际上就是一部图书馆使用指南，可免去用户直接询问的麻烦，是一种节约时间和人力的效果显著的网络咨询服务形式。它不仅能够帮助用户方便快捷地获取答案，也能够帮助用户更多地了解图书馆的服务内容及注意事项。通过用户教育，要让用户接受如何使用传统图书馆与数字图书馆以及怎样检索专题文献、怎样充分利用参考咨询服务的教育。这不但向用户宣传了图书馆拥有的传统资源、数字资源、网络资源与参考咨询服务项目，又提高了用户利用图书馆及其各种形式的资源的能力。

2. 专题讲座

针对用户使用图书馆过程中出现的共性问题，信息咨询部需要围绕某些专题开展用户教育活动。讲座内容一般围绕馆藏资源与服务指南、电子资源的检索与利用、常用软件使用指南三个方面展开。例如，一些高校图书馆开设的专题讲座有如下几种：

（1）图书馆文献资源与服务指南。为广大用户提供文献资源服务是图书馆的办馆宗旨，开展图书馆服务的前提是必须让每一个用户了解图书馆的文献资源和服务形式。详细地介绍图书馆各种类型的文献资源以及图书馆最常见的服务形式。

用户在图书馆中首先就是要学会如何检索文件，引导者要在帮助用户全面了解图书馆的同时帮助他们掌握检索方法。专题讲座要包括图书馆的数目，卡片、目录及检索方法，上机操作手段和查询书籍的途径，节约和预约的方法等。

（2）电子资源的检索与利用。电子资源也是当今世界的一项重要的资源，电子期刊、电子图书报纸等都是数据库的重要组成部分，介绍电子资源的检索方法的使用技巧也是一条重要的要求，还要介绍图书馆所特有的资源和提供的服务。

1）中文电子报刊数据库使用技巧。图书馆的电子学术期刊资源已相当丰富，利用电子期刊可以更快速及时地提供阅览，可以随时随地存取、打印与传递，可以足不出户了解最新学术动态。具体内容包括《中国学术期刊网》（CNKI）的使用技巧、《中文科技期刊数据库》的使用技巧、《万方数据资源系统》（数字化期刊）的使用技巧等，这些全文期刊库包含了国内出版的大部分期刊，还有部分会议论文、学位论文等，是用户最常用的中文数据库。

2）本馆外文电子期刊的使用。该讲座将介绍外文期刊的使用方法，并对一些由组织或个人、学术机构等提供的电子期刊，以及网上的其他免费学术期刊进行介绍。如德国的 Springer 全文电子期刊、生物学全文数据库 Proquest Biology Journals、世界科学出版社的电子期刊、外文科技期刊文摘数据库、国外报刊目录、印刷型外文期刊订购目录等。

3）本馆中文电子图书的使用。电子图书是很受图书馆重视及受用户欢迎的最新型电子资源之一。一些学术资源单位和数字信息公司分别利用其资源和技术优势开发了几个大型的电子图书网络服务系统，其学术性图书相对较多，或图书时效性较强，具有较大的参考价值。讲座具体内容有：《书生之家》电子图书的检索与利用、《超星》电子图书的检索与利用、本馆随书光盘的检索与利用。

4）英文电子图书的使用。主要介绍本馆英文电子图书如“美星数字图书馆”的使用方法。

5）学位论文查询。主要介绍常用的学位论文查询系统，如万方学位论文库、CALIS 高校学位论文库、以及其他的中国高等学校学位论文检索信息系统等，帮助用户查询和利用学位论文资源。

6）理科参考性工具书的使用。从古至今有着很多工具书，一些专业性词典百科全书等资料书都保存着大量的资料和文字信息资源，这些信息都能给人们的工作学习科研等提供一些参考，讲座就是教授如何查阅信息，在大量的数据流中找到自己想要的数据，人物、办事等不同方面资料的查找是有区别的，都是要注意的地方。

7）文科工具书的介绍。包括查找专业书和文章索引，查找字词数据和这种专业性质的人物地名和历史资料，已经天文地理等专业性较强的资料，对于一个专业而言的专业性质的书籍的查找。

8）电子工具书介绍。讲座介绍一些重要的中、英文事实型和数值型数据库，提供各种统计性和工具性的资料。常用的数据库有中国资讯行数据库中的名词解释库、商业报告库、上市公司文献库和统计数据库等；新华社中文综合信息库中的人物库、中外名词翻译库、组织机构库等；万方数据资源系统中的公司产品库、成果数据库等；此外还介绍一些中英文工具书、百科全书和词典等。

9）综合性权威检索工具介绍。《科学引文索引》（SCI）、《工程索引》（EI）、《社会科学引文索引》（SSCI）、《科技会议录索引》（ISTP）和《艺术与人文科学引文索引》（A&HCI）是国际公认的权威检索数据库，对论文被收录和被他人引用等情况进行了比较权威的统计和反映。讲座介绍怎样查找某个专题领域最权威或最具代表性的文章、怎样了解某篇论文在国内外尤其是在国际上所引起的反响、怎样了解您或您所认识的人们的学术成就、怎样了解国内外某种期刊的重要程度。

10）中外标准文献的检索与利用。标准文献也是一种常用的文献类型。讲座的具体内容包括：中文标准的检索方法与技巧、外文标准的检索方法与技巧。

11）中文专利数据库检索。讲座主要介绍常用的查找中文专利文献的数据库的使用方法以及专利文献的分析和利用，如《中国专利数据库》。

12）外文专利数据库。讲座主要介绍常用的查找外文专利文献的数据库的使用方法以及专利文献的分析和利用，如《世界专利数据库》。

13）本馆最新电子资源简介。目前电子资源的发展速度越来越快，信息含量不断增大、产品不断更新升级，形式越来越多样化，用户的需求也越来越多。讲座介绍本馆最新引进的或最新试用的电子资源。这些新增的电子资源是根据专家意见或用户需求而精选的最优秀的资源，有些是图书馆已经正式购买的，有些则先由图书馆引进给广大校园网用户试用。

14）电子资源的综合利用。学术论文写作是传承知识、创新知识的一个主要形式，在现代教育体制中占有极为重要的地位。图书馆中的很多资源是以电子文件的形式存在的，这些文件分布在不同的检索平台上，导致一些用户对于电子信息的不熟悉，进而导致无法找到自己想要的信息，就是，这个讲座想要弥补的主要方面就是技巧的不足，同时介绍如何利用好电子资源进行课题的查询和论文的写作。让用户们结合自己所学的课题和专业知识和相关的需求进行检索，介绍电子资源的选择，课题的查询的方法和步骤以及对检索结果的分析，最终利用被检索的资源进行写作分析，完成自己的论文。

（3）常用软件使用指南。

1）Microsoft Word 基本使用方法与各种技巧。在很多文字处理软件中，它是最强大的几款之一，文字和版面的编排处理能力让它较为出众所以他有着巨大的用户群体，由于它较为简单的操作，使得它成为很多初学者的首选，这个讲座就介绍了它的基本操作方法。

2）Microsoft Excel 使用方法与技巧。作为一个强大的表格处理软件，它最独特的功能就在于几乎可以完成整个电子表格所需要完成的所有功能，它是最简单最完整最先进和简便的表格编辑软件。

3）幻灯片是一种被多方应用的软件，作为一个多媒体演示方式，PPT 是操作它的工具中相对而言最容易入门的，对于熟悉了前两种软件的人来说，他们之间的相似之处也更容易被接受。

4）网页与网站开发方法与技巧。介绍如何用 HTML 语言和 ASP 语言开发网站和提供数据库检索。

5）常用工具软件安装和使用简介。讲座主要介绍工具软件的使用。如压缩软件 WinZip 和 WinRAR，介绍目前比较流行的压缩软件的安装和使用；翻译软件如金山词霸的安装、使用，在 Internet 上“冲浪”或阅读外文资料遇到陌生词汇、短语时，可以借助翻译软件；下载软件如网络蚂蚁（NetAnts）、网际快车（FlashGet）等。

本馆未收藏的常用电子文献资源及其获取途径。Internet 上信息浩如烟海，获取有用的信息难于大海捞针，搜索引擎是广大用户搜索信息资源的必备武器，讲座将帮助用户了解搜索引擎技术的原理和检索方法，讲解如何有效地利用搜索引擎准确查找您需要的信息，演示查找专业学术信息和日常应用信息的检索方法和具体实例，介绍图书馆电子资源的利用。

3. 文献检索课

科技文献检索课是高等学校的一门公共基础课，也是高等院校唯一的一门培养学生情报意识、获取文献信息能力的课程。在高校图书馆一般都面向大学生和研究生开设了文献检索课程，科技文献检索限制的网络培训服务，用户可以根据自己的实际情况进行选择性地浏览和学习。例如，目前北京大学的网络培训包括以下四个部分：电子资源的检索与利用、馆藏资源与服务指南、常用软件应用使用和其他网络培训。其中，电子资源的检索与利用部分主要介绍北京大学现有的电子资源（包括数据库、电子期刊、电子图书、电子报纸等）的检索和利用。馆藏资源与服务指南部分主要介绍 OPAC 使用、馆藏分布和规章制度等图书馆利用基本知识。常用软件应用使用部分主要介绍的软件包括办公编辑软件、下载软件、压缩软件、播放软件等。其他网络培训部分则提供国内外有价值的信息素质教育指南的有关网站或素材的链接，包括著名的 TILT 等。

此外，为配合学校教学发展，提高教学质量，进一步开发和利用图书馆的网络和信息资源，图书馆开始围绕教学教参提供网络远程教育服务。如北大图书馆提供了“Doing English Digital”、新制度经济学、法律经济学、生物技术制药基础、电子资源检索课、美国研究文献资源指南等网络课程。

随着参考咨询工作的逐步深入，用户教育的内容不断完善，教育形式也是多种多样，在开展用户教育过程中必须注意以下问题。

（1）要融合传统资源、电子资源、数据库资源与网络资源等内容，系统提供文献检索的理论、方法，培养与增强用户的信息意识，掌握获取文献知识的方法，提高他们的自学能力与创新能力。数字资源有着巨大的优势，检索获取方便，用户更愿意利用，但是数字资源在学科范围、收录时间上的局限会造成漏检，因此必须教育用户不能仅限于数字化资源，而必须结合传统资源完成资料查找工作。

（2）要重视对用户进行计算机及网络知识的教育培训，包括计算机基础知识、网络基础知识、光盘及数据库检索知识、图书馆自动化软件系统的使用方法等。总之，用户教育应当采用传统方式与网络方式相结合的方式进行，针对各个专题讲座制作培训课件，让用户形象直观地了解电子出版物、电子图书馆、数据库以及网上信息资源的利用与检索方式。在图书馆丰富资源的基础上，多媒体交互式计算机网络远程教育应是图书馆参考咨询服务的另一特色服务趋势，如开展技术教育或专业课程的远程培训，能为社会人士增加更多的学习机会。此外，还可以举办专题讲座、知识竞赛活动等，开展多层次、多形式的用户教育活动，这不仅充分体现了图书馆强烈的用户教育意识和服务意识，而且真正体现了网络环境下参考咨询工作的现代化。

四、网络信息资源的组织

（一）信息的选择

网络信息资源的组织具有一定的目的性和针对性，只有有价值的信息才可能被有效组织，所以必须精心选择信息。

网络信息的选择，首先，必须坚持以用户需求为中心，确定的在机构的主要任务，充分调查与捕捉用户的个性化信息需求；其次，必须依托馆藏资源，开发建立以体现本馆重点学科、优势专业、权威课题及重点用户特需专题为主的特色数据库与信息资源服务体系，直接为长期积累而形成的优势数字化文献信息资源和时效性、针对性较强的知识信息咨询服务。再次，要确保专业化程度适应用户水平，既要在主题的切入角度、内容的组织筛选等方面有的放矢，又要将那些过于肤浅的、过于深奥晦涩的、普及型的、趣味性的等不适合用户需求的信息排除在外；随着用户及其信息需求日益个性化和专门化，进行网络资源选择时要注意用户潜在的、未来的信息需求。信息的选择要根据信息组织的目标、用户的实际需求或其他相关信息评价标准（如各种排名等）。选择与评价网络信息资源的常用方法有：利用搜索引擎、依靠学术领域的专家推荐、专门网络信息评价站点或出版物、参考咨询员以及网络用户的经验积累。网络信息资源的组织需要投入大量的时间、人力、物力和财力，在确定了网络信息组织选择的内容、范围和标准后，要统筹规划，制定长远目标和近期目标。只有科学统筹的管理和规划，才能建立高效而丰富的网络信息资源。对已经具有的资源要注意维护更新，还要不断增加新的资源。

网络信息的开发主要在两个方面，首先要保证信息的完整性，用户检索所得到的文件要尽可能完整，文件信息的遗漏会导致用户的评价下降进而导致用户的流失，其次，则是信息的更新速度，对于信息咨询而言信息的更新速度是很重要的，在这种情况下，要时刻保证信息的更新，在信息的时效性范围内更新才是一个完善的机构应该做的。

网络信息的选择要注意信息使用的方便性。经过开发的网络信息资源，应该便于使用，在开发、设计新检索系统时，要考虑资料的组织是否科学、合理，界面是否友好、易用，检索功能是否完善，检索途径是否多样，检索方式是否灵活，是否可提供打印、存盘、电子邮件传递等方式输出数据等。

（二）网络信息的组织形式

1. 网络信息资源报道

网络信息资源报道，是为了让人们找到一个固定的区域，其中的内容具有变动的性质，而导航就是一个中央链接的端口，放在主页的位置，概括和总结一些代表性文字和图形来吸引人们的浏览兴趣，将这个区域呈现在一些有可能选择这个区域的人面前。

2. 寻找网络常用资源

提供网络资源的网站有很多，国内主要网络检索和免费数据库，大多存在于一些大学、研究所和著名的大公司等，也会和本馆有一些学术上的联系，尤其是和本馆相对应的一些很专业的网站，另外一些对网络搜索引擎的介绍和宣传工作也很重要，对于网络的构架，数据的建模和界面的设计等都是一些需要逐渐完善的方面。

3. 学科资源导航

网络学科导航是一种针对深层次的网络资源进行搜索并进行有序化组织的情报产品，是结合本馆资源的专题数据库。作为一种信息咨询服务，它满足了知识创新的新信息用户，但这是远远不够的，更要满足一些重点学科的知识访问的特殊要求，对于专业性人士的知识性需求也是应该被满足的，对于那些文件的访问机制都是有待升级的，我们要构架专业性和知识性更强大的导航软件。

例如，我国“高等教育文献保障系统”（CALIS）提出构建重点学科导航库系统的内容，这其中有一些着重对于研究机构的问价、相关的图书电子产品还有国际会议的报告等信息的介绍和把握，对于行业内的规范和建设，以及对整个市场的建设，成果开发和专利信息等信息资源的搜集，都应该遵守相应的标准和规范，按照一定的规律重点和规划，设置目录协议等，把这些都完善起来。

4. 专题数据库建设

专题数据库就是根据一些知识的特性进行归类，根据文献的订购流量等服务来采用资源的模拟和利用，进而满足用户的要求，对于文案的出版印刷等也要了解，熟悉一系列的操作，商业化等元素的综合利用等，配合网络的追踪技术等进行文献的传播，帮助用户节约上网时间和精力。

网络信息资源组织已经取得了很多研究成果。一些高校图书馆的学科网络资源导航，一般根据本校学科分类，在因特网上利用搜索引擎去粗取精，去伪存真，将可能隐含的潜在的科研和商机信息应及时提供给特定用户，建立一批有价值且与本校学科及科研有关的专业性信息资源指南。例如，美国国家医学图书馆的 Pub Med 系统，不仅将 Med Line 数据库与 500 余种全文期刊链接，还在试验着将数据库检索结果与全文的权威工具书和教材链接，为检索者提供相关背景知识。斯坦福大学图书馆编制了 27 种学科专题的研究指南，将各载体（印本文献、数据库、电子书刊、图像、多媒体资料、网络资源等），各种内容（书刊、词典、目录、索引、百科全书、会议信息、机构信息等）的资源，以学科或专题为线串联起来，起到了很好的信息导航的作用。由高校图书馆组织的 CALIS 学科资源导航项目已经建成了综合性多学科网络信息资源。

五、专题情报研究服务

（一）定题服务

定题服务是信息机构根据经济建设和用户研究需要，选择重点研究课题或亟待解决的关键问题为目标，深入其中，通过对信息的收集、筛选、整理并定期或不定期地提供给用户，直至协助课题完成的一种连续性的服务。定题服务是情报检索的延伸，是一种特殊形式的检索服务。定题服务的基本特点在于主动性、针对性和有效性。

首先，这种服务要求服务人员的主动，也就是情报人员的深入了解，对于科研结果等方面也要及时跟近，加强各方面的联系，搜集文献情报的动态，定期向用户提供最新的资料，帮助用户了解动态。

其次，服务要有自己的特殊性和针对性，可以根据用户的提醒和要求，对某一主体进行不固定的、不同样式的服务，从文献的选择到文献的最终服务，结合不同客户所提出的问题进行课题探究，了解客户的动向，对于项目本身的跟进也尤为重要，要全程对客户负责，形成一个的完整的服务过程。

同时，服务效率也很重要。事实证明，用户需要图书馆的资料来解决一些问题，这些问题往往是需要尽快解决的，在这种情况下，缩短时间是很重要的，因此，效率也是一个很重要的因素。

定题服务主要被应用在大学的学科建设中，也就是在开展信息咨询服务的同时在大学中建立数据库等，为网络信息的建设和信息库的构建培养新的人才，因特网和数据库进行互补，为学科建设提供新的技术和信息源，根据课题研究范畴对客户进行跟踪调研，为整个信息工程的发展打下基础，并把研究成果汇总。

对于深层次的定题服务，参考咨询员应选准重点服务课题，如国民经济发展的规划、国家各主管部门下达的生产任务和科研课题、各生产系统科研系统的重大项目、生产实践或科学实践中存在的亟待解决的重点问题、国家引进新技术的实际需要等。随着图书馆工作不断走向社会化，图书馆作为社会的文献信息中心，还应加强与社会的联系，与其他的信息中心开展联合咨询，逐步扩大咨询范围，提高咨询水平和咨询能力。

（二）自建专题数据库

1. 专题数据库建成方式

传统的参考咨询工作是以馆藏文献为依托的，而现代文献信息服务环境下的参考咨询工作更多是以完备的数据库系统为依托的。目前，专题数据库的建成方式主要有两种。

一是通过购买。网络环境下，各种数据库应运而生，但这些数据库一般都是专门的商家组织力量制作的，大都是以营利为目的的通用性的数据库。图书馆根据本馆经费情况、服务对象及信息的种类和规模的，决定了其对数据库的购买量，例如学校等购买的数据库和公共图书馆就是不同的，面向群体的不同导致了结果的不同。

二是进行自建。随着技术的发展一些机构选择根据自己的数据种类自行建立自己的数据库，根据自身需求完善自己的专有的数据库，经过技术人员对信息进行筛选整合整理、采集等工作，做出自己的特色。现在这个时代，衡量一个图书馆的标准不是纸质文献，而是一个图书馆的数据库存储量和数据库的建设能力。

2. 自建专题数据库的类型

对图书馆具有资源优势的一些专题信息资源，参考咨询员还要进行二次加工，使这些信息资源的组织系统化，并且进行知识挖掘、重组和再造，发现隐含在信息中的有用知识单元并整合成知识产品。目前图书馆专题数据库建设有了很大发展，主要包括以下类型。

（1）一些数据库是以科学文献为中心，注重资源开发利用，并把多种学科结合起来，分化交流，将从前文教人员在教学时的困难解决掉，提高数据库的便利性，为科研人员提供有利的帮助。

这种数据库围绕着科研型资料建立包括了这一类的学术知识和论文以及各种实验结果和期刊，最重要的是做到了信息的及时更新，中科院建立的可持续的信息中心就是这样，现在已经在多种科研领域打下了基础，为了满足不同科研人员的需求，现在这个信息中心依旧处在不断完善和建设阶段。

（2）以地方特色为中心的数据库是以地方特色文献、地方特色文化、地方特色经济为基础建立的数据库。地方特色文献，指地方独有的或比较系统收藏的文献，包括目录和全文。如广西图书馆的广西地方文献资料索引数据库；广东图书馆的广东地方志目录数据库、三明学院图书馆的客家文献目录库、天津图书馆的天津地方文献全文阅览检索服务等。

地方特色文化，是指某一地区特有的且又有一定影响的和有较大价值的文化，具有一定的地方性、特色性、影响性、价值性等特点，包括物质文化和精神文化，如各种地区性的以历史文化遗产、历史事件和历史人物、风景名胜、风俗习惯、土特产品等为对象的文化。如山西省图书馆的山西名人数据库、山西地名数据库、戏曲视频库等，广东中山图书馆的广东名人数据库、广东特色医院库等。

地方上的数据库也是经济数据库，随着时代的发展，一些地方上的管理者也根据地方的文化情况和经济水平建立了适合的数据库，为地方的经济文化建设做出了一定贡献，使得当地人和旅游者可以了解当地的文化，使得文化的传播变得方便快捷，对本地文化的宣传作用不容小觑，这种方法也大力推动了当地文化的发展。如桂林图书馆的桂林地方资源图文数据库、农业实用技术全文数据库，重庆图书馆的招商项目数据库，浙江图书馆的房地产剪报数据库等。建立数据库可以用电子信息的手段来保存一些纸质作品，也为查阅者提供了方便，为文化的保护做出了贡献，可谓一举两得。扩大特色文化的宣传，吸引更多的用户。在帮助领导决策方面也可起到一定的作用。在地方决策者建设文化时也要为地方的情况考虑，不能脱离实际，要掌握地方上的情况和资料，这一点对建设尤为重要。

（3）以知识服务为中心的数据库。知识服务是一种增值服务，它关注和强调利用自己独特的知识和能力，对现成的文献进行加工，形成新的具有独特价值的信息产品。知识服务不再是对具体信息、数据、文献的简单获取和传递，而是指对用户的需求进行系统分析，通过对信息的分析和重组，形成符合用户需求的知识产品。例如，河北科技大学图书馆的药物研发知识库，以化学制药企业和从事药物中间体的精细化工企业作为目标用户群体，在知识内容上，以化学制药知识为主要内容。在知识库的构建过程中，依据知识发现的原理，对知识库的畅销药物信息、药品管理信息和原料药及主要中间体部分进行了组织，并在信息的查询设计中引入了知识关联和知识聚类的方法进行系统设计，从而提高知识库的使用效果。

（4）以教学信息为中心的数据库。网络教学课件共享可以借阅设计课件，避免重复建设，利于课件设计的标准化。高校图书馆还应重视对教学信息、教研参考资料、教学课件等教育资源的收集、整理。

六、剪报服务

剪报工作是图书馆一项传统的专题服务项目。各个图书馆都根据其馆藏特点、服务用户群体来选择具体的主题内容。例如，在国家级的图书馆有独立的信息中心，对于一些大型国企和公关公司等也是如此，他们都对一些主要的技术性信息型人才有着渴望，对开展平面媒体和专业的信息一条龙服务的人才需求更是前所未有。

七、信息调研

图书馆规章制度和建设发展方针的制定、各项服务的开展、大型文献数据库的购买等重大问题都需要科学民主的决策。要保证科学决策，就需要了解用户群体的基本情况。因此，用户需求调查也是参考咨询工作的一项长期内容。例如，用户需求调查的内容包括：用户年龄、学科专业、接受教育程度等的结构比例、用户利用图书馆情况统计分析、重点用户群体的确定及其需求特点、图书馆文献资源构成及发展趋势等。用户需求调查也是获得信息服务课题的一条重要途径。在用户需求调查中，往往能够发现一些用户的潜在需求，鼓励用户提出自己的文献需求。用户需求调查的方法：问卷调查、座谈会方法、专家调查法。不同的调研目的，所采用的方法不同，例如，图书馆各项服务的评价可以采用问卷调查的方式；图书馆建设与发展方针的制定可以采用专家座谈会调查方式。

第六章 图书馆参考咨询服务的工作程序

第一节 图书馆参考咨询服务的受理咨询

一、判断咨询问题的性质和范畴

每个图书馆都有特定的咨询范围，凡是超过咨询范围或涉及党和国家重大机密的问题，参考咨询员必须向用户说明情况并婉言谢绝，属于咨询范围的问题都应受理。

二、了解咨询目的和意图

同样的问题，不同的人有不同的咨询目的，对咨询的广度和深度要求也不一样。参考咨询员可以在交谈中逐步了解用户的身份、咨询的目的和意图，初步判断是生活、学习需要，还是科研、生产需要，进而了解解答问题的范围和深度。对于比较简单具体的问题，可以利用各种参考工具书、各类数据库或互联网等进行检索，直接进行口头解答。对于比较复杂的问题，须作书面记录，责成有关人员专门进行系统解答。对于一些大型参考咨询项目，如果需通过联合其他机构共同承担，应向用户说明。对于超过图书馆咨询能力的问题，应建议用户向其他情报服务部门提出咨询。

三、对用户的提问感兴趣

在参考咨询台、目录厅、验证台等场所进行的接待贯穿于咨询过程的始终。既有用户提问时的交谈，也有解答咨询时的沟通，因此它完全是一种双向的、互为作用的行为，双方居于平等的地位。然而对于这一过程的展开起主导作用的是参考咨询员，参考咨询员能否以适当的言语、得体的举止接待前来咨询的用户，直接关系到咨询工作的质量，而自始至终表示出对用户的提问感兴趣是参考咨询员必须做到的。

参考咨询员友善的言行是对前来咨询用户的一种鼓励和支持，特别是对于性格比较内向的或初次咨询略有生疏和紧张情绪的用户，更应给予这种鼓励和支持。用户提出的问题深浅不一、五花八门，应该即时答复的问题中，有一部分可能非常简单，没有什么专业性可言，但是无论哪一类问题，参考咨询员都应认真倾听，不能表示出不屑一顾或满不在乎的神情，因为参考咨询员认为简单的问题对于某个特定的用户来讲，也许是很重要的。

例如，经常有用户询问图书馆的开放时间，参考咨询员给予明确的答复，就可能避免用户的徒劳往返；有用户问到想看某一本书，但不会利用目录查询馆藏，这时参考咨询员只需对如何利用图书馆的目录进行常识性的介绍和辅导，就能起到指点迷津的作用，这对于参考咨询员来说，不算什么复杂的事，但是这位用户也许会长期受用。因此，无论是简单还是复杂的问题，参考咨询员都应倾听，并以适当举止表示出是否已理解了用户的提问，如点头示意，或对未听清的问题作简要的询问，这都有利于营造一种和谐的氛围，以得到用户的信任和认可。参考咨询员倾听用户的提问并对用户的问题表示出关切和兴趣，会使用户产生很大的满足感。在倾听提问和解答提问的过程中，应注意面对着用户，眼睛不要东张西望而显得心不在焉，注意力应集中在用户身上；态度自然、从容，语气平和亲切；要允许用户用自己的话表达想法，不要急于插话或打断用户的问话。在对用户的想法不甚明了的时候，参考咨询员可以重复一下用户的问题，或表述一下自己对该问题的理解，以使双方对此达成共识。

第二节　图书馆参考咨询服务的课题分析与文献检索

一、课题分析

受理咨询后，首先要对用户提出的问题进行深入的分析。根据用户提问，文献检索类咨询问题一般有三种类型。

（1）特定文献的检索。用户要求查找某一篇文章、某一作者的著作、某一具体数据或发表在某一时期某刊物上的文献。用户通常已知道具体的文献或线索，只要按照用户所提供的线索去查找，一般比较容易检索到有关的文献。

（2）特定主题的检索。用户要求提供某一主题的文献。这就需要查明该主题的实质与内容范畴，查明用户针对该主题所需要的文献类型、时限、语种等具体要求，以便有的放矢地进行特定主题范围的文献检索。

（3）特定课题的检索。用户要求查找某一研究课题的文献，课题的文献范围比主题的文献范围更加广泛，也更加复杂，它可能涉及几个学科，也可能包含几个专题。对于特定课题的检索，必须对课题情况、用户水平和文献的需求状况进行具体的调查和了解，以便从实际出发，有针对性地解答用户的咨询问题。

因此，对用户提出的特定课题要进行深入了解和研究，掌握与课题有关的基本知识，以便准确地选择和确定检索途径，有效地检索特定课题所需的全部文献。

关于咨询课题，应与用户共同确定其所属的学科范围及其相关的学科，它的基本内容与基本要求，它在有关范围内所处的地位以及国内外进展情况。

关于用户需求水平，应了解从事这一课题研究的人员的整体情况和个别情况，了解他们的人数、年龄、学历、职称、业务水平、掌握的语种、课题的计划、完成的期限，投入的人力和文献调研的需求与具体安排。

关于文献需求状况，主要是了解用户对文献的认识与掌握程度，查明该课题文献的内容范围、重点、时间及深度，以及课题内容在分类体系中的归属，以及文献利用效果和存在的问题等。

在详细调查基础上，图书馆工作人员可以根据课题范围，熟悉有关材料，并向有关专业人员请教等，为查找文献做好充分的准备。

对于定题服务，要深入课题，了解技术上存在的关键问题和研究中遇到的疑难问题，了解技术人员、专业人员的专业知识、外文水平、掌握文献情况及具体需要，学习本课题的有关专业知识和文献知识，掌握定题服务的主动权。定题服务仅仅靠一次调查是远远不能解决问题的，参考咨询员必须跟踪课题，深入调查研究。

二、课题检索服务

课题检索指信息用户不提供具体的文献出处，由参考咨询员根据其特定要求对某一课题进行文献的搜寻查找。掌握课题检索的方法和要领，是参考咨询员的基本功，也是深化咨询服务的基础。用户委托检索的课题涉及各行各业，但一般说来，由于科技文献种类繁杂，检索工具亦很多，因此图书情报专业中，常把“科技文献检索”单独列为一门课程。

课题检索的一般步骤为：理解和分析课题内容实质；选择制订检索方法和步骤；检查甄别有关文献；广开渠道索取原文。正确理解和分析课题的内容实质，是咨询成功的前提，为此，必须有效地进行咨询对话。这种对话比普通的现场咨询对话要求更为严格，有时甚至会反复多次地进行，其目的是尽可能地搞清楚用户的真实需要，尽可能多地获取一些附加信息，并将此与可供利用的信息资源相联系。

在接受咨询课题时，首先要判断用户提供的关键信息清晰与否。如果客户对咨询的内容与要求表述清楚、明确，使人不可能对课题内容产生任何误解，咨询人员只需对客户的要求进行归纳、复述，得到用户认可后，由客户填写咨询委托单，将双方认可的表达内容以书面形式记载下来即可。例如有客户委托查找“国外城市污水处理自动化”专题文献，明确提出国外城市系指美、英、德、日的任何一座城市，污水系指生活和生产中产生的污水，任何一种自动化处理方式都可，年限是从 1990 年至今。一般来说，这样的提问可以认为主题清楚、完整，限定范围具体、明了，不必继续再作咨询对话。但是也有许多客户在提出咨询课题时，主题的内涵和外延都不甚明了，缺少相关信息和必要的限定，易于造成误解，这时必须进行充分的咨询对话。

咨询对话按发生时间的先后可分为两个阶段。第一阶段由用户充分表达咨询的内容和要求，参考咨询员应认真地倾听。参考咨询员全神贯注地倾听有利于用户克服洽谈时的心理障碍，使其神情自由放松，表述自如。随意打断用户的谈话，过多的插话或有意识地加快谈话的节奏等，都无助于用户充分地表达自己的信息需求。在倾听的同时，参考咨询员还应利用非限定性提问（开放式提问）方式鼓励用户详述问题，并尽量提供线索。非限定式提问即使用“什么”“什么时候”“谁”“什么地方”“如何”等词进行启发式询问，提问不提供选择答案，完全由用户根据实际情况回答。例如，用户委托检索“红外仪器生产厂家名录”，参考咨询员应询问“具体指哪一类仪器？”“你现在已经知道哪些厂家？”等，以澄清提问的模糊之处，以引导对话的进行。

第二阶段，由咨询人员提出一些必须选择回答的问题，通过询问将咨询问题与图书馆中可供利用的信息资源联系起来，以便制订检索方案。在这一阶段中，应主要使用限定性提问（封闭式提问）方式，如“你需要的是对国内还是国外的报道？”“各种类型的文献都要还是只需要期刊文献？”“只要中文资料还是中外文资料都要？”等等，使用户在可能的回答中选择其中的一种或几种，以进一步明确和限定用户所需资料的主题和范围。当然在咨询对话的过程中，这两个阶段的划分不是绝对的、固定的，咨询人员应根据谈话的进展，恰当、灵活地选用询问方式，有时两种方式可以交替使用。

实施课题检索之前，要先确定采用何种检索方法和检索工具，选用哪种检索途径和检索标识。常用的检索方法主要有常用法、追溯法、交替法三种。

（1）常用法又称一般查找法，就是利用检索工具查找文献，这是课题检索中最常用的一种方法，这一方法又分为顺查法、倒查法和抽查法三种。顺查法，即以课题研究的起始年代或某特定年代为起点，由远而近，逐年查找，一直查到最近为止。这种查法的优点是全面、系统，查准率较高，但检索费时费力，尤其是检索年代久远的课题，工作量很大。有些属于文献普查性的检索课题，比较适合于采用顺查法。倒查法，与顺查法相反，这是由近而远，逐年往后查找的一种方法。一般查文献都注重查找近期文献，因为近期文献不但反映现状，还常引用和概述早期的文献，从中可以了解有关课题早期的发展情况。因此，检索时只需查到所需文献即可，既省时又灵活，但是漏检的可能性比顺查法要大。抽查法，即针对课题或社会、经济发展的特点，针对发展迅速、文献发表比较集中的年代，抽取一段时间，对这段时间内的文献进行逐年检索。这段时间的确定，可与用户共同商定，也可请用户自行确定，因为用户往往对本课题的文献背景比较了解。

（2）追溯法是一种传统悠久的获取文献的方法，主要是利用文献的著者在文章后所附的参考文献目录进行追溯查找。这种方法的优点是在没有检索工具或检索工具不全的情况下，也能借助于原始文献查找到一批文献。它的缺点是检索效率较低，漏检率和误检率都比较高。用这种方法查找历史人物或历史事件的记载等，往往能找到原始出处，效果比较好。

（3）交替法是常用法和追溯法结合、相互交替使用的一种检索方法，即利用检索工具查得一批文献，然后利用这些文献所附引文追溯查找，这样分期分段地交替进行，循环下去，直到满足检索要求为止。这种方法可以克服检索工具不全或缺期的困难，保证所需年限内文献的查询。

对检索工具的选择，要首先考虑哪种检索工具最有利于查找该课题所需的文献，尽量做到专业对口。在此基础上，选用那些报道文献类型齐全、文献数量多、报道速度快、文摘准确完整、索引种类多的检索工具，同时要兼顾咨询人员对该种检索工具的熟悉程度。

文献检索的途径一般分为两类：一是反映文献外部特征的如著者、书（篇）名、文献号等途径；二是反映文献内容特征的，如主题和分类途径。选用何种途径，取决于课题的具体情况以及咨询人员对反映该课题文献外部特征的检索途径已经掌握的程度。如果事先不知道有关文献的著者、篇名、文献号等外部特征，应从主题或分类途径入手。即先利用以文献内容特征编制的检索工具，然后再利用以文献外部特征编制的检索工具，几种索引可相互配合使用。

检索途径确定后，就要选择检索标识。所谓检索标识，就是反映文献外部特征的具体的著者名字、文献号码等，或是反映文献内部特征的主题词或分类号。前者是机械的，容易确定，后者灵活性较大，不易把握。在确定主题词或分类号时，应依据相应的检索词典的主题词表、分类表等，即使用哪种检索工具，就应依据该检索工具所用的检索词典。例如查找美国《工程索引》，应该选用《工程索引》主题词表中确定的词语为检索标识。检索《世界专利索引》，应按《国际专利分类表》确定的分类号查找。不能正确地确定检索标识，会造成漏检和误检，当然这需要以对检索课题的正确理解为前提，有时在检索过程中对检索标识进行修正也是可能的。

对检索出来的文献要进行甄别比较，应选择最为切题、参考价值最高的文献提供给用户，剔除误检文献，对内容有某些联系的相关文献，可征求用户的意见决定取舍。在查得了所需文献的线索后，要进一步查找原文的收藏地点，以索取原文。除了使用馆藏目录、联合目录、计算机联网目录查询系统外，还可利用一些其他途径，如中文文摘索引刊物中的来源表。不少专业文摘刊物每期之末提供来源表，有的半年或一年提供一次。一般来讲，文摘中报道的文献出自编辑单位馆藏，可成为获取原始文献的渠道。总之，应充分利用馆际互借、资源共享的方式，进行馆间协作获取原文。有些科技文献的原文，还可采用重复交叉的技巧去获取。例如某个国家的某件专利找不到原件，或因是稀有文种而看不懂，可通过查找相同专利索引，看看有否别国的相同专利；科技报告的原文，也可采用科技报告交叉号对照索引，查一下是否有别的报告号与此报告是同一篇报告，以便索取。

三、文献检索

（一）选择检索工具

1. 目录

馆藏目录报道了本馆实际收藏之书，每个条目上均注明了本馆的索书号。馆藏目录不仅反映了本馆有些什么书，用户所需的书是否已经入藏，而且还能让用户根据索书号查检到所需要的书。因此，凡是用户前来询问馆藏情况时，一般都可通过查询书目予以答复。对于不了解目录体系和不会使用目录的用户，特别是不会操作电脑，进行公共目录查询的用户，参考咨询员应予以讲解或操作辅导，要注意运用实例进行示范，直到用户真正掌握查检或操作方法为止。

联合目录是汇集多个图书馆所藏图书文献的目录，它使用户能在一个图书馆了解到某个地区、某个系统中其他图书馆的藏书情况，在解答馆内咨询中往往能起到良好的辅助作用。当用户查找的文献本馆没有收藏时，帮助用户查一下联合目录，然后告诉用户哪个图书馆收藏了他需要的资料，如果能够进一步告诉用户该馆的地址，或通过什么手续可进行馆际互借等，即可在很大程度上缓解用户的失望情绪。

2. 词典

词典的种类很多，有综合性词典、语言词典、科学技术词典、人名地名词典等。用户提出的有关“字”或“词”的问题，均可依据词典给予准确的解释。例如用户常常会为了搞清某个外语单词的释义求助于参考咨询台，而这个单词又经常会是波兰文、捷克文等小语种，用户因没有这种词典而寄希望于图书馆。也时常有用户询问某句唐诗或宋词的出处，查询这类词典即可给以明了的答复。还有一些国外科技文献中出现的新词汇、缩略语等，查词典也是寻求答案最可靠最简便的途径。

3. 百科全书

这类工具书内容丰富、取材广泛，所概括的知识全面、系统，叙述准确、客观，还包括大量精美清晰的插图、精确的数据和各式表格，因此是解答馆内咨询最重要和最基本的参考工具书之一。例如“西班牙作家塞万提斯的主要作品有哪些？”“美国哈佛大学创建于哪一年？”等问题，均可从百科全书中获得权威性答案。除了提供这些事实性信息之外，由于百科全书还简明扼要地阐述许多重要的知识和基本的学术观念，特别适合用于解答一些基本知识方面的提问，如从百科全书中查阅“光合作用”词条，即可解答用户关于“光合作用的重要性是什么”的提问，它详细描述了光合过程、光合作用对地球生物圈的重要性，以及光合过程的各要素等，答案完整，通俗易懂。

4. 手册

手册汇编了有关领域内的基础知识和基本数据资料，反映成熟的、实用的知识和经验，对于即时提供某些特定信息或数值数据等非常有用。一些手册性工具书，如指南、大全、要览等，也具有提供某方面的基本知识和便于查考的特点。例如，用户询问某国国土、人口、资源情况，可通过查阅《世界知识手册》给予解答。曾有用户请教参考咨询员如何购买飞机票，参考咨询员查阅了《中华人民共和国办事手续手册》后即给予了明确完整的答复。各类专业手册，尤其是科学技术领域的，有很强的针对性，往往可以一语中的地解决问题。

5. 年鉴

年鉴从宏观上概括了某个特定范围、特定学科领域或某个行业部门在一年间的发展概况，并都附有当年的各种统计数字和事实性资料，以及用于说明问题的图例和表格等，可帮助用户了解这些地区或领域的许多具体情况。例如，用户要知道国内一些城市的人均收入，可查找《中国城市年鉴》；研究人员要了解我国近年来教育改革的发展，可通过查找《中国教育年鉴》得到简要而明确的答案。许多国外出版的年鉴历史悠久，影响面广，记录了某个特定年份各国或世界上所发生的大事件及其他事实性和数据性资料，如《世界年鉴》《联合国统计年鉴》等，是提供国外信息的常用权威工具书。

6. 地图、名录等

地图册、省市交通图、电话簿、因特网网址簿等指示地理方位和通信联络的专用工具书，是参考咨询员的必备工具书。用户向参考咨询员打听某个地址，询问某个机构的电话号码均是常事。随着社会的日益信息化，查询因特网网址的用户也逐渐增多。查找国外公司的电传号、国外某个地区的长途电话地区号也时有所闻，这些工具书是解决这类提问的直接途径。

如何针对不同的提问选用不同的工具书，这不仅是一个理论问题，更是一个实践问题。参考咨询员要了解各类工具书的特征、主要的收录内容、入藏工具书的年份及基本的检索方法，同时应注意在实践中做有心人，逐步积累经验，必要时做些书面记录，以备以后遇到类似问题时查考。

但是工具书一般具有信息滞后的缺陷，有些问题是无法通过工具书解决的，特别是一些动态性的信息。例如上述的“重庆市是什么时候被批准为直辖市的”这一问题，如果用户是在报纸上报道了这则消息后不久来咨询的，工具书尚来不及收录，较可靠的途径是查阅报纸，印刷版的或电子版的均可，但有时并不能在短短几分钟内就可解决，因此现场咨询中有时就会出现无法即时提供动态信息这一情况。为了弥补这个不足，参考咨询员平时应进行动态信息的积累工作，将可能对咨询工作有用的报纸、期刊上的文章以及统计数据等以剪报的形式保存起来，一旦需要就可信手拈来。

（二）选择检索方法

1. 追溯法

追溯法就是以文献著述末尾所附的参考文献为基础进行跟踪查找的方法。

2. 常用法

常用法就是利用各种检索工具，全面系统地查找所需文献资料的方法。常用法必须依赖于完善的检索工具，并严格按照检索工具规定的程序、途径与标识系统进行检索，以增强检索的广度和深度，使检全率和检准率取得可靠保证。

3. 分段法

分段法适用于过去年代的文献资料较少的专题，其优点是当检索工具不全或缺期的情况下，也能连续获得所需年限内的文献线索。

一般来说，检索工具比较齐全的大中型图书馆和情报部门大多采用常用法检索文献，其他两种方法对科技人员和小型图书馆的文献查找比较方便可行。从大量的检索工具中找出文献线索，然后再查找原始文献，并标明文献收藏地点和单位，便于用户利用。

（三）确定检索途径

各种检索工具具有不同的检索途径，检索途径包括以下几类：

（1）内容途径，是根据研究课题的内容性质需要提供的检索途径，包括分类途径和主题途径。分类途径是按照学科的分类体系检索文献的途径，主要是从学科专业体系的角度查找文献，以满足用户相关检索的需要；常用的工具书有图书分类目录、文献资料分类索引等。主题途径是从主题角度检索文献的途径，适合于查找具体的课题文献，以满足用户有关特性检索的需要；常用的检索工具有主题索引、关键词索引、叙词索引、单元词索引等。

（2）著者途径，是根据已知著者名称检索文献的途径。能比较准确地回答著者的文献在检索工具中反映的程度，在一定意义上具有族性检索的特点。但所获得的文献不够全面，不宜作为查阅文献的主要检索途径。通常采用的检索工具有著者目录、著者索引、机关团体索引等。

（3）号码途径，是根据已知文献本身的专用号码（如专利号、标准号、科技报告、合同号等）查找文献的途径。主要是利用“号码索引”进行检索，可以满足用户在课题中有关特种文献的具体需要。

（4）其他途径，利用分子式索引、地名索引、动植物名称索引、药物名称索引等专门途径来查找文献资料。这些专门索引都是为某些自然科学、技术科学专业所特用的检索工具。它们的专指性强，是辅助性的检索途径。

选定检索途径后，需将相应的检索标识逐一准确标出。通过采用不同的检索标识标记各种检索途径，例如采用主题途径进行标识时，首先需要确定该课题所需文献的内容范畴，由此准确确定主题词作为检索标识；而采用分类途径进行标识时，首先需确定该课题所涉及文献的类目及分类号码，此类目及其类号名称便为分类途径的检索标识。待检索标识得以准确确定后，便可以应用相关工具根据特定的标识顺序对相关文献资料进行有效检索。

（四）进行文献检索

文献检索指的是依据用户所研究课题的实际需求，根据特定的标识系统及途径，从大量二次文献（索引、书目、文摘、题录等）中将与课题相关的文献资料查找出来的一种服务方法。由此可看出，检索服务实质上就是提供文献资料的查找服务，其是为科学研究工作所提供的前提准备。检索服务的有效开展可大大节省用户对相关文献检索的精力，大大提升检索时效，拓展用户知识面，可帮助科研人员在短时间内更快、更准确地获取相关国内外文献资料。

文献查找的内容范围、文献的起讫年限及文献类型和文种要做到对口、对目，并通过用户的鉴定，需要及时对检索资料进行编辑和整理，最后做成文摘卡片，编印专题索引，完善资料，随时更新，确保其完整度。图书情报人员需时时加强与客户间的相互联系，以便同研究、共发展，协力做到每个研究阶段需要哪些研究资料就立即提供哪些资料，出现问题就齐力解决问题，确保文献检索的时效性和实用性。

第三节 图书馆参考咨询服务的答复咨询

参考咨询员通过各种途径查找到用户询问的信息后，要清晰明了地向用户进行解答。解答用语应通俗易懂，尽量避免使用用户难以听懂的图书馆专业术语，使用户理解并认可这一答复。一个令人满意的答案应具备两个基本特征：正确性和完整性。正确与否取决于答案的准确度，而完整与否则意味着是否向用户提供了与该问题有关的最主要的重要信息。另外，即使是正确选择的答案，在将其向用户解答过程中也可能发生错误而得不到用户的认可。例如用户询问美国海洋石油的产量（加仑数），参考咨询员从工具书中查得的可能是“桶”数而不是以加仑数来计算，那么参考咨询员应设法进一步将查出的“桶”数转换成加仑数，这样的答案才算是确切的，真正符合用户要求的。

一个完整的信息应尽可能全面。例如用户询问有关我国著名历史学家的书——《吴晗传记》的作者和内容。从表面上看，似乎只是一部传记，但实际的检索结果却可能不止一部，那么完整的答案应同时将检索到的结果都提供给用户，并给出每一部的书目信息。对于用户没有特意指明，有可能是用户潜在需求的信息，在答复用户时也应一并给出。最常见的例子是用户询问咨询人员，馆藏中是否有某本书，咨询人员通过查找目录确信该书已经入藏时，应该估计出下一步对用户有帮助的信息是什么，至少还应向其提供索书号。又如用户需要查找某个组织的名称全称，其潜在的信息要求可能还包括该组织的地址和电话号码，因此即使用户没有特意提出，参考咨询员也应主动询问，在需要时将其作为一个完整的答案答复用户。

另外在解答咨询时，有时需要参考咨询员对答案进行必要的说明和解释，特别对一些用数字和统计资料来回答的问题尤应如此。如答复用户世界上某个地区冬天的气温，仅告诉对方气温几度是不完整的，应该指出测量单位是摄氏还是华氏，而且还应向用户讲清工具书中的注释或说明，进一步指出这个温度是最高气温、最低气温还是平均气温，是哪个月或哪几个月的气温记录。应该明确的是，作为图书馆的参考咨询员，这种解释不能是随意的、主观的，只有在答案不清晰、不完整的情况下，才有必要以工具书为依据进行某些补充。要切记“如何使用和解释向用户提供的信息”已不属于参考咨询员的职责范围。

此外，规范的咨询解答还包括提供信息的来源。它向用户表明，这一信息是参考咨询员通过某种技巧从馆藏资源中检索而得，指导用户熟悉具体的参考资料源，同时它还表明提供答案的工具书对答案负责任。解答馆内咨询时，一般至少要告诉用户含答案的工具书书名，至于这本书的其他书目记录如著者、出版社等可视用户的要求而定。

在答复经查无答案的咨询提问时，参考咨询员应向用户说明自己的查找过程，包括所用的工具书和检索词，以取得用户的认可和谅解。这样即使用户决定继续查找或求助于其他图书馆时，也就不会重复以往做过的工作。如果参考咨询员确信从其他机构或图书馆能够获得答案，应进一步向用户指示信息源，指示的信息源应尽可能完整，包括机构的名称、地址、电话号码和服务时间等，必要时可打电话予以落实。

鉴于公共图书馆的性质，参考咨询员并非对每个提问都应作答。国外有些公共图书馆根据本馆实际，都确定几类不予回答的问题，例如学生询问家庭作业答案，病人询问服用何种药品，以及猜谜一类的文字游戏等。

我国公共图书馆的参考咨询起步较晚，咨询业务尚欠发达，社会成员对从图书馆获取公共信息的意识比较淡薄，向图书馆询问这类信息的很少遇到，但作为服务原则，确定几类不宜由图书馆提供答案的问题，并对此向用户进行必要的说明，不但无损于图书馆咨询工作的形象，反而能表明我们咨询工作的严肃性和对用户负责的精神。

第四节 图书馆参考咨询服务的建立咨询档案

一、参考咨询档案的意义和作用

参考咨询是图书馆服务的发展方向，其是图书馆用户服务的精髓所在。鉴于现代学科间交叉性、渗透性及相关性程度的逐渐加深，促使图书馆参考咨询工作朝着更广、更深、更难的服务方向发展，要求参考咨询工作要具备一定的积累性和连续性，可将其参考咨询工作的成果在咨询服务工作中反复运用。因此对于参考咨询馆员来说，需要通过在日常的参考咨询实践工作中不断地积累经验，及时记录和保存咨询资料，建立系统档案是十分有意义的，也是十分必要的。参考咨询工作标准化、规范化的标志之一是完善的参考咨询档案，其对参考咨询服务质量有着直接的影响。

参考咨询档案指的是参考咨询工作结束后图书馆形成的档案，其包括电话记录、信函、口头记录、咨询结果、咨询调阅登记、咨询服务登记表、信息反馈表等相关资料。在“用户提出咨询—馆员受理咨询—解答咨询”这一过程中，会存在大量的信息资料，尤其是重大课题的咨询服务，其记录的活动资料更多。比如确定咨询问题的学科范围，确定查找咨询答案的途径以及方法等，确定检索的关键词及类目，普通书刊、工作书刊以及联机检索数据库、馆藏目录等的使用情况资料记录并积累起来。从每一次的咨询实践中将原始记录及其文字资料进行提炼和编制而成的便是参考咨询档案，其并非是为档案转化而出现的，而是参考咨询工作的一种自然产物，其真实反映出了咨询馆员所付出的劳动。

咨询技能资源是图书馆咨询馆员通过长期的工作积累而产生的一种经验技能，

其并不是天然资源。图书馆咨询馆员通过在受理咨询问题、查找咨询资料、解答咨询问题这一过程中所获得的经验通过特定的方式进行记录，逐日积累，便形成了咨询技能资源，可灵活运用在后续的工作当中，并在应用当中不断补充和完善，充实咨询技能资源。咨询技能可从一定程度上推动图书馆参考咨询服务工作朝着深入的方向发展，是图书馆发展的不竭动力。

图书馆参考咨询档案是咨询技能储备的重要形式，它记载着图书馆各种咨询，如事项性咨询、数据性咨询、课题性咨询等不同的检索技能知识。将每次提供的咨询服务内容与服务成果归档保存，就意味着咨询技能知识被储备起来。认识到参考咨询档案在咨询技能资源储备中的重要性，可增强咨询馆员在积累和开发利用参考咨询档案上的自觉性与主动性。

参考咨询档案当中全面而详细地记录了咨询课题的内容及其相关目的、要求、咨询时间、咨询过程、答复情况、提供的文献目录、遗留问题的解决、解决问题的实际效果等相关信息，是价值极高的一种情报源，可将其作为一种极具价值的特殊参考咨询工具。日后若有其他用户咨询与此相关的问题时，咨询馆员可通过调用参考咨询档案中的相关内容来快速解决咨询者的问题，大大提升了工作效率，降低了人力、物力消耗。

从咨询用户来说，咨询者在开始某课题研究前，需要进行课题查新、项目可行性论证等大量前期工作，而参考资料的查阅可以帮助咨询者对该课题的基本情况做到大致了解，如是否有过类似研究、研究结果如何等，根据研究情况启发思路，汲取经验教训，可在以后的研究工作中少走弯路。

从咨询馆员来说，可以通过利用参考咨询档案中相关的解答搜集资料，合理选择具有研究价值的和推广价值的典型课题，编写书目、索引、文摘等相关二次文献或展望、发展动态、综述等三次文献，交由各科研人员作为参考。

宣传参考咨询工作的参考咨询档案作为咨询工作的真实记录，其在反映咨询馆员劳动成果的同时也保留了咨询用户科研研究的相关足迹。根据参考咨询档案可向用户介绍科研人员或业务骨干对图书馆的利用情况，明晰学术研究方向和学术发展轨迹。另外，在有偿承接用户委托咨询的商谈中，咨询人员除通过交谈消除新用户对服务项目、工作质量等方面存在的各种顾虑外，参考咨询档案也是一种形象生动的宣传工具，其具备较强的说服力，能拉近用户与咨询馆员之间的距离，建立一种相互信任和相互理解的微妙关系，便于咨询委托协议顺利达成和委托咨询合同的顺利签订。

图书馆业务技术培训作为参考咨询业务知识传播的重要学术活动，将咨询档案积累而形成的系统当作教学参考资料和培训教材，可以让受培训者在学习图书馆参考咨询工作理论知识的同时结合具体咨询工作实例加快掌握各类型参考工具书的使用方法、用途等。通过对各咨询实例的分析和学习，可加深新咨询馆员对参考咨询工作的认识，能很快熟悉课题性咨询所需检索途径及事实性咨询所需何种参考工具，以此大大提升业务质量和服务水平。再者，参考咨询档案在参考咨询决策中的作用巨大，是解决咨询争议问题的有力凭证，是咨询工作质量与业务考核的依据，还有利于参考咨询工作的总结。

二、参考咨询档案的类型

（1）参考咨询档案按载体形式可分为传统档案和电子档案。传统参考咨询档案主要是指纸张型档案，就是将咨询过程如实记录下来的文档，其中包括用户的基本情况、咨询提问单、书面委托书、咨询问题的答复结果及其概要解答记录等收集、整理而建立的档案。

电子档案是计算机网络技术、数据库技术以及多媒体技术的发展而产生的一种新型档案信息形态，它把参考咨询信息资源以数字化的方式存储，以网络化的方式相互连接，从要实现资源共享。电子档案包括传统参考咨询档案的电子版、数字参考咨询服务过程中直接产生的数字化咨询档案、常见问题数据库等。

（2）参考咨询档案按收集、整理、归档、查阅及应用特点，可归纳为以下三种类型：

1）咨询原始记录类档案。原始记录是指在参考咨询工作中把咨询实际情况如实记录下来的一种文档，是咨询档案工作的核心与依据。其包括用户咨询提问单——电话、信件、传真和网上咨询等咨询提问记录；用户到馆亲笔填写的书面委托服务书；咨询工作人员答复用户咨询回函的底件。咨询工作单，其主要内容有查询问题、查找过程（记录查找范围及检索深度）、查找结果（记录直接答案及提供资料条目）。

2）咨询登记类档案。咨询档案的登记是咨询档案业务建设的重要环节，是保管和统计档案的基础工作，是提供检索与查阅档案的前提条件。通过登记可使咨询档案条理化、系统化，可以发现咨询档案是否完整、准确，不足之处及时采取补救措施，以提高咨询档案的质量。登记内容有咨询编号、咨询单位、咨询内容、查复结果、来收文日期、回函日期、经费开支等简要记录，方便查找核对。

3）咨询统计类档案。指以数字形式记录的，按分类图表方法储存起来的，可直观反映咨询总体面貌的，具有信息价值的统计数据档案，其包括咨询数量、用户状况、咨询人员工作量、收费数额等。

（3）参考咨询档案按咨询内容可以分为下面几种。

1）常见问题咨询档案，就是将用户在利用图书馆时遇到的一般性问题收集、整理、建立的档案。

2）特色专题咨询档案，就是将专题、定题服务工作中题目、检索过程、检索结果、综述报告等整理归档或建立专题数据库，为用户随时检索、随时调用自己所需资料提供方便。

3）科技查新咨询档案，就是将科技查新服务中产生的登记记录、委托书、查新结果等资料收集、整理而建立的档案。

4）决策咨询档案，就是将参考咨询馆员为咨询用户在一些重要事项的决策形成过程中提供信息服务时产生的原始记录、数据资料等整理而成的档案。

三、参考咨询档案的管理

（一）参考咨询文档科学管理

参考咨询档案的管理应遵循统一、集中、专人专责的科学化管理，这就要求咨询档案的管理需逐步实现规范化、标准化、系统化、现代化、计量化，以此确保咨询档案的安全性和完整性，方便日后的查阅和使用。

规范化是指按照表格规定的栏目要求，运用专业、规范的术语如实填写参考咨询文档。系统化是指在咨询工作单中详细的、如实的注明咨询所查找的学科范围、检索方法、所选用的参考工具书刊、数据库、关键词、类目、咨询结果等相关内容。标准化是指合理制定和使用统一规格的表格，如书面咨询登记表、书面委托服务书、咨询档案卡以及咨询工作单等。现代化是指电子计算机检索技术是实现参考咨询档案工作现代化的重要技术手段，电子计算机可实现对咨询档案资料的迅速检索、编目、分类、存取、统计等工作，是人工所不能比拟的。计量化是指咨询工作计量化是咨询档案统计科学管理的重要手段，亦是图书馆参考咨询工作的综合性测试指标。倘若咨询档案统计工作欠缺，用户状况、工作数量、收费等情况便无从得知，工作成效也无法判定。而通过分析咨询档案统计数据，可由细微之处把握参考咨询工作规律，便于解决咨询工作问题，对咨询决策有着极其重要的现实意义。

强化咨询档案的科学管理是提升咨询业务水平，完善咨询部门咨询机制，提高服务质量的重要工作。在实际工作当中，一是需要领导的高度重视，通过设置专人专责的方式进行约束；二是需工作人员的高度重视，相互协作，共同促进图书馆参考咨询档案科学管理工作的顺利进行。

（二）计算机管理参考咨询档案

计算机管理参考咨询档案具有多种查询途径、强大的检索能力和调用控制功能。但需做好如下工作：首先，将参考咨询档案的材料进行数字化处理，建立一个“有序的信息空间”——数据库；其次，将数字化参考咨询所产生的信息资源进行合理整序，按类别存储；再次，将了解到的用户常见的、共性的问题及答案汇总整理并建成一个知识咨询库；最后，利用数字化咨询档案为咨询馆员或用户提供方便快捷的服务。一方面可以为以后的参考咨询工作奠定基础，降低服务成本，提高工作效率，另一方面也可以给馆员以有效的帮助，减少他们的工作强度，使参考咨询工作日趋完善。下面就用 Access 数据库如何实现对参考咨询档案的计算机管理进行介绍。

应用 Access 数据库对参考咨询档案进行管理，可免去统计、查询的烦恼。Access 是一个功能强大、使用方便的相关数据库应用开发工具，从数据库数据处理、界面设计到程序设计和命令执行完全采用面向对象程序设计技术。在 Access 数据库中常用的对象就是表、查询、窗体和报表，而这些正是管理档案所需要的。

建立一个“用户参考咨询数据库”，可以用 Access 数据库向导建一个名为“用户参考咨询数据库”空数据库。根据实际需求将序号、题目、姓名、单位、职务、电话、课题要求、检索范围及结果、提供文献、经济效益、参加人、负责人等作为每条记录的信息内容，在相应位置输入即可。

利用已创建数据库对用户参考咨询档案进行有效管理。通过利用 Access 数据库中的筛选和查找按钮进行“筛选”极为有效。“按窗体筛选”与“按选定内容筛选”是 Access 中的两种筛选表方式，而在筛选时无论使用何种筛选方式其所得到的显示记录是相同的。例如查找“石油树脂”，若想查看是否此前查找过此课题，便可通过“选择查询”这一功能将满足自己查找要求的问题一一罗列出来，这是比较简单的一种查询方式，当然，也可以建立一种多表查询的高级查询，其可以将从多张表中获取的信息集中起来，并进行多种查询和操作。

利用 Word 中的邮件合并对文档数据库进行处理的优势可以实现资源共享。有时表的容量有限，此时可以采用 Access 数据导入功能进行处理。利用 Word 文本对字数多的检索结果进行处理，用 Excel 表格来完成数据的统计工作。

用 Access 数据库管理参考咨询档案查询更加便利、直观，易于保存。用 Access 数据库建立参考咨询档案，可以用多种形式打印出来存档，咨询人员可以随时查询，便于工作，有助于提高参考咨询工作人员的业务水平，使统计工作自动、准确。

第七章 图书馆参考咨询的业务管理

第一节 图书馆参考咨询工作平台的构建

一、参考咨询场所

（一）参考咨询室的设置

参考咨询室是用以放置大量精心选择过的参考藏书以及一些特殊书架的空间，用户可以在那里自行查阅和检索文献。它将收集信息、存储信息和提供信息的图书馆服务功能集中起来。

通常规模较大的公共图书馆和大学图书馆是根据专题设置几个参考阅览室，分属于各个阅览室，配备专业咨询员，使其具有参考咨询功能。例如上海图书馆，参考咨询阅览室有社会科学工具书阅览室、科技检索和标准专利阅览室、外文工具书阅览室等。也有的图书馆只集中设置一个参考咨询室，因为多设置咨询室，势必增加参考咨询员，一些交叉学科类参考书重复采购，会增加图书馆的经费负担。所以咨询室设置应该以用户服务为出发点，从实际工作需要出发，为参考咨询工作提供便利的环境。对设置场所、位置以及该配置的设备等进行合理安排，以达到较好、较理想的效果，使用户在自行查阅文献或委托参考咨询员查找文献或咨询课题时都非常方便。

根据用户的咨询习惯，考虑用户方便和参考咨询工作的便利性，对参考咨询室的设置归纳为 6 条要素：依据本馆性质及规模等合理规划设置参考咨询室；遵循显而易见的原则选定位置；做好馆内引导工作；完善计算机检索系统；设置合适的辅助设备；购置便于应用的参考工具书。

（二）合理设置参考咨询台

参考咨询台是接待用户并对用户问题进行解答的总服务台。咨询台设置的位置一定要显眼和容易使用户接近，特别是总参考咨询台应该位于图书馆中最明显易见的地方。参考咨询台服务方式作为一种传统的参考咨询服务方式，其通过在图书馆中设置参考咨询台，配备专门的咨询馆员对用户的咨询问题进行解答。参考咨询作为图书馆对外服务的重要窗口，在图书馆服务中具有不可或缺的重要作用。

咨询台服务优势可分为以下几点：一是用户到馆后通过与馆员密切的沟通与交流，可迅速了解用户的实际需求点，便于问题的快速解决；二是用户能够从馆员处及时地获取相关知识、经验，例如如何快速获取所需信息等；三是可以进一步弄清用户需要何种层次的需求并共同确认。例如专题、定题等需要馆员长时间面对面咨询来弄清用户需求，就需要通过咨询台这一服务方式。但参考咨询台也有一定的缺点，其缺点是用户需要亲自出入图书馆，远距离的实时服务无法实现，此外，对于不善言辞的用户来说该种服务方式也会存在一定的弊端。随着技术的发展，网络参考咨询台服务随之出现，很好地解决了传统参考咨询台的弊端，更好地提升了服务质量。

（三）保护用户隐私

参考咨询台的位置设置与服务方式选择要做好用户隐私保护工作。这里的用户隐私权指的是用户享受图书馆服务过程中支配个人信息、图书馆活动、信息需求等资料的权利。具体来看，图书馆的用户隐私权包括两部分，一是用户个人信息保护权，二是个人活动空间保护权。

在参考咨询服务的过程中，咨询馆员非常容易接触到用户的个人信息。例如，为了接受用户提问，发送咨询结果，结算咨询费用，咨询馆员必须掌握用户的真实姓名、性别、年龄、住址、职业、电话、收入、电子邮件、身份证号、信用卡号等详细的个人信息。咨询为问题而生，为解决问题而终。

图书馆参考咨询服务主要是帮助用户解决各种疑难问题，查找、选择、评价、综合各种信息资源，提供更精练、更准确并经过过滤、深加工的信息产品，提供高度个性化、量身订制的服务。例如，研究课题的查新、论证和评价，或者是要获得某一方面信息的线索等。为保证研究课题新颖性、唯一性和先进性，用户在其成果正式公布以前是不愿意将研究过程及研究方向公之于世的。而实际上，咨询馆员更了解用户的研究方向、研究领域，有时对用户的学术需求信息的脉络甚至比用户本人更加清晰。如果咨询馆员私自公布这些信息，或未经用户同意将这些信息挪为他用，都会对用户造成不同程度的伤害，也是图书馆应当尽力避免的。

另外，用户为治疗自身疾病或为某种纠纷发生法律诉讼时来图书馆查阅，资料请求咨询馆员协助查找时所提供的相关信息，应注意保密。咨询馆员对疾病信息或案件的事实内情这些个人隐私都应为其严格保密。

为了做好个人数据保护，图书馆要从技术与非技术层面为用户提供支持。同时，用户也要学会保护自己的隐私，尤其是网络用户。为了保护自己的上网隐私，网络用户可以使用隐私保护技术，比如使用软件清除自己的上网痕迹或信息查询痕迹，或删除已有的历史记录等，以做好个人数据信息的保护工作。

所以，应保管好用户填写的个人信息表及咨询表单，避免其他用户或人员看到，禁止公开用户的个人信息情况；用户自主查询的计算机应装有一些软件随时清除或删除用户使用的网络痕迹或历史记录；咨询台所在位置需有一定的空间；咨询馆员与用户沟通时的声音大小以互相听见为准，避免大声交谈。

二、参考咨询部的设备、用品以及技术支持

（一）情报检索、实时在线网络咨询所需设备

情报检索、实时在线网络咨询不仅需要网络系统、系统软件与技术的支持，还需要电话机、扫描机、传真机等现代通信工具。检索技术设备是用户进入信息源获取所需要信息的“驿站”和“桥梁”。创建一个功能完备、界面友好的检索系统，能使用户的信息需求得以有效满足。不难想象，在电子化、数字化资料日益庞大、网络信息激剧增长的今天，没有相应的检索和阅读这些信息的现代化设备，如何开展现代化的咨询服务？怎样满足咨询用户的需求？所以，在互联网环境下，参考咨询工作要想更好地发展，不仅要转变观念，还要实时更新硬件，只有如此才能提升服务质量，打造多元化的服务项目，满足用户需求。

（二）工具书阅览设备

为了方便用户检索、阅览，图书馆要设置工具书阅览架和索引类书架。一般情况下，参考工具书的体积、重量都比较大，有些工具书册数又多，每次都将工具书拿到自己的阅览座位处翻阅会感到不方便。为了方便用户在现场阅览，图书馆要在现场设置工具书阅读架和放置索引书的书架。

（三）检索工具书

图书馆要在咨询台附近设置联机检索工具及其他检索工具，包括部门内检索工

具目录、馆藏目录、特殊馆藏资料等。检索工具的大小及其安放的位置要方便用户及咨询馆员查阅使用。另外，在设置检索工具书时，必须将馆藏丰富的工具书刊汇集到一起。国内一些大型图书馆的工具书往往较分散，采访、编目、参考咨询各部门都放置了一部分工具书，但又都不全，致使用户和工作人员常常为解决某一个问题而四处寻找。因此，集中放置工具书刊既有利于参考咨询工作有序开展，又能为用户与咨询馆员的使用提供方便。

（四）参考咨询辅助用书

参考咨询书刊一般是经过精心挑选后的馆藏的精华，只是整个图书馆藏书的一部分，不可能包罗万象。当用户（读者）所咨询的问题与一般图书、期刊相关时，可以将其作为参考咨询的辅助用书。所以参考咨询藏书一般来说最好与一般图书以及期刊阅览室或书库相邻，这样就能很方便地获得辅助参考书，并大大缩短给予用户答复的时间。由于期刊的出版周期短，比图书快很多，往往被作为较新、较快的信息源来使用。作为参考咨询的辅助工具，至少要放置一个年度。

（五）情报印刷品

以现代信息技术为依托，将其了解用户的优势充分发挥出来，对信息系统地组织、收集，形成知识库，让参考咨询员转变为知识导航员。对咨询信息进行收集、整理，形成各种信息指南，让用户需求得到充分满足。

此外，在咨询台、电话等位置最近的地方存放一些快捷咨询用的工具书书架；为用户准备一些便笺纸和笔、老花镜或放大镜等物品。对有条件的图书馆来说，应考虑配置计算机终端和插口，为普通用户和携带笔记本电脑的用户直接检索图书馆内的参考信息源和上网查询创造条件。

第二节　图书馆参考咨询业务管理体系的构建

一、参考咨询的合理结构

（一）参考文献的集中原则

图书馆应设立参考阅览室或划出参考阅览区，集中陈列参考文献，集中使用。集中陈列和使用参考文献有以下显著的优点：参考文献范围很广，涉及不同出版形式、不同类别和不同主题的资料。如果把原来按分类或主题排列分散在不同的书库、不同的阅览室里的参考文献集中起来陈列一处，可以方便读者和参考咨询员使用，节约四处寻找资料的时间。相互关联学科的参考文献集中在一起，功能相同，内容可以互见和参照，有利于比较鉴别，启发思路，提高参考咨询服务的效率。读者在查阅图书资料时对某些参考文献（词典、百科全书、索引、年鉴）的需求量较大，如果分散配置就需要较多复本，会占用较大量的经费，尤其是数字化参考信息源还需要有计算机设备，投资更大。参考文献集中陈列可以减少复本，节省经费，同样满足读者和参考咨询员的需求。参考文献集中陈列要十分醒目，有突出的显示效果，能够引起读者关注，提高文献利用率。参考文献集中的基本方式可以按照文献功能集中，例如各种词典集中在一起、各类年鉴和手册集中在一起、各种索引和文摘集中在一起等；也可以按照学科资料内容集中，比如将经济学参考文献集中放置，将法律类参考文献集中放置。集中陈列和使用是参考信息源布局的基本原则。

（二）集中基础上的分散原则

参考文献的集中并非机械地把图书馆的参考文献全部集中在一个地方，而是根据读者服务的实际情况，做到集中与分散相结合。例如，在开架阅览室里可以根据藏书的类型和阅读的特点，辟出一个或若干个书架，集中陈列对本阅览室读者必需和实用的参考工具书。在大型图书馆里可以按学科设立文科参考室和理科参考室，或者按照文献功能的不同分别设立参考工具书室和文献检索室。

在集中基础上的分散原则要注意以下特点：在各个阅览室里要相对集中地配置常用的参考文献，便于读者随手使用；大型图书馆或研究性图书馆的参考阅览室可以按照大学科、大专业的原则分别设立，为专业读者和参考咨询员在专业范围内查阅资料创造条件，提高工作效率；涉及计算机网络设备的数字化参考信息源，可以单独设立阅览室，有利于对读者进行辅导和加强内部管理。

二、业务质量管理体系的构建

（一）质量管理

质量管理指的是明确质量方针、目标与职责，通过质量策划、质量控制、质量改进、质量保证推动所有与管理职能有关的活动有序落地。

日本质量管理大师石川馨表示：质量管理就是设计、开发、生产性价比最高、最能让用户满意的优质产品。

著名的质量管理专家戴明博士表示：质量管理就是用最经济的方式生产最有价值、最具商品性的产品，并将统计学原理及方法引入生产过程的各个环节。

全面质量管理的创始人菲根堡姆表示：质量管理就是以用最经济的方式生产让客户满意度最高的产品为目的，对企业各部门活动进行协调，构建的能改善质量、保证质量的有效体系。

现代质量管理的领军人朱兰博对质量管理过程进行了科学划分，将其划分成了三个阶段，分别是质量策划、质量控制和质量改进，被称为“朱兰质量管理三部曲”。

质量管理学是一门研究和揭示质量产生、形成和实现过程的客观规律的科学，它是以质量为研究对象的。如前所述，这一“质量”已经突破了单纯的产品质量的范畴，而泛化为服务、生活、经济运行诸多方面，发展为大质量的概念。但在阐述质量管理一般原理时，还是以产品或服务为主要探讨内容。

质量管理和诸多学科关系密切，主要涉及经济学、管理学，特别是企业管理学等学科；同时它又和数学，特别是数理统计学密不可分。因此，质量管理是一门综合性学科。人们不能离开具体的产品或实物的生产和制造来探讨质量管理。因此，质量管理又是管埋和技术的结合体。只有把管理和技术融会贯通、密切结合、相互渗透，才能真正揭示质量管理的深刻内涵和规律，才能把质量管理作为一门应用科学，真正把理论用于实际来分析实际问题、提出解决方案。

质量管理的内容涉及两个方面：一方面是在微观层面上探讨质量管理。即主要针对产品和服务、针对企业、针对企业各部门，以提高产品和服务质量为目的，介绍企业质量管理体系的构建和完善；介绍产品质量产生、形成和实现的具体运行过程；介绍企业各职能部门在质量形成过程中的质量职能及运作机制；介绍各种质量管理原理和方法，特别是统计质量管理方法在质量控制和质量改进中的具体应用。另一方面是在宏观的层面上探讨企业的外部环境。主要是国民经济和社会整体对企业产品质量及工作质量的影响，讨论经济的、行政的、法律的以及舆论的手段对企业产品质量可以施予、应该施予的影响及其实际运作措施等。本书涉及第一方面的内容，具体介绍的内容为质量管理体系 ISO9000 族标准、质量审核与质量认证、质量改进等方面内容。

（二）质量管理体系

质量管理体系指的是质量层面对组织进行指挥、控制的管理体系。体系、管理体系、质量管理体系是三个不同层面的概念，相互之间联系紧密。体系指的是相互关联的一组要素，其中要素指的是构成体系的基本单元。管理体系指的是建立方针与目标，推动这些方针与目标有序落地的相互关联的一组要素。方针与目标的建立是管理体系建立的基础，在方针与目标建立之后，要再设计一组相互关联的要素来推动这些方针与目标有序实现。一个组织的管理体系由很多不同的管理体系构成，包括质量管理体系、环境管理体系、财务管理体系等。由此可见，质量管理体系还是管理体系的一部分。

要想构建质量管理体系，首先要建立质量方针与目标，然后要为质量目标的实现确定相关的资源、活动，构建一个完整的质量管理体系，做好体系管理。质量管理体系可以让组织持续地为用户提供高质量的、能满足其需求的产品，满足顾客及其他相关方的需求。质量管理体系的构建要与其他管理体系相结合，让组织可以开展整体管理。

（三）质量改进

质量改进是质量管理的重要组成部分，主要目的是提升组织满足质量要求的能力。质量改进是组织在质量层面对组织开展的指挥、控制活动，是质量管理的重要组成部分，从属于质量管理。质量改进的目标是提升组织满足质量要求的能力，这里的要求可以涉及任何方面，所以质量改进的对象要涵盖质量管理过程、质量管理体系和质量管理产品，质量改进与组织质量管理体系要涵盖组织范围内所有产品、人员、活动场所、部门，因为它们之间或多或少的存在联系。

对于质量管理体系、质量管理过程及质量管理产品，组织及其相关方会提出各种各样的要求，比如有效、可追溯、安全、先进、稳定、协调、可靠、准时、充分、适宜等等。组织要对质量管理过程中出现的问题进行有效改进，以切实增强其能力。

改进就是一项活动、一个过程。所以，组织要用过程方法管理改进过程，立足于现实情况明确质量改进目标，根据质量改进目标设计合理地改进方案，实施方案，并对方案实施结果进行评价，以实现改进目标。

（四）参考咨询工作引入质量管理的必要性

1. 有利于在质量管理中贯彻“预防为主”的管理理念

一直以来，面对服务质量问题，人们采取的措施多为事后监督、检查与处理，导致服务质量管理工作比较被动。质量管理是一套系统、严谨、科学的管理法规，要求相关人员严格按规范操作。质量管理将程序建立、程序实行、程序检查、程序记录、程序监督、问题预防、问题纠正、问题协调、问题反馈、体系完善、体系提高等要素有机结合，推动服务质量检查监督体系逐渐从分散、被动转向程序化、制度化，保证用户能享受到标准化的服务，使用户的满意度得以大幅提升。通过ISO标准质量管理体系的推行实施，管理者可发现质量管理中存在的问题，做好问题预防，提升用户的满意度，推动质量改进工作有序实现。

2. 增强参考咨询服务的核心竞争能力，提高服务质量

随着科技的进步和社会的发展，图书馆逐渐与经济全球化的循环体系相融，各项服务都迎来了新的机遇与挑战。在这种新形势下，参考咨询服务为用户提供的产品和服务的质量会在很大程度上影响其生存与发展。以ISO标准为参照建立起来的质量管理体系能将用户需求转化为质量要求，保证所有会对产品及服务质量产生影响的因素始终受控，从而让用户享受高质量的产品与服务，满足用户需求。

ISO质量标准有两大宗旨，一是满足顾客需求，二是以服务为关注点；参考咨询服务的宗旨是“服务至上，读者至上”，两者的内涵基本一致。通过质量管理体系认证的实施，参考咨询工作可以采用标准化策略对质量管理的每个环节、流程进行管理，以在最大程度上满足用户需求。同时，认证工作能使工作人员的服务意识不断提升，使其服务态度与服务技能不断改善，从而使咨询服务的服务质量与水平不断提升，打造出优质服务品牌，提高参考咨询服务的核心竞争能力。

3. 有利于参考咨询服务的品牌建设

引入质量管理，参考咨询服务及其管理将迈出重要的一步。只有实施科学化和标准化的管理，才能确保参考咨询服务与管理的高质量，进而创立参考咨询服务品牌。建立与实施质量管理体系并通过标准化的管理证明参考咨询的服务质量可以让读者和相关方放心，让读者满意，不仅可以体现参考咨询的服务质量水平和信息产品的质量，而且可以让读者对图书馆的信赖度大大提高，并将逐步扩大忠实的读者群，打造出参考咨询服务品牌，塑造图书馆的良好社会形象，为图书馆的发展建设奠定基础。

4. 有利于图书馆的整体可持续发展

ISO质量管理体系倡导图书馆实现整体可持续发展，不满足于“最好”，矢志不渝地追求“更好”。图书馆推行ISO质量管理体系是为了改善图书馆的办馆质量，不是让图书馆“完美无缺”。具体的认证方法就是，ISO9000主要对图书馆质量管理体系的推行进行判断，判断的具体方法不是用评估机构事先确定的标准对图书馆

进行评估，而是将图书馆自行制定的质量方针与要求作为标准对图书馆进行衡量。在这种制度下，图书馆只要推行质量管理体系就必须不断努力，保证一天比一天更好，以推动图书馆实现可持续发展。对于图书馆来说，服务质量是其生存资本，是其优化管理的动因。

（五）构建参考咨询质量管理体系的基本原则

1. 读者满意原则

参考咨询的服务对象是所有的读者。在参考咨询的所有工作中，应该充分利用现有的信息资源，采取多种措施，开展符合读者需求和期望的工作。

2. 读者评价结果原则

在参考咨询质量评估方面，读者评估与评价是非常重要的两个工具，其中读者评价是参考咨询事业发展的重要动因。对于参考咨询工作，每位读者都能做出客观评价，这些评价为参考咨询工作的改进发展提供了科学、客观的依据。围绕读者满意度，参考咨询建立了一系列内容，这些内容主要包括参考咨询信息资源建设、重大问题决策、管理制度制定、参考咨询员评价等。

3. 持续改进原则

随着社会不断进步，科技持续发展，读者的信息需求发生了巨变，呈现出了多元化、多层次的特点。参考咨询服务要与读者信息需求的变化相适应，与社会发展、科技进步的形势相契合，促使参考咨询的质量管理体系持续更新、完善。

4. 过程概念原则

使用标准过程对质量管理体系建设进行控制。全面质量管理体系要以规范的管理制度为依托，明确每个岗位的职责，对质量管理的各个环节做出标准化规定，使参考咨询工作的开展流程更加规范，使其流程自始至终接受规范的质量管理体系的控制，以推动整个管理体系实现正常运转。

（六）参考咨询全面质量管理体系构建的基本步骤

1. 规范工作程序

只有规范工作程序才能让各岗位的工作流程与方法变得明确，才能做好工作手册与工作程序的制定工作。无论何种岗位的人员发生变动，都不能使工作的连续性、一致性受到不良影响。规范的工作程序保证活动可以有序开展，程序文件使工作主旨得以明确，对工作程序、工作步骤、工作开展的逻辑顺序做出了科学规定，使其中需要注意的问题及与工作有关的责任得以明确。工作程序与工作手册要明确工作责任、工作注意事项、工作步骤和工作宗旨。

2. 明确馆员职责

参考咨询工作要以"读者第一，服务至上"为宗旨，所有参考咨询工作都要立足于这一出发点开展，使读者的文献信息需求在最大程度上得以满足，从而让读者享受到最优质的参考咨询服务。这就需要参考咨询服务推行责任制度，要求图书馆工作人员认真落实这一制度，并对岗位职能及服务要素进行充分考虑。为使这一要求得到充分满足，参考咨询工作的每个职位都要配备工作说明，对岗位名称、职责及工作流程进行明确。

3. 建立详尽记录

建立详细完整的质量管理记录，让全面质量管理体系得以科学改进、完善。质量管理记录要将所有与质量有关的工作记录下来，对记录的收集、分类、统计、归档要进行规范，对何种类型的信息需要传递给上级做出明确规定。

4. 进行规范考核

规范化考核是对图书馆馆员进行科学评级的重要方法，可对参考咨询馆员利益的规范产生激励。目前，很多图书馆都以天为单位对馆员进行评估，以客观、正确的馆员评价标准为基础，对图书馆馆员进行公平、公正的年度评价。

（七）参考咨询质量管理体系构建的基本内容

1. 制定服务质量方针和质量目标

图书馆是一种公益性的社会文化服务机构，其主要运营目标是实现社会效益。在推动社会进步、提升读者综合素质方面，图书馆发挥了积极作用，人们必须对此做出充分认识，了解读者服务的重要性、必要性、紧迫性，秉持"读者第一""服务至上"的原则制定服务质量目标与方针，并全面理解、贯彻这些方针，切实提升图书馆信息服务的质量，将其在社会、教育、学术、服务等领域的功能充分发挥出来。

2. 设计质量体系结构及体系要素

参考咨询全面构建质量管理体系的目的在于提升参考咨询的信息服务质量。一般情况下，参考咨询全面质量管理体系无需第三方认证，主要由管理职责、物质资源、人员三部分构成。其中，全面质量管理体系的质量深受管理者意志的影响，其基础是物质资源和人力资源。在参考咨询信息服务过程中，读者全方位参与，并对其质量与过程进行评估,所以对于全面质量管理体系的构建来说,读者需求是重点。同时，为了保证全面质量管理体系的质量，相关人员必须做好参考咨询全过程的控制工作，将其事前预防的作用充分发挥出来。对于质量管理体系来说，服务质量目标的制定、体系结构与内容的确立、服务质量的几个主要过程控制是关键任务。

3. 控制主要过程

主要过程的控制方法主要是以需求为依据制定质量手册及相关的程序文件，对各项工作的职责、权限、相互关系做出明确规定，对影响参考咨询服务质量的各要素进行明确，为质量手册的制定提供助益。为了明确分工，让每位参考咨询员都能明晰自己的工作职责与义务，必须制定岗位规范，建立明确的岗位标准和质量控制规范。为了保证质量体系能有效运转，还必须针对服务质量过程的重点、难点制定相关的程序文件体系；还要通过地区的联机合作编目等方式共享成员馆的信息资源。

（八）参考咨询工作的质量管理记录

1. 参考咨询服务记录

主要包括书面记录和电话、来访的口头咨询记录。记录内容有咨询时间、咨询者或咨询单位、咨询问题、问题分派何人解答、咨询所采用的方法、咨询问题的解答情况和答复结果，尤其需要特别记录的是参考信息的来源，以便日后参考。

2. 读者信息记录

主要包括读者登记表或读者阅读记录单等工作记录。对于辅导读者利用工具书情况或在检索室中答复读者的咨询问题情况，也应当有所记录。这些数据可以作为咨询人员配置和改善服务方式的参考资料。

3. 咨询人员记录

即咨询人员的姓名、职务以及业务内容、工作时间和在服务台的时间的记录。除此之外，对于咨询人员参加研究活动、带职进修或培训、因公出差等情况也要有所记录。

4. 设施与设备记录

主要包括设施和设备的使用情况、有效情况以及设备的维修等具体事项的记录。

5. 联机检索服务记录

联机检索服务记录的主要内容是各数据库的利用情况、读者反馈等，为参考信息源采购提供参考与借鉴。

6. 参考信息源的记录

主要是对参考信息源的购买和使用情况、损耗情况的记录，还要对图书馆各部门编制的本馆的二次文献和三次文献的情况予以记录，使得这些记录成为评价参考藏书情报源的有价值的资料。

7. 数字参考咨询台的服务记录

数字参考咨询台的服务记录的主要内容包括咨询问题、咨询时间、咨询用户、系统运行情况、答复情况、答复所用时间、咨询人员等，数字参考咨询服务要以这些数字为依据进行评价。

（九）参考咨询服务质量管理内容的统计

1. 咨询用户方面的统计

通常包括提问的人数、到馆利用参考工具书的阅览人数、各类咨询服务的人数的统计等。通过咨询工作记录可了解什么样的用户咨询了什么问题，找出提问者与咨询问题之间的属性关联。如大学图书馆就可以按学生和教职员工及所属院系来分开记录和统计。

2. 咨询内容分类统计

咨询问题以内容为依据进行分类，比如根据《中国图书馆图书分类法》分成历史问题、经济问题、社会问题、政治问题、文学问题等多种类型。按咨询问题分类可方便做数量的统计和分析，如对某年某月环境方面咨询问题的数量统计。

3. 咨询信息源使用方面的统计

咨询信息源大致可以分为馆内参考信息源和馆外参考信息源两种。对馆内参考信息源的使用情况，可按参考工具书、一般图书、连续出版物、各种文献资料及其他一些记录性信息源，以及图书馆职工及非记录性信息源等类别分别进行统计；对馆外参考信息源可以按其他图书馆的所藏资料、网络信息源等记录性信息源，馆外专家及其他一些非记录性信息源等类别分别进行统计。

4. 咨询问题回答方式方面的统计

咨询问题的回答方式一般可分为两种：一种是提供参考信息和参考信息源；另一种是告知信息源的使用方法和检索方法。此外，还有以委托制作二次文献来作为回答的方式的，以及一些本不属于参考咨询服务范围的提问。只要给予解答，就都得按参考咨询回答的方式来记录统计。

5. 咨询过程方面的统计

参考咨询的服务过程可以分为三个阶段，即最初阶段、回答过程和最终阶段。对它们的记录和统计可以按咨询的接受和回答方式来进行。咨询过程方面的记录，还需记录时间，从咨询开始到结束所需时间，可以按时间档次分段记录，如 10 分钟以内、20 分钟以内、30 分钟以内、1 小时以内及 1 小时以上等。但需要注意的是，时间档次不宜分得太细，因为时间档次过于细分对统计不一定有实际的用处。

6. 咨询问题处理结果方面的统计

以咨询的难易程度为依据，咨询问题处理可划分为导读咨询、简单咨询、检索咨询、调查咨询。对于导读咨询，工作人员只需记录问题数量；对于其他类型的咨询，工作人员不仅要记录问题数量，还要记录咨询内容。在接受咨询问题后，经过处理会有种种结果，甚至会出现未解决的结果。因此，咨询结果还可以分成正在调查、正在委托、正在咨询等情况。

第三节 图书馆参考信息源的配置与布局

一、建设参考信息源的意义

（一）拓展服务内容

在互联网环境下，用户的信息需求越来越复杂多样，仅凭传统的咨询服务，用户需求已无法得到满足。同时，参考咨询源的载体与类型越来越多，咨询用户的文献利用环境日渐复杂，对图书馆参考咨询服务产生了极强的依赖。为使咨询用户的需求得到有效满足，图书馆参考咨询员要利用丰富的馆藏资源及参考咨询工具，辅之以自身熟悉馆藏资源，能有效收集、整理、检索网上信息的能力来丰富服务内容。图书馆只有为用户提供丰富多样、高价值的信息，才能使其需求得到充分满足。

（二）深化咨询服务

参考咨询服务的开展要以一定的参考信息源为基础。在收集、分析、加工、整合、向咨询用户提供文献信息的过程中，参考信息源所发挥的作用极其重要。即便是用户在使用图书馆过程中提出的一些咨询问题，有时也需要一些特殊的咨询信息源进行解答。所以，从某种程度上来看，参考咨询服务内容的范围与质量取决于参考信息源的建设程度，参考信息源越丰富，图书馆的信息服务能力就越强，就越能为用户提供个性化的参考咨询服务。

（三）增强教育职能

参考咨询工具包含着丰富的知识与信息，兼具情报职能与教育职能，不仅为用户查询资料、检索文献、更新知识提供了助益，还完善了用户的情报教育，是其学习、工作的必备工具。通过参考咨询工具的使用，用户可不断积累、拓展、更新自己的知识系统，提升自己的综合素质与能力。

二、参考信息源的类型与特点

（一）参考信息源的类型

1. 传统参考信息源

传统参考信息源是以用户的查阅需求为依据，对相关的知识资料、文献信息进行汇总，使用易于检索的方法对其进行编排形成的信息密集型文献，其内容主要包括书目、索引、文摘、字典、词典、类书、政书、百科全书、年鉴、手册名录、表谱、图录和丛集汇编。

2. 电子参考信息源

电子参考信息源是利用电子技术将文献信息以数据库的形式在光、磁等物理介质中存储起来，以单机或网络终端为媒介显现出来的信息集合，其内容主要包括机读数据库、数字化图书馆、联机数据库、网络搜索引擎、传统工具书的电子版、因特网信息服务站等。

（二）参考信息源的特点

1. 高精度的资料性

在文献类型方面，参考信息源都经过了筛选、条理化，都对原始文献做了描述、重组，是二、三次文献及数据集合。

2. 高密度的知识性

在文献内容方面，信息参考源中的信息、知识高度集成、浓缩，能满足人们对知识资料、文献信息多元化的需求。

3. 高效率的检索性

在文献结构方面，参考信息源为满足用户的检所需求采用了科学的编排方式与高效的检索方法，本身能形成严密的有机体，覆盖相关知识与文献，做到以简驭繁。

4. 高频率的查考性

在文献功能方面，参考信息源主要供人们临时查考、释疑解难之用，而且这种查考往往持续时间短，但常多次反复进行。

三、参考信息源建设原则与策略

（一）参考信息源建设原则

1. 多样性

随着现代技术的介入，参考信息源的类型不再是传统工具书，从载体形式到内容都表现出了多元化的特点。所以，参考信息源建设不仅要注重电子参考信息源，还要关注传统参考信息源。

2. 系统性

在建设参考信息源的过程中，相关工作人员必须注意三方面的内容：一是学科必须完备；二是类型必须齐全；三是多种类型必须配套。电子参考信息源必须从时间、空间、数量三方面着手，保证其在网络环境下可以实现连续、完整、全面运行，尤其要保证与学科建设相关的信息资源与特色资源系统完整，以使咨询用户方方面面的需求都能得到充分满足。

3. 实用性

传统图书馆的主要功能是“藏书”，现代图书馆的主要功能是为用户服务，满足用户需求。图书馆信息服务能力及信息服务质量的衡量标准不再是馆藏文献资源的数量，而是信息资源的实用性、检索查询系统的便捷性和用户需求的满足程度。在此情况下，参考信息源建设必须立足于图书馆的实际情况及用户的实际需求，明确搜集范围及重点，确定所需文献类型及文种。比如，地质类院校的图书馆要收集《英汉地质词典》《中国地质文摘》《环境文摘》等专业性的文献，以将其在地质学科中的信息服务优势充分发挥出来。

4. 权威性

参考信息源种类繁多、数量庞大，应充分考虑编纂者和出版制作者的权威性，选择质量较高的各种参考信息产品。权威性指标包括编纂者的教育程度和资历，出版者和代理机构的声望。印刷性参考源权威性的认定比电子参考源相对容易，因其出版资料较电子版资源容易获取。

5. 发展性

随着科学技术和文化教育事业的发展，新的学科专业及新产品层出不穷，应注意跟踪搜集，及时补充新的参考资源，使参考信息源体系更能满足用户的信息需求。

6. 协调性

参考信息源数量极多，价格极高，电子参考信息源的价格更高。所以，各单位要做好协调、合作，尤其是电子参考信息源的建设要通过共建共享实现。例如，一个地区或一个系统的各个图书馆或信息机构联合起来，统筹规划，互补余缺，形成完整的电子参考信息源体系，从而实现广泛的资源共享，提高电子参考资源的利用率。

除此以外，参考信息源的建设还要考虑其使用功能和价格。资源的使用功能体现在编排方式、索引、著作风格和应用特征四个方面；资源的价格体现在出版质量、定价高低和替代因素三方面。所以，应选用那些编排方式规范化；索引配备合理、使用方便；文笔简练、叙述准确；目标明确、体例清晰、编辑规范；出版质量高、性价比高的参考信息源。对于参考工具书和数据库之间功能重叠或功能相似的资源，可以通过替代的方式达到合理使用、节约经费的目的。

（二）参考信息源建设的策略

1. 通过出版机构订购参考信息源

参考信息源可通过两种方式构建：一是以出版社、邮局、书店为媒介订购传统的参考咨询文献；二是以出版发行机构为媒介订购电子参考信息源。现代出版业发展速度极快，参考咨询文献众多，尤其是参考工具书。比如，各种词典、百科全书的内容严重同质化，图书馆在订购这类文献时必须注意其内容、版本、版次及收录范围，避免重复购置，杜绝资金浪费。

检索工具书多以刊的形式出版，比如周刊、半月刊、月刊、季刊、半年刊和年刊等，是一种连续出版物。图书馆要想订购检索工具书必须以出版发行机构为媒介，有些检索工具书是出版社自办发行的。为了保证检索工具书的质量，图书馆必须选择信誉较好的出版发行机构，并且要按时订购，以免检索工具不完整。

数据库的检索途径比较多，检索速度比较快，为现代图书馆参考咨询服务的开展提供了强有力的支撑。数据库购置要对数据库做出合理选择，保证所选择的数据库具有收录范围广、检索性能强、数据更新快、便于使用等特点。另外，电子参考信息源的购置还要对图书馆设备、信息源的价格、平台设计、使用率、功能、售后服务等要素进行充分考虑。

设备条件，无论是光盘版还是联机版的电子参考信息源都需要配套的计算机设备和网络条件。图书馆的数字化参考咨询服务是面向多用户的，既有馆内用户，也有馆外用户；既有本地用户，也有远程用户。电子参考信息源的普遍应用要求图书馆建立局域网的环境，达到同时满足较大数量的用户同时检索和浏览各种数据库。所以，电子参考信息源的建设首先要考虑与图书馆的计算机和网络设备相匹配。

价格策略，根据咨询用户和参考咨询员的需求以及图书馆的财力状况，制定出合理的价格策略。首先，横纵向对比数据库的价格。将同类数据库的价格作横向对比，购买价格合理的数据库；另外，在购买某一数据库之前，还要对其自身连续几年来的价格作纵向对比，如果数据库每年有适当的涨幅是可以接受的，但如果只是大幅度的涨价而没有质和量的提高，那么该数据库就没有购买的必要了，因为该数据库的性价比越来越低。其次，选择合适的购买方式。电子参考信息源的价格深受购买方式的影响，电子参考信息源的购买方式不同，其价格也有很大差异。一般来说，电子参考信息源的购买价格可以分为三类：一是购买所有权价格；二是购买服务价格；三是购买使用权价格。所以，图书馆要根据自己的实际情况选择合适的信息源购买方式。

所有权指的是数据库的占有权，图书馆购买了电子参考信息源的所有权之后可以在本地做镜像，在本地服务器安装数据，将其纳入本馆馆藏，即便未来图书馆不再订购这个数据库，之前购买的数据依然可以使用。

使用权指的是数据库资源的访问权和相关的使用保障机制。如果未来图书馆不再购买该数据库的使用权，就无法再使用该数据库的数据，即便是之前可以访问的数据。

购买服务就是通过购买馆藏外的文献信息来为本馆的用户服务，满足其信息需求，其方式有馆际互借、文献传递服务等等。购买服务能保证买到的信息资源的价值，不会出现任何资金浪费现象。但从响应速度方面来看，购买服务落后于购买所有权和购买使用权，容易耽误用户对文献的使用。

因此，对于那些本地用户有大量检索需求，要求文献的适时性又高，希望及时获取最新信息的数据库可以考虑镜像版。对于时效性较强的动态性数据库，如新闻类数据库，则应考虑购买数据库的使用权。对于很少检索的参考信息数据库，最好采取购买服务的方式。

在使用率方面，对于一般商品来说，使用就是消耗，就会导致商品贬值，但认知商品并非如此。认知商品使用之后不但不会贬值，反而会增值。因为认知商品使用之后原有的知识依然存在，并且用户在使用过程中还会创造出一些新知识。所以，图书馆购买的数据库必须能得到用户的广泛关注和充分使用，使其价值得以有效实现。

在平台设计与功能方面，数据库平台是用户检索入口，平台设计的人性化程度及功能的完善度对数据库使用有着较大影响。

售后服务问题，图书馆购买了某一数据库的镜像资源之后，如果因本地系统故障导致镜像资源无法访问，数据库供应商必须能及时提供解决措施、给予技术支持，让数据库在最短时间内恢复使用。如果图书馆购买了数据库的使用权，在出现网速慢、网络不稳定等情况时，数据库供应商必须能及时提供专线访问，及时响应，解决问题。

2. 通过多渠道收集参考信息源

以搜索引擎为工具在互联网上搜集有价值的工具书及信息，将其纳入馆藏体系，实现资源共享。从图书情报机构、同行业、科技机构中搜集有价值的文献、网址，以丰富馆藏资源，弥补订购缺陷。另外，图书馆还可以与相关领域的专家学者、研究人员合作搜集免费的网络资源站点，尤其是那些比较权威、学术价值较高的站点。

除此之外，图书馆还可以搜集一些相关学科的讨论组、邮件列表为用户使用提供方便。用户可以使用电子邮件与专家学者交流讨论，获得有价值的文本、图像、照片、声音、视频等信息。通过专题讨论组，用户可以和世界各地的专家讨论某一问题，了解该学科的最新动向，汲取各方面的经验。

3. 自建参考信息源

在参考咨询服务过程中，有时参考咨询员会感到图书馆现有的参考信息源不能圆满地解决用户的问题，而需要自己编撰参考信息源，解答众多用户提出的共性问题。自建参考信息源主要集中在检索型的书目、题录、文献和资料性的信息剪报、史料汇编、专题资源介绍等方面。根据载体形态的不同，自建参考信息源包括自编参考工具书和自建数据库，自建数据库包括馆藏书刊数据库、专题特色数据库和重点学科网络导航库。

在新的信息环境下，各图书馆要重视发挥馆藏资源丰富并具有各自特色的优势，可根据实际情况，自建参考信息源，丰富馆藏，这也是参考咨询信息源建设的一个重要组成部分，如《图书馆用户使用手册（指南）》《馆藏书目数据库》《中文现刊目录数据库》《资料图纸题录数据库》《学位论文数据库》《中国国家标准汇编目录数据库》等。自建参考信息源应遵循有特色、有深度、标准化、持续性四项主要原则。图书馆可依托自有的特色馆藏或自有的特色信息积累基础形成参考文献信息特色和参考咨询专题特色。根据图书馆在某一学科或专业领域的馆藏优势来确定自建参考文献特色，编撰独一无二的参考文献；根据图书馆多年来形成的对某一学科文献整理加工的成果积累，或者参考咨询员熟练掌握和运用某一学科文献的经验优势来确定参考专题特色。参考咨询员在揭示文献内涵，充分利用文献方面具有较强的专业优势，应该也有能力编撰有深度的参考工具书，充分体现参考咨询工作的专业特色。由图书馆编撰的参考信息源必须在文献的著录、标引、摘要、编辑和索引等方面严格遵守国家标准。另外，图书馆的参考信息源建设一定要坚持文献的持续性增加，自建参考信息源时重视这个问题，就可以保证文献增值效应的充分体现。

4. 通过集团采购的方式购买参考信息源

国际图书馆为了在互联网环境下实现资源共享、消除数字鸿沟采取了一项新措施，就是电子资源的集团采购。电子资源的集团采购指的是各大图书馆自发组成集团，推举出谈判代表，由谈判代表就电子资源的价格及使用权等问题与电子资源供应商谈判，最终签订购买合同。电子资源的购买费用由各图书馆自行支付。目前，我国的国家科技图书文献中心、中国高等教育文献保障系统采用的就是集团采购，但相较于发达国家的集团采购来说，我国的集团采购仍需改进。

电子资源的集团采购可降低电子资源的购买成本，减少购买风险；可缩小各级别图书馆之间的差距；可实现资源整合与共享，密切各图书馆之间的合作；可以集团名义要求电子资源提供商对工作、服务进行优化、改进；可使电子资源长期保存问题得以妥善解决。

为了做好电子资源的集团采购，采购集团要与各加盟图书馆建立互利互信的伙伴关系，平衡二者之间的利益，对集团资源采购程序进行规范，尤其要做好标准建设，打造科学、透明的采购运作模式，让各加盟图书馆开展分工协作，建立科学的费用分摊机制。

四、参考信息源建设中存在的问题

（一）认识上存在误区

在网络环境下，各类电子出版物大量出现，参考咨询工具的类型和载体呈现出多样化，越来越多的参考工具和检索工具被转化为数据库。因而不少人在认识上出现了误区，认为有了各种数据库，特别是全文数据库就能替代印刷型参考咨询工具建设。为什么说这是一种认识误区呢？因为数据库并不能完全替代参考咨询工具的建设，数据库的使用受到诸多因素的制约，包括设备配置的状况，网上信息资源收集、整合、有序的程度，检索系统的传输速度，以及查准率和查全率等。由于这些因素的制约，数据库不可能替代参考咨询工具建设，而应形成一种共存互补的关系，让参考咨询工具和数据库各自发挥其优势。

（二）经费不足的影响

书刊价格持续上涨，参考咨询工具的出版发行，不仅版本大，而且卷数、册数也增多。比如我国的《辞海》、英国的《科学文摘》等，它们都是卷/册数量多、信息量大的连续出版物，价格昂贵。一般中小型图书馆经费不足，难以购买。近年来，部分图书馆采取保普通书刊、减参考工具和检索工具的做法，这也在很大程度上制约了图书馆参考咨询服务的深化与发展。

五、传统参考信息源

（一）检索型信息源

1. 书目

书目也称目录，是著录一批相关文献，按照一定的次序编排而成的一种揭示和报道文献信息的工具。我国最早的书目是汉武帝时杨仆撰写的《兵录》，西汉刘向、刘歆父子编撰的《别录》《七略》创图书六分之史例，而清代《四库全书总目》集经史子集四部分类之大成。书目是人们控制文献、传递文献信息的有效工具，它具有检索、报道和导读等功能。这是因为书目全面登记与报道了一个地区或国家的图书馆近期或往昔出版物的文献总目。通过书目，可以有效地掌握图书以及知识的生产和保存状况、发展过程，并且加以控制；书目又提供了知识记载的线索，指出获取文献的途径，是重要的文献检索工具。古人对书目的作用评价甚高，清代学者王鸣盛在《十七史商榷》中曾说："目录之学，学中第一紧要事，必从此问途，方能得其门而入"。"凡读书最切要者，目录之学。目录明，方可读书，不明终是乱读。"

参考咨询常用的书目按照著录方式可以分为列举式书目和分析式书目。列举式书目主要是指按照国际或国家颁布的著录标准著录，按国家或行业认定的分类法、主题词进行标引、编辑而成的书目，图书馆员都非常熟悉这些书目的应用范围和使用方法。分析式书目是带有研究成果的特殊书目，在著录上有特殊的要求，每一种文献都有专业的说明或注释，在分类或编辑上也有特殊的要求，供专业人员使用。例如,《中国古籍善本总目》反映了版本研究成果，全书分经、史、子、集、丛书五大部类，排列采用四部分类体系。而《中国地方志联合目录》除了著录书名、著者、版本等项目外，还对古今地名变迁、书名歧义、内容详略、版本区别都加以注释，全书是按照我国现行的行政区的划分来编排的。

书目按照编撰方式和时间等方面的特点可以分成古典书目和现代书目两种。古典书目包括：官修书目，如《四库全书总目》；史志目录，如《汉书艺文志》；私家藏书目录如《郡斋读书志》；古籍版本目录，如《遂初堂书目》；宗教目录等。现代书目可分为国家书目、联合目录、地方文献书目、个人著述书目、推荐书目、馆藏书目、分学科的专题书目、大型的回溯书目等，还包括不同的文献类型如报刊目录、视听资料目录、电子出版物目录等。书目是参考咨询服务工作必备的一种参考信息源。

2. 索引

索引是记录和指引文献中有关事项及单元知识的位置出处，按照一定的方式编排起来的一种检索工具。索引是将各种图书、期刊、报纸、专利、标准、商标等文献中的所述的人名、地名、题名、语词、事件、主题或概念等，加以分析并提取为款目，再依一定的方法如笔画、字顺、年代、数字等排列，注明资料出处的系统化的指南。主要作用是指南、示址，如《古今图书集成索引》《中国古典文学研究论文索引》《十三经索引》《中国专利索引》等。

我国唐宋时期就出现了篇名和人名索引，如《群书备检》《中兴登科小录》。

索引在明代有了发展，出现了字词索引，如《洪武正韵玉键》《两汉书姓名韵》。清朝乾嘉时期，不但索引的类型增多，而且章学诚还提出了关于索引的理论。国外的索引可追溯到公元7世纪的《圣经》索引。21世纪以来，许多国家编有大型索引检索刊物，并采用现代信息技术制成电子版检索刊物，这些在科学研究中发挥了重要作用。

索引的类型繁多，根据索引标目的性质划分，可分为篇目索引、语词索引、主题索引、著者索引、分类索引、专门索引（分子式索引、化学物质索引等）。索引标目也就是查找文献的检索途径，如著者索引是按著者/编者姓名字顺编排，集中某一著者（个人著者或团体著者）的全部文献的信息，可供用户方便查询。篇目索引，包括书名或篇名索引、论文或报告名索引、引文索引、评论索引等，按照字母顺序或笔画顺序编排，检索非常方便。分类索引是一种按照某一分类体系或分类表编排的索引，它既有综合性的文献索引，也有某一学科的文献索引，分类索引对于图书馆的参考咨询员来说是有特殊的要求，供专业人员使用。

3. 文摘

文摘是指明文献的作者、类型和出处，并以简明扼要的文字对原文内容作实质性的描述。文摘的特点是：文摘是对原文的一种替代，是原文的一种情报模型（要求是完全相符性，可用语义相符性评价；与模拟对象的不变性，可用语义相当性评价）；包括语种的转换、表达方式的转换等二重编撰目的和职能来看，文摘大体可分为普及性文摘和情报性文摘两种文摘，按其对原文献的压缩程度，又可以划分为报道性文摘和指示性文摘两种。

报道性文摘是全面真实地反映文献内容的创造性部分，含有较大情报量，可使部分用户免于查阅原文献的一种文献形式。其文摘内容包括原文献讨论的范围和目的、研究的手段和方法、取得的成果和结论、有关的数据和图表，甚至包括参考书目和插图数量等，也就是比较全面地报道了原文献中一切有情报价值的事项和数据。指示性文摘是对原文献进行更高度的浓缩，这类文献有时又称作简介。

此外，根据文摘编者又可分为作者文摘、学科权限文摘和专职文摘员文摘；根据文摘编写形式可分为文章式文摘和电报式文摘；根据文摘刊登的地方可分为同址文摘和非同址文摘；根据文摘的出版形式可分为单卷式文摘和期刊式文摘。目前，图书情报界利用的大量科学情报文摘大都是以连续出版物的形式出版发行的，文摘期刊和工具书通常是按学科编辑的，集中在一两个学科领域的文献资料范围内，更适应于专业用户的应用。

文摘除了具有一般检索工具的功能外，还具有以下一些特殊的功能：了解各学科文献情况，把握各学科发展的现状和趋势；确定文献与用户需求的相关性，提高文献检索的查准率；直接获取文献的情报信息，避免不必要地阅览全文，为用户节省了查阅资料的宝贵时间。

4. 名录

名录是以介绍机构、团体概况为主的一种便捷性工具书，主要记载政府机构、社会团体、文化事业、科研、学校、工商企业等单位的概况和通信联系方法，还有记载地方历史沿革的地名录。早期的机构名录只包括名称、缩写和地址等，其内容比较简单，多数按名称字顺编排，类似辞典；现在的机构名录的著录项目较为详细，一般包括机构的全称、简称、国际上流行的译名、创建日期、地址、宗旨、沿革、组织概况、负责人姓名、活动情况、成员情况、会议情况、出版物和奖励办法等。常用的机构名录大体有三种类型，即国际性、国家地区性和单一性。名录一般要包括有关专名的最新基本信息资料。名录的编排方式或按照地域、或按照行业、或按照内容性质。如《美国政府研究中心名录》、《在版名录》、《世界环境组织机构名录》、《科技名录指南》、《世界大学名录》、《国际出版商名录》、《中国企事业名录大全》、《中国工商企业名录大全》、《中国高等学校简介》、《中国图书馆名录》、《中国政府机构名录》（分中央卷和地方卷）、《中国农业科学研究机构》、《中国科学研究与开发机构名录》等。名录与书目、索引和文摘有所不同，它不引用原文，而是提供机构、团体的线索，是特殊的检索性信息源。

（二）知识型信息源

1. 词典

词典常被人誉为“学海津梁”“良师益友”，读书的“案头顾问”，治学的“得力助手”。尤其是自学，可以没有老师，但却不能没有词典。词典是解释词汇的读音、写法、含义、用法、词源、常用词语和重要名词的工具书。汉语的词典分为以解释单个字为主的“字典”和以解释词语为主的“词典”“辞典”。

人们往往习惯地认为词典只有一种类型，事实上它有多种类型，几乎可以满足各个方面的需求。根据用途的不同，词典可以划分为以下几种类型。

（1）综合性词典。如汉语字典中的《中华大字典》、《汉语大字典》，词典中的《辞海》、英语的《韦伯斯特大词典》。

（2）古词语词典或历史词典。它展示了一个词汇由产生到目前发展变化的历史。如汉语字典中《康熙字典》、词典中的《辞渊》、英语的《牛津英语大词典》。

（3）外语词典，这是一种双语词典，它用一种语言来解释另一种语言中词的含义。如在汉语和英语两种语言中，以汉语为主的《汉英大词典》，以英语为主的《新英汉词典》。

（4）专科词典，它集中定义某一专门领域的词汇。如语言学科的《汉语成语大词典》《中国俗语大词典》，其他学科领域每个学科都有专门词典，就其内容而言，可分为许多类型，如《哲学词典》《管理科学词典》《计算机术语词典》等。

（5）“其他”词典。包括缩写词、俚语、用法等各种专门词典。

词典是图书馆中数量最多，门类最广，使用频率最高，最实用的参考工具书。它通常是不定期修订出版的。

2. 百科全书

百科全书的名称是从 Encyclopedia 一词译过来的，源于希腊文，其含义虽屡次变化，但总的意思还是“各种知识的汇编”。百科全书是一种以词典形式编排的大型学术性参考工具书，它覆盖所有的知识，内容广博、科学性强、文字简练、有详细的索引，是参考咨询的首选用书，也称其为工具书中的“巨人”，被赞扬为“没有围墙的大学”。百科全书一般在 10 卷左右称为“百科全书”，20 卷以上者称为“大百科全书”。

百科全书通常只提供概念性和事实性知识，一般不做理论性研究、分析或评论。百科全书一般有两种基本类型：综合性百科全书和专业性百科全书。综合性百科全书收录各个知识领域和学科门类的条目，试图囊括世界上各种学科的所有知识。大型综合性百科全书，往往代表一个国家的学术文化水平，如我国的《中国大百科全书》、法国的《拉鲁斯百科全书》、德国的《布罗克豪斯百科全书》、日本的《世界大百科事典》；有的甚至体现了世界级的学术水平，如著名的《不列颠百科全书》，初版于 1768 年，迄今已有 245 多年历史，载体形态有书本式、光盘版和网络版。还有以地区为主的百科全书，如《上海百科全书》《香港百科全书》等。专业性百科全书则是收录某一知识领域或学科门类的条目，包括历史渊源、发展现状、重要概念和人物等。如以学科为主的《哲学百科全书》《教育百科全书》《图书馆学百科全书》，以某一专题为主的《外交政策百科全书》《奥林匹克百科全书》《集邮百科全书》，甚至以个人为主题的《毛泽东百科全书》。

百科全书的知识是最完备的，有的百科全书的条目下还附有参考文献目录，是最有价值的参考工具书。要查以下问题，如概念、定义、背景性材料、人物传记资料、地名、组织机构、规范材料、图像材料、事件、活动、奇特事务等一般事实性咨询问题，就会利用百科全书。另外还有一种介于百科全书和词典之间的工具书——百科词典，收录的词条与百科全书的条目相似，但解释却较为简单。百科全书的收藏和使用情况可以作为评价一个图书馆参考咨询工作的重要指标。

3. 年鉴

年鉴又称年报、年刊，是汇集一年内的国家重要决议和文件；政治、经济、文化、教育方面的发展情况；统计资料，政府部门、人民团体、学术机构等的组织和工作进展以及国内外大事记；并按年度连续出版的工具书。有些还附有大量图表和插图。年鉴编辑单位具有一定权威性，多为政府有关部门、学术团体或研究机构，也有由报社编辑部门或大百科全书出版社编辑出版的。年鉴的内容多取材于各种政府公报和国家主要报刊反映的材料和统计资料。要了解某一领域或学科在一年内的进展情况，翻阅年鉴可一目了然，由于年鉴是连续出版物，又可以利用它来不断积累资料。

（1）年鉴可以提供新资料。知识是个既广又深、纵横交错、多层次的不断更新的体系。知识既要结晶，又要不断更新，它是个开放的循环不已的“系统工程”。近年来，科学技术的飞速发展，知识的信息量大幅度增加和更新，人们称之为“知识爆炸”。各种年鉴，就是高密度、大容量的知识结晶体，是纵横经纬，多层次常更新的知识结构的中心环节。所以说，年鉴是现代科学“知识爆炸”的产物。年复一年，更新不已的年鉴可以弥补那些不能经常出版和修订的大型工具书的缺陷。可提供简明的事实，年鉴的编写原则是不加修饰的梗概性的事实记载。可反映事实的发展趋势，正是由于年鉴具有连续性，每年出版的年鉴积累起来便可反映出事实发展的详细过程。

（2）年鉴可以提供人物资料。年鉴集中刊登本领域的重要人物资料。年鉴主要分为两大类型：综合性年鉴和专业性年鉴。综合性年鉴的作用相当于年度版的小百科全书，如《世界年鉴》《中国百科年鉴》《广州年鉴》等。专门性年鉴主要反映某一学科和行业的情况，如《中国出版年鉴》《中国体育年鉴》《中国图书馆年鉴》《中国历史学年鉴》。年鉴的编辑框架较为规范，内容主要有文献（法规和文件）、概况、专论和文选、大事记、统计资料、人物和机构资料、附录、索引等，查检方便。由于年鉴是时代的一面镜子，它反映时代的要求，记录时代的脉搏，它能及时地通过大量的信息反映时代的新情况、新变化和新问题，因而年鉴被视为是知识密集、信息密集、时间密集、人才密集型的权威性参考工具书。

年鉴在英语中有三种表示方法：Yearbook、Annuals 和 Almanacs。西文的 Yearbook 类年鉴，主要以描述与统计的方式提供前一年的动态性资料和各项最新信息及连续统计数字，一般只收当前资料而不收回溯性资料。Annuals 类年鉴，一般都逐年综合述评某个领域的进展状况，多为专科性年鉴，内容仅限于相应年份的当前新资料。Almanacs 一词在阿拉伯语中为“骆驼跪下休息的地方”，随着岁月的推移，它的含义是以历法知识为经，以生产知识、社会生活为纬的年鉴出版物，它与 Yearbook 在内容上有区别。Yearbook 不收录回溯性资料，而 Almanacs 有回溯性资料。但在使用过程中，可以把它们视为同一类工具书。

年鉴可以说是大百科全书的补充。大百科全书篇幅浩大，内容极其丰富，尽可能反映出科技发展的新水平、新成就，但是，由于出版周期过长，如一部全书至少要八至十年才能修订完，因此，为了适应这一发展趋势，弥补缺陷，大百科全书编辑部门，都按年编辑出版年鉴。

4. 手册

手册是汇集某个学科或工作领域基本知识的简便型参考文献。它的特点是专业主题明确，收录的内容都是已确定的知识，叙述使用简练、科学的专业语言，采用大量的表格、图解、符号、公式和数据，信息量大、实用性和概括性很强，是一部指导操作的工具书。手册的品种繁多，各种分支学科和专业技术领域的手册不计其数，门类也极其复杂。既有针对有经验的专家或对某一学科有一定了解的实际工作人员的专业性手册，例如《电工手册》《物理化学手册》《中国分类主题词表标引手册》《机械工程手册》《橡胶工业手册》《溶剂手册》《电子器件数据手册》等，也有介绍日常生活基本知识的普通手册，如《消防知识手册》，或是某种复杂机器或设备的详细使用/操作说明，甚至连《吉尼斯世界纪录全书》也被列入手册。手册类的工具书有时被冠以其他名称，如“指南”，《传感器敏感元器件实用指南》；如“大全”，《中国律师实用大全》；如“总览”，《世界新学科总览》；如“便览”，《交叉新学科便览》等名称。虽然名称不一样，但作用是相同的。一般篇幅不大，通常为一卷。手册很难有标准的概念定义，有些很容易与其他类别的工具书混淆。如“词汇手册”实际上是字典，“化工产品手册”可能只是产品目录。手册通常不定期修订。

手册、年鉴、百科全书既有相像又有不同的地方。

手册与年鉴的相同点：所包含的事实、数据等实际资料丰富；不涉及当前发展过程中的新知识、新材料。区别：手册提供的是成熟的既定知识和公认的事实、数据等；年鉴则提供发展过程中的知识与动态性资料。因此，手册用来查回溯性的实用资料；年鉴则是当前新信息、新资料的主要来源。

手册与专科性百科全书相同点：两者都是针对某专业领域，提供全面而成熟的知识与资料。区别：手册侧重于汇集专门性的事实、数据等实用料，一般不注重深入探讨论述；专科性百科全书强调系统、全面地阐述专门学科知识，而不注重于提供实用资料，主要是关于某课题基本知识和背景性材料的工具书。

年鉴与百科全书相比，相同点为两者都包含百科性知识和背景性材料。区别：年鉴及时提供动态性的最新资料，百科全书则注重系统性地提供既定的回溯性资料。

5. 传记参考资料

传记参考资料是查找古今中外人物的主要线索和资料源。人物资料极为丰富，分布很广，在百科全书、年鉴、手册、词典、报刊、专著等处都能提供人物的生平和史实。作为参考信息源的传记资料主要有传记辞书和传记索引。传记辞书又分为名人录、人物词典和姓名工具书。

名人录是最有代表性的传记类工具书，收录全世界范围内或某个国家、地区或某个学科领域内有名望、取得重大成就、做出重大贡献、具有重要影响的人物传记简介，提供名人的联络方式。其中影响最大的是英国伦敦出版的《国际名人录》，初版于 1935 年，每年一版，每版收录万余位名人小传。名人录基本上只收录在世的人物。当今世界各国出版的各种各样的政治家、科学家艺术家等的名人录不计其数。名人录不定期或定期累积修订。

传记辞典是叙述完整、学术水平较高的人物资料。传记辞典与名人录的区别之一在于人物的出生或年代。传记辞典可能收录历史上所有的名人。《英国传记大词典》就是一部有世界影响的历史人物传记工具书，初版于 1901 年，共 63 卷，以后每 10 年出补编 1 卷，累计收入人物传记 3 万多篇。我国的《中国人名大辞典》收录民国以前人物 4 万多名。有些学科人物传记辞典可能比名人录提供更为详细的信息。传记辞典也是不定期累积修订。

姓名工具书是查检人物的别名、笔名、假名、字、号、斋名、绰号的专用工具书，美国盖尔公司出版的《假名与绰号词典》收录了 8 万个假名和 55000 个绰号。《中国近现代人物名号大词典》收录1万多人的近7万别名、笔名和字、号。

传记索引是查询人物传记资料来源的参考工具书，提供出现在图书、期刊或名人录、传记字典中的人物传记索引。最有名的传记资源索引是美国盖尔公司的《传记词典总索引》，1980年版提供了世界各国325万个人名的资料线索，并每年出版年度补编。

（三）数据图表型信息源

1. 统计数据工具书

统计数据工具书是社会和经济研究工作的重要资料，各国际组织和世界各国政府都十分重视统计数据的整理、编辑和出版。统计数据参考文献包括统计期刊、统计年鉴和统计汇编。从统计数据的内容来说，可以分为社会统计和经济统计两大类。地理统计、人口统计、教育文化和科研统计、司法统计、社会福利统计等属于社会统计类，而经济统计类涉及国民经济统计、专业经济门类统计、价格统计、国际经济统计等。

统计期刊有周报、旬报、月报、季报、年报等各种类型，它们是由各个国家或地区，以及省市专业统计部门编辑和颁布的，是现代社会重要的统计方面的信息源。

另外，一些国际性组织，如联合国下属的教科文组织、粮农组织等都编辑统计数据期刊。统计年鉴反映年度的统计数据，如反映全国社会经济方面数据的《中国统计年鉴》、汇总全国农村发展状况数据的《中国农村统计年鉴》、收录国家人口状况数据的《中国人口统计年鉴》，以及各省市的统计年鉴和各经济部门的统计年鉴，如《北京统计年鉴》《四川高等教育统计年鉴》《河北经济统计年鉴》等。

统计汇编是集中一个时期、一个方面的统计数据。统计汇编有现实的和历史回溯的两大类。如现实的有《光辉的三十五年统计资料》《中国对外经济贸易统计汇编》等，历史回溯的有《中国历代人口、田地、田赋统计》《近代山东沿海通商口岸贸易统计资料》等。

2. 图录

图录是汇集有关方面（或某一学科）的事物用图像的形式绘录或摄制下来加以分类编排的一种直观性的特种参考工具书，参考价值很高。图录主要包括地图、科技图谱、历史图片和文化艺术图像。

地图资料类工具书门类繁多，应用范围极其广泛。从普通的旅游需要到专业的军事、经济、科技、考古研究都会使用到各种地图。地图通常可以分为自然地图、行政地图、交通地图，以及各种门类的专业地图。例如，《中华人民共和国地图集》《世界地图》《甘肃省土壤图集》《中国历史地图集》《中国公路与旅游地图册》《中华人民共和国植被图》《美国农业地图集》《泰晤士世界地图集》等。

科学图谱主要提供那些用文字无法具体描述的自然现象和科学技术图像，如《地球资源卫星像片图集》《中国气候等级图》《中国年降水量图》《图解现代生物学》《中国高等植物图鉴》《电子显微镜下的病毒》《植物病毒图鉴》《有毒植物的彩色图谱》《世界动物大图集》《中国蛾类图鉴》《主要作物营养失调症状图谱》《苹果主要品种原色图谱》《人体医学图集》等。

历史图片和文化艺术图像主要以照片为主，历史图片包括编辑出版的各种历史照片、历史遗迹照片和文物照片。文化艺术图像大多数是现实艺术形态的真实记录，包括工艺美术图集。

3. 表谱

表谱或称表册是一种表格的专辑。它是汇集某一方面或某一专题的有关资料，一般采用表格形式进行编排的特种参考工具书。主要包括：年表、历表和专门性表谱。

年表是查考历史年代、大事的参考工具书，有纪元年表和纪事年表两种。纪元年表以记时为主，按年代顺序记录每个朝代的纪年和重大的历史事实，如《中国历史纪年表》《中外历史年表》。纪事年表以记事为主，同样按年代顺序编排，对重大历史事件有较详细的记载，如《中国历史大事年表》《世界七千年大事总览》。也有专门记载某一历史阶段的专门史实，如《东晋南北朝学术编年》。

历表是查考、换算不同历法年月日的工具，专门提供不同国家、不同方法、不同朝代之间的纪年换算。例如，《两千年中西历对照表》《中西回史日历》《1821—2020年二百年历表》《中国先秦史历表》等。

专门性表谱，主要包括年谱、地理沿革表以及科技领域里常用的检索表、表解等。此类工具在生物科学、地理科学、比较多见，如《历代地理沿革表》《历代官职表》《地形测量高差表》《世界有花植物分科检索表》《温度查算表》《地形测量高差表》《世界有花植物分科检索表》等。

除以上介绍的各种参考文献外，还有一种专门记载参考信息源的工具书，它是全面系统收集、报道和评价工具书的工具书，叫作工具书书目、工具书指南。如同书目之书目，是专门收录、评价书目的工具书。这种工具书对参考咨询馆员来说，是非常有价值的。例如美国图书馆协会编辑的《工具书指南》、我国出版的《社会科学信息咨询指南》等。

六、电子参考信息源

（一）电子参考源的概念

电子参考源这个名词，在国内作为专业术语提出也就几年时间，但与之相关的研究却开展较早。“电子信息源”“电子信息资源”“网络信息源”等近年频繁出现的术语，可以说是电子参考源的近义词。从广义的角度来看，电子参考源大致等于电子信息源或电子信息资源，包括网络信息源。Ray Prytherch 在 2000 年编辑出版的 Harrod 图书馆员词典和参考书（Harrod's Librarian's Glossary and Reference Book）中以广义的概念将“参考源”定义为：被用来获得权威性信息的任何资料、出版著作、数据库、网站等。

图书馆界普遍将电子信息源定义为：以数字代码方式将图像、文字、声音、动画等信息存储在磁、光、电等非纸介质的载体上，通过计算机或类似设备阅读使用，并可复制发行的大众传播媒体，如电子图书、电子报刊、数据库及软件类出版物等。

从狭义的角度来说，电子参考源是以参考为主要作用而存在的那部分电子信息源，是以电子形式出版发行的，并通过网络通信、计算机或终端等方式再现出来的具有权威、检索和参考特性的信息资源，如数据库、电子期刊、搜索引擎等。

美国学者 Joseph Janes 曾对电子参考源有这样的描述。“所谓电子参考源，就是包括联机数据库、网上数据库、搜索引擎和参考工具书电子版等在内的各类新型信息源，它们与传统的参考源在内容存储、检索、应用方式上均有着较大差异，能成倍地提高检索效率，从而满足用户在第一时间内的信息需求。”

（二）电子参考源的特点

1. 存储介质的转变

电子参考源由纸张上的文字变成磁性介质上的电磁信号或光介质上的光信号，从模拟信号转变为数字信号，使得信息存储量大，密度高，存取方便；能通过网络应用工具实现信息的远程查询、快速传送；还可以无损耗地被重复利用。

2. 具有高标引度

传统的工具书为了实现多途径检索，需编制各种辅助索引，由于受出版形式、人力、物力等因素的限制，只能以常见著者、主题、分类等索引为主，不可能提供全面的索引；而电子参考源却不同，除传统的检索途径外，还能对题目、文摘乃至全文中出现的语词作标引，提供精确或模糊的全面索引，真正实现多途径、多角度检索，查全率和查准率更高，且检索速度更快。

3. 可以实现资源共享

用户要使用传统的信息源需到图书馆或情报机构，如果需要的参考工具书有其他用户使用，就只能等待。而电子参考源是以数据库为数据组织模式，数据库所有的数据记录可以供许多计算机终端用户同时使用，实现资源共享。

4. 时效性强

随着计算机和网络技术不断发展，电子信息的传输不断加快、接收及时、查阅方便迅速，从而加快了文献传递的速度，动态信息数据库已达到随时更新的程度，这在科技查新、商业信息检索、专利咨询等领域显得尤为重要。

5. 信息表达数字化，可实现多媒体信息的一体化

能很方便地将图像、声音、图形、动画、文字、数据等融为一体。有的还提供超文本链接，表现力丰富，查询极为方便。

6. 对用户使用有较高的要求

主要表现在检索界面和检索方式花样繁多，需要用户有熟练的检索技能；需要用户有一定的经济承受能力，使用学术价值较高的参考信息源通常都是收费的，用户使用设备和电子参考源一般要付一定的使用费，网上查询还要付通信费用；通信线路忙时不易接通网络系统或登录，读取图像等大量数据时因传送时间长，需要用户有较长的等待时间。

（三）电子参考源的类型

1. 按载体形式分类

（1）磁带及软盘版参考信息源，这种类型的参考源信息是以磁带或软磁盘为存储载体，可以脱机利用。优点是检索方便快速，价格便宜，使用费用低廉。缺点为存储容量小、易损坏且不能出版大部头书。随着光盘的出现，磁带或软磁盘版信息源逐渐被光盘版所取代。这类参考源主要有图书、辞典、手册、书目等。

（2）光盘版参考信息源，这种类型的参考信息源是以光盘为存储介质。其优点是容量较大，能存储复杂量大的各种数据，便于使用，可以提供多个检索点和多

种检索途径。光盘版参考信息源又分为单机版和网络版。单机版光盘参考源携带方便、价格便宜，网络版光盘参考源虽然价格稍贵，但可供许多人在网上同时使用。

（3）网络版参考信息源，这是一种直接在计算机网络上出版，并通过网络系统可以检索利用的参考信息源。只要有一台能上网的计算机，就可以实现远程传播，使用时不受时间、空间及用户身份限制，修订方便，知识更新及时，检索点丰富，检索输出格式多样化，信息资源非常丰富。

2. 按收录文献的形式分类

（1）电子报纸。电子报纸是以代码形式记录于磁带、磁盘、光盘等载体，依赖计算机系统存取并可在通信网络上传输的各种报纸。如《人民日报》《光明日报》的光盘版和网络版，USA Today 网络版等。

（2）电子期刊。如《中国学术期刊（光盘版）》、中国学术期刊网（网络版），Science 和 Nature 等。

（3）电子普通图书。如《红楼梦》《邓小平文选》《计算机组装与维护》等普通图书的电子版。

（4）电子工具书。如网络版百科全书、网络版年鉴、网络版词典、及电子版的索引、文摘和联机目录（OPAC）等。

（5）电子版特种文献。如许多专利说明书、标准文献、地图、录音、图像、图形、论文集、会议录、技术报告、政府出版物都有自己的电子版。

（6）数据库。数据库包括光盘数据库、网络数据库和联机数据库。在网上有大量的数据库提供商提供各种各样的数据库产品，我国开发的数据库绝大部分已上网服务，但至今仍有一些联机系统数据库尚未上网服务。

随着全文型电子出版物的出现和全文检索技术的运用，一、二次文献的界限变得越来越模糊了。全文型的电子图书、期刊集一、二次文献于一身，可以实现直接对一次文献的检索，其参考作用非常突出，已成为重要的参考信息源。

3. 按流通与发行的方式分类

（1）联机网络型信息参考源是以数据库和网络为基础的，通过联机系统或互联网向用户提供服务的参考源。如美国的 DIALOG、欧共体的 ESA 和德国的 STN 系统等，为全世界联机用户提供了丰富的信息参考源。

（2）单独发行的机读型信息参考源是以机读磁带、软磁盘、只读光盘、集成电路为载体，通过单独发行的方式向用户提供服务的参考源，以光盘出版物为主。

4. 按参考源的物理储存地点分类

（1）现实参考源。这种参考源是指存放在本地图书情报单位的电子参考源，有光盘、磁带、磁盘等形态。现实参考源是图书馆现实“实藏”文献的电子化或数字化，具有物理实体的基础。

（2）虚拟参考源。虚拟参考源是指存放于异地的、必须通过计算机网络才能获取的电子参考源。主要是通过超链接来指向因特网上的网页、网站和数据库，而这些网上信息源可能随时被删除或更改，所以其所藏资源是一种“虚藏”。

5. 按文献收录形式并结合个别类型参考信息源的特点分类

（1）数据库。按载体形态，数据库可分为联机数据库、光盘数据库和网络数据库；按文献类型，数据库可分为期刊数据库、会议文献数据库、专利数据库、学位论文数据库、技术报告数据库等；按文献语种，数据库可分为中文数据库、英文数据库、俄文数据库等；按数据类型，数据库可分为书目数据库、文摘索引数据库、全文数据库；按文献来源，可分为自建数据库、购买的数据库。

（2）电子工具书。包括电子工具书网络版和传统纸质工具书的电子版。

（3）信息查询系统。狭义上是指一种为搜索Intenet上的网页而设计的检索软件。

第四节 图书馆参考咨询的记录、统计和评估

一、参考咨询工作的记录和统计

（一）参考咨询工作记录

1. 参考咨询服务记录

包括书面咨询问题记录和电话、来访的口头咨询记录。记录内容有咨询时间、咨询者或单位、咨询问题、问题分派何人解答，咨询所采用的方法。答复后，也要有记录。不论是书面答复或口头答复（包括电话答复）的咨询，如果解答结果比较完整、切合需要，特别是有些难度大的咨询，经过曲折终于查到而圆满答复的，就应填写参考咨询工作单。参考咨询工作单是详细记录咨询答复情况的，除一般项目之外，还需要着重记录参考信息源的来源，以便以后参考。这些记录是参考咨询部门服务工作的基础性统计数据的依据。

2. 用户方面记录

包括用户登记表或用户阅读记录单等工作记录。对辅导用户利用工具书或在检索室中答复用户的咨询问题，也应有所记录。这些数据可以作为咨询人员配置和改善服务方式的参考资料。

3. 接待咨询人员记录

记录接待咨询人员的情况，包括担任咨询的是专业人员还是一般工作人员，业务内容、工作时间、在服务台时间等。另外，还要记录咨询人员的研究活动、进修或培训、出差和出勤等活动。

4. 设施与设备记录

记录咨询部门的设备以及设备的维修等具体事项。

5. 联机检索服务记录

记录各个数据库的利用情况，为今后采购参考信息源时提供参考资料。

6. 参考信息源的记录

记录参考藏书资料的使用次数、新到的参考资料、已申请购买的主要参考资料以及参考藏书的增减等信息。还记录图书馆各部门编制的本馆的二次文献（书目、索引等），这些记录可成为评价参考藏书情报源的有价值资料。

7. 数字参考咨询台的服务记录

包括咨询问题、咨询用户、咨询时间、答复情况、答复所用时间、系统运行情况、咨询人员等，这是对数字参考咨询服务评价的依据。

8. 对咨询工作中拒绝率的记录

必要时做拒绝率调查，深入了解，具体分析是图书资料本身的原因还是参考咨询工作人员水平的原因。图书资料本身原因包括三种情况：一是本馆缺藏，二是馆藏揭示深度不够，未被发现；三是本馆虽缺藏，通过馆际互借可以解决，但却没做。参考咨询工作人员水平的原因主要是：一是参考咨询工作人员对馆藏不够熟悉；二是不善于利用检索工具；三是专业水平低；四是责任感不强。其中责任感不强是关键点。对拒绝率的分析，是为了改进工作，提高工作质量，促进工作人员本身不断提高专业水平、业务能力，更重要的是进行思想教育，提高政治觉悟，增强责任感。所以对拒绝率做记录与统计，是工作记录中不可少的一种记录与统计。它不仅与参考咨询工作提高服务质量有关，而且也可了解馆藏的不足，为补充书刊提供依据。

除此以外，在解答咨询问题时，有时会涉及馆内其他部门以及馆外协调活动，这些也都需要记录在案。

（二）参考咨询服务内容的统计

1. 咨询用户方面的统计

简单统计包括提问人数的总和，到馆利用参考工具书的阅览人数，各类咨询服务的人数等；另外，还需通过咨询工作记录了解什么样的用户咨询什么问题，也就是找出提问者与咨询问题之间的属性关联。如大学图书馆就可以按学生和教职员工及所属院系来分开记录和统计。

2. 咨询内容的分类统计

咨询问题通常是按内容来分类，如可以按《中国图书馆图书分类法》大类划分为社会问题、政治问题、经济问题、文学问题、历史问题等社科类问题；数理化问题、医学问题、工业问题、农业问题、环境问题等自然科学问题；还有综合性问题。按咨询问题的分类数量，进行统计并加以分析，如对某年某月环境方面咨询问题的数量的统计。

3. 咨询信息源使用方面的统计

咨询信息源大类可以分为馆内参考信息源和馆外参考信息源两种。对馆内参考信息源的使用情况，可按参考工具书、一般图书、连续出版物、各种文献资料以及其他一些记录性信息源，图书馆职工及非记录性信息源等类别分别进行统计；对馆外信息源可以按其他图书馆的所藏资料、网络信息源等记录性信息源，馆外专家及其他一些非记录性信息源等类别进行分别的统计。

4. 咨询问题回答方式方面的统计

对咨询问题的回答方式来说，一般可以分为两种：一种是提供参考信息和参考信息源；另一种是指导或告知信息源的使用方法和检索方法。此外，还有以委托制作二次文献来作为回答的方式，以及一些本不属于参考咨询服务范围的提问，只要给予了解答，就都得按参考咨询回答的方式进行记录统计。

5. 咨询过程方面的统计

参考咨询的服务过程可以分为三个阶段：最初阶段、回答过程和最终阶段。对它们的记录和统计可以按咨询的接受和回答方式来进行，如在接到口头询问、电话咨询、发来文件（记录、信件、传真）咨询、电子邮件或网络在线咨询等之后，又用相应的方式来回答。咨询过程方面的记录还需再记上时间，从咨询开始到结束所需时间，可以按 10 分钟以内、20 分钟以内、30 分钟以内、1 小时以内以及 1 小时以上等，不过时间档次分得太细不一定对统计有实际的用处。

6. 咨询问题处理结果方面的统计

咨询处理结果可以根据咨询的难易程度分为导读咨询、简单咨询、检索咨询、调查咨询等。对导读咨询只需简单地记录解答问题的件数，其他咨询除记录件数之外，还需有选择地记录咨询的内容。在接受咨询问题后，经过处理会有种种结果，甚至会出现未解决的结果。因此，在咨询结果中还可以分成正在调查、正在委托、正在询问等。现阶段对如何记录咨询问题尚无现成的答案，对如何统计这些数据等也没有一个统一的标准，各图书馆应根据自身特点自行设计记录表或工作日志表，决定用什么样的基准来计算，将统计计算规范化。

参考咨询工作中的各项统计是整个图书馆统计中的重要组成部分。所以，应在参考咨询工作部门建立统计制度，其意义在于为参考咨询工作的评估提供依据，但评估工作不能单纯用统计方式进行，否则它的可靠性就将成问题，为制定参考咨询工作计划提供基础材料，同时也是检查和分析计划执行的工具。工作计划、人员配备、发展规划的编制，规章制度的制定，以及检查各项计划、制度的执行情况，都需有一个实践的检验过程，统计正是这种实践的各种情况的积累，能为各项工作提供基础材料。以统计数字作为基本依据，亦可检验制度变化与否。参考咨询工作的统计结果能够反映一个图书馆的服务水平，特别是参考咨询工作中的答复咨询、编制书目索引、进行专题文献研究、网上参考咨询等服务方式的指标，标志着图书馆深入为科研服务的水平。了解服务对象所需图书资料的变化，了解目前科研动向，注意有针对性的服务，不断提高服务质量；通过用户利用文献调查或图书利用率统计图表，跟踪有关学科或课题，动态地确定核心文献，进一步做二次文献报道，深入开展为科研服务工作。能够为参考信息源的采购和馆际互借提供参考。通过统计数据，有可能发现某些科学发展很需要的重要参考信息源未被收藏，特别是参考咨询工作中答复咨询和编制书目索引以及专题文献研究中的各种统计，就可检验采购的资料能否适应和满足用户要求，能否适应不同用户、新学科的出现和发展需要；通过拒绝率统计的分析，进一步为采访和馆际互借提供参考，补充必要的资料，不断充实馆藏资源。

二、参考咨询的评估工作

（一）参考咨询评估的意义

1. 有利于参考咨询工作的改善

通过测定与评价可以了解本馆参考咨询工作的现状、水平及其在完成图书馆的总体工作目标中发挥的功能、作用，找到咨询工作中存在的各种问题和不足，并据此提出相应的改革和完善措施，推动咨询服务的发展，更新服务观念，提高服务质量。

2. 实现资源的有效利用

通过评估可以掌握用户的需求，可以掌握馆藏资源及其布局是否合理和参考咨询员的工作量与业务内容等，并据此确定最适合本馆用户的服务方式和项目，利用可获取的信息资源，最大限度地满足用户信息需求。

3. 了解获得的效益

在参考咨询评估的具体操作中，图书馆不能只从评价方法上下功夫，为评估而评估，而应从图书馆获得的效益要高于评估所需成本（包括人力、时间）出发作全面的评估。所以，图书馆要想对参考咨询工作作出科学、正确的评价和测度，必须根据图书馆科学管理的要求及参考咨询自身业务发展的需要，建立一个合理、严谨、有实效的参考咨询评估体系。

（二）参考咨询评估体系构建的原则

首先，“以咨询用户为中心”原则。以优质服务获得咨询用户满意度是参考咨询评估的“尺子”。咨询服务水平和效益的测度不能再以服务人次和解答问题数量论高低，应建立“高效＋优质＋个性”内涵服务的新模式。“以咨询用户为中心”就是树立“最大程度地满足用户信息需求”的服务理念和价值取向，围绕用户需求改进服务方式和政策，并随着用户信息需求的变化而不断变化、完善服务。

其次，前瞻性原则。图书馆应该在立足现在的基础上，从参考咨询发展趋势和新的环境的角度出发，建立一个具有前瞻性的参考咨询评估体系。为此应力求实现三个转变——评价从以用户主动转向咨询人员主动跟踪为主；评价内容从对信息产品数量的评价转向对信息存储和信息产品的质量的评价；评价重点从注重参考咨询结果的评价转向注重参考咨询全程的评价。

最后，可操作性原则。仅满足前两个原则构建的参考咨询评估体系是不完善的。

任何一个评估体系都必须具有可操作性，否则也就失去了它的实际意义。所以，评估体系中的每项指标都应具有明确的内涵与外延，有定性和定量的测量标准及其测量方法，同时，在科学、公平、准确的前提下，力求评价方法简单易行，便于掌握和使用。

（三）参考咨询评估的对象

参考咨询的评估对象可以分成对投入的评估和产出的评估两种。对投入的评估可以从参考咨询源、环境设施和检索装置、参考咨询员这三方面进行。对产出的评估包括用户满意度的评估、服务质量的评估和服务成效的评估。

从投入角度上来说，对它的评估虽然不能从参考咨询对咨询用户的服务过程中直接得出，但是对投入方面的好坏还是比较容易测定的。而对产出的评估相对来说就困难得多。例如对咨询服务而言，咨询的类别、回答的件数（或没有回答的件数）等的统计数据是很容易的，这些数据也是可测的。但不能按咨询的多寡来直接判断服务质量的好坏。一般来说，投入的增加可以提高产出的能力，但并非高投入一定会带来高产出，即高质量资源的投入并不能保证一定会有高质量服务的产出。

总之，对参考咨询的评估不能局限于每个业务的评价，而应作为一个总体来评价，既要明确用户的信息需求，又要确认咨询服务适应这些需求的程度。

（四）参考咨询评估的方法

1. 案例分析法

这种方法是对某一特殊情况或环境进行深入考察，以获取个别事件详细信息的研究方法。一个好的案例研究会应用各种具体方法，比如调查法、访谈法、观察法等，以期全面了解被考察的事物。由于案例分析法使用的是典型案例，虽然是从多个侧面分析所得的典型案例，并使之与全体有机地联系起来，但把握的事实是透过现象看本质的主观材料，是主观地将典型普遍化。所以案例分析法的主要缺点在于它狭隘的研究面使得研究结果不可避免地带有片面性和局限性。

2. 成本效益分析法

这种方法力图估算服务的成本和服务产生的价值。估算的方法很多，比如让用户用现金去估算某一种具体服务的价值，或是询问用户怎样的变化将影响他们的满意度，询问用户是否愿意为图书馆的服务承担费用等。这些措施的优点是帮助图书馆员了解用户最看重的服务因素，以做出扩展或缩减某项服务的决定。这一方法的缺点是，由于要在同一时间考虑和比较多种服务项目，使得评估对于大多数图书馆用户来说具有一定的难度。

3. 焦点讨论组法

焦点讨论组可以理解为一个群体会谈。它允许用户以群体的方式进行与其他用户的交流，在交流中提出自己的看法并进而影响其他用户的看法。通过讨论，图书馆员可以获得比书面调查更为丰富、翔实的资料。但需要注意的是，在众人面前，有些个人对自己的想法会有所保留。还有的情况是一些擅长交流的用户在谈话的过程中始终以自己的观点主导讨论的走向。为避免这些情况的发生，需要有一个经过特殊训练的主持者。由于焦点讨论的对象也是有片面性的，所以这一方法常常被用在研究的初级阶段，然后由诸如调查之类的方法加以补充。

4. 个人访谈法

个人访谈法是评估者通过采访选定的对象从而对整个参考咨询工作进行评价。它允许参与者用自己的语言表达个人的观点和意见，允许深层次地探讨个别主题。其优点是通过和采访对象面对面进行谈话，可以方便地获取第一手的评价资料。由于是面对面，可以对一些误解进行解释，将误解降低到最低程度。如果评估者受过专门训练，就可以从回答者的回答中分辨出一些虚伪成分，知道哪些是属于正确意见，哪些是属于偏见，哪些是事实。其缺点一是个人访谈十分花费时间，二是过于依赖评估者。一个准备不充分的访谈会严重地使访谈的结果产生偏差，以及评估者不正当行为也会引发出不正确结论。

5. 观察法

观察法分为显性观察和隐性观察。显性观察是被观察者知道自己处在观察之中的观察，而隐性观察是未告知被观察者他们处于观察之中的观察。作为观察者，要具备对用户所需资料该如何索取等方面的知识。观察者可以在参考咨询馆员的附近对其进行观察，由此判断参考咨询馆员的工作方式是否合理、态度是否认真积极。和其他方式相比，这种方式下被调查者不会有意识地选择自己行为和态度，因此得到的调查结果较为直接准确，能够比较真实地反映被观察对象的行为和态度。然而，观察法仍存在一个弊端，即假若负责观察的人员没有做到公平公正的评判，换句话说观察者戴着有色眼镜进行观察，势必会造成不妥当的观察结果。除此之外，在已预先通知的观察中，被观察者知道自己处于被观察之中，很可能故意做出与平常不同的行为，导致观察的结果只能显示被观察者想展示的行为，至于他们为什么做出这样的行为，我们无从知晓。

6. 调查法

目前，评价分析中通常使用的资料搜集方法之一是调查法。这种方法可以从数量和质量两个方面来获得对图书馆和图书馆员的信息。调查的方式不仅包括由图书馆向咨询用户分发问卷表并让用户根据满意程度填写，通过电话对城市居民进行随机调查及填写图书馆官方网站上的反馈表等方式，还有一种所谓的二重检验调查法，即准备两份内容相同但是提问的方式略有不同的调查表，分别让用户和参考咨询馆员来回答，然后将所得的结果加以比较。例如，“你认为咨询答复的正确率如何？”“你得到了有收获的回答了吗？”如果调查结果中大约有86%的用户回答得到了，而参考馆员回答的正确率约为70%，则说明参考咨询服务总体上较好。调查法的可靠性如何，关键在于调查表设计是否合理全面，一个妥当的调查问卷的问题应该简明易懂，对应的答案清晰且唯一。复杂不清的问卷设计只会导致问卷结果难以明朗化。然而，与焦点讨论组和个人访谈相比，调查表能够获得的信息量较少，与此同时，唯一化的答案限定了用户表达自身的意见和建议。

7. 利用分析法

利用分析法将观察法和个人访谈法的优势融合在一起，能够有效反映图书馆网站的利用效果。具体实践的步骤为首先给用户布置相应的任务（如利用联机目录查找图书信息、利用数据库查找专题资料等），然后再对用户的利用行为进行访谈。利用分析法能够评估系统的便捷程度，然而，却很难获取关于用户利用过程的相关数据，这一点与焦点讨论组法相同。

8. 网页日志分析和统计法

网页日志分析法是在观察法的基础上通过变形得到的一种方法。通过统计图书馆网站的浏览痕迹，记录浏览网页的链接地址、时间以及次数，能够间接获取有关用户利用图书馆服务的信息。网页日志分析法虽然能够确定图书馆网页中浏览量最大的链接，然而，其并不能反映用户的浏览因素。由于用户个人计算机上的浏览器能够自动记忆经常浏览的链接，导致网页链接的统计很可能出现偏差。因此，网页日志分析和统计法需要配合调查法或访谈法共同使用。

9. 对图书馆的调查

这是为了给予参考咨询工作一个量的评价。调查的内容包括参考咨询所用的参考咨询信息源的规模、工作人员的规模和能力、参考咨询的空间和条件、预算规模的大小等。数据收集之后，一般来说对以下的评价起作用：虽然对参考咨询工作的评价不够充分，但可作为一般性的基准；可以和其他图书馆或相似的机构做比较；通过调查，从数量上可以说某个图书馆、某地区服务好与不好等；在质量上可以指出图书馆、某地区服务好与不好以及服务如何改善。

（五）参考咨询的评估内容

1. 对参考信息源的评估

图书馆咨询服务部门主要依赖参考信息源为咨询用户提供服务。参考信息源是实现用户对信息需求的重要保障。没有可供利用的参考信息源，参考咨询服务就形同“无米之炊”。所以，图书馆参考咨询服务顺利开展的重要前提是建立完善的参考信息源。参考信息源需要具备涵盖面广泛、种类齐全、出版方式及文献载体形式多样化等特点。除此之外，应当依据图书馆的规模大小、馆藏特点以及用户的需求情况，采用不同的管理模式适当地调整参考信息源，从而为参考咨询员及用户使用信息提供便利条件，同时整合图书馆资源以建立全面服务体系。目前，网络发展迅速，参考咨询的信息源不仅包括本馆收藏中的纸质文献及视听资料，还包括馆藏的电子工具书、书目信息库及其他网络信息资源，电子化信息资源的地位将越来越高。

对传统参考信息源可以从参考资料的册数、采购费用等数据着手来评价，也可以着眼于个别参考工具书的好坏来评价，还可以从参考书籍的使用频率来评价。除此以外，参考信息源的配置与布局是否合理、能否最大限度地满足读者的信息需求也是评估的一个重要方面。

对电子参考信息源来说，则可以测定与评价引进前和引进后参考咨询服务的变化，这是一个行之有效的方法。许多数据库在引进之前都有一个试用期，通过试用也可以知道此数据库是否适合本馆的咨询用户。另外，对电子参考信息源的评价包括对网络信息资源的评价。随着网上信息量的日益剧增，作为网络评价的参考咨询馆员，要有效地开发利用网络资源，把经过过滤并识别过的最适合、最有价值的网上信息资源，通过收集、整理并提供检索途径为用户服务，从而使用户方便地获取且尽可能免除信息垃圾困扰的适用信息。对网络信息资源的评估可从信息资源的准确性、有效性、时效性以及发布者的权威性等方面着手进行。

对参考信息源的评价，较难从质量上来进行。假定参考信息源中的每一本参考资料都很好，很有质量，但并不能保证整个藏书体系都很出色。而一个良好的参考信息源体系还要根据用户需求，根据图书馆的规模体系不断地进行修正。

2. 对环境设施和检索装置的评估

环境设施包括馆舍及其辅助设施。良好的环境是吸引住广大用户的“法宝”之一。馆舍大小、形状、色彩、布置、光线、声音等，包括一切视觉、听觉和感觉的因素，都可以调动起用户的学习兴趣和内心愉悦感，使用户乐在其中，流连忘返。电子邮件咨询、FAQ 咨询、人机交互咨询、合作咨询等网上咨询模式正逐渐进入现代参考咨询工作中，这些依靠的是强大的技术支撑和现代化的服务手段。检索装置是参考咨询服务所需的计算机设备、网络通信设备等。其评价可从计算机网络系统的性能、通信设备质量的好坏、自动化管理设备的优劣等方面进行。总之，当前可行的方法是，依据图书馆的有形设施、建筑环境及技术设备，结合历史条件，定期给用户发放调查表或调查问卷，让其对图书馆的硬件设施进行相应评价，可以分成满意、一般、不满意几个等级，并可提出改进意见和建议。

3. 对参考咨询员队伍建设的评估

参考咨询员是参考咨询服务的主体，图书馆要想有效地开展参考咨询工作，满足各层次咨询用户的需求，必须有一支人力配备充足、业务技能娴熟的高素质的专业队伍作为保障。对参考咨询员队伍建设的评估，可以从图书馆参考咨询服务的人力配备和咨询馆员素质两大方面来进行。

人力配备从咨询馆员数量是否充足，整体学历结构、专业结构是否合理来评价。也就是说图书馆要根据本馆的性质与规模，本着优势互补、互相协调的原则，来配备参考咨询员。

参考咨询是知识含量较高的研究性服务，通过参考咨询员的智慧和能力，可以实现知识信息的大幅度增值，因此，队伍的整体素质直接决定服务绩效。咨询馆员素质可以由本人或第三者对咨询馆员的道德素质（人品、是否乐于助人为乐等）、交际能力、经历、知识和技术（书目知识、专题知识、情报检索技术）、外语水平、敬业精神、团队合作等方面进行评价。评价的项目包括：馆员回答事实性问题的能力，提供参考资源利用指导的表现，对参考馆藏及相关馆藏的了解，熟悉新信息技术的程度；咨询馆员的服务态度也是重要的评估重点，如咨询馆员与用户之间的沟通能力、咨询馆员与用户接触时表现的态度等。

4. 对用户满意度的评估

用户满意度是用户对承接咨询任务的参考咨询员或部门的评价，同时也是测评参考咨询服务质量的重要依据。用户满意包含多重含义，因而可从不同途径进行评估：一是用户对具体的服务是否满意，包括对服务过程与服务结果的满意度，具体来说，就是检索快捷与否、解答正确与否、服务态度如何等；二是用户对整体服务是否满意，包括参考咨询部门多个服务或图书馆整体服务的满意度。对用户满意度的评估采用最多的方法是访谈法和调查法。图书馆可以设计出包括参考信息源、工作环境布局、服务过程、人员服务态度、人员的服务能力、改进服务建议等各个方面的调查表，供用户填写。对回收的调查表及时进行统计与分析，并积极地进行整改，以提高用户的满意度。

5. 对服务管理的评估

科学管理是效益之本，图书馆参考咨询工作的有效开展，有赖于科学的管理来充分调度人力、物力资源。对服务管理的评估从服务体制和业务管理两方面进行。

服务体制方面的评估就是关于根据本馆的性质、规模，规划参考咨询业务的设计布局，形成整体有效的服务体制的评估。具体包括：参考咨询机构设置、岗位及人员设置是否科学；规章制度的制定是否完善、合理；人员使用上是只看学历、职称，还是竞争上岗，择优任用；咨询人员是否能达到专职化、专家化等。更重要的是还要能反映用户的利益与要求。例如，那些读者限定的“不准……不许……不能……罚处……”的规章制度，就容易引起读者的不满与反感。

业务管理方面的评估包括：工作流程及记录、统计、评估等日常管理是否科学、规范；是否能跟上时代的步伐，引入市场营销理念、建立一系列激励机制，实行产业化、企业化管理。

6. 对服务绩效的评估

对服务绩效的评估是参考咨询服务评价的核心与目的所在，也是参考咨询服务环境、服务管理是否科学的直接体现。一个完善、科学的参考咨询服务体系应该检索快捷、解答正确并赢得用户的认可。对服务绩效的评估包括工作量、服务过程和服务效果三个方面。

工作量评估是以用户的提问、信息需要的求助等为基础的。一个能赢得用户信赖的参考咨询服务机构，其接收用户信息求助量相应地比其他服务系统要大些。它直接反映了该机构接纳信息的能力及参考咨询具体的工作量，但不能按照咨询数量的多寡来直接评判服务质量的好坏。

服务过程评估，是对咨询用户提出问题、咨询内容、参考信息源的使用、回答方式、咨询问题的处理过程到问题的处理结果整个服务过程的评价。

对传统咨询服务过程的评价可以采用观察法，要得到真实情况，最好是暗查的方法，也就是评估工作在参考咨询员不知晓的情况下自然地进行的。观察法与用户评价相结合基本上能得到客观的评估结果。

对网络参考咨询服务过程的评价则需从易用性、及时性、明确性、交互性、指导性几方面进行。易用性是指既对咨询用户电子设备要求较低，同时，对咨询用户的身体健康标准也较低，无论何种人群都能使用咨询服务；及时性是指用户提出的咨询问题能够在短时间内得到解决，具体回复时间取决于该服务的回复机能；明确性是指在数字参考服务前工作人员会向用户介绍和服务相关的事宜，避免用户产生困惑感；交互性是指数字参考咨询服务会向用户提供无偿的参考咨询会谈，方便用户就某些模糊不清的问题和相关人员进行交流；指导性是指数字参考咨询服务能够为向用户介绍最新的信息及专业知识，在表达方式、学科知识和信息素养等方面发挥指导作用，不仅局限于给出直接的答案。

服务效果评估，是指对服务所产生的社会效益、经济效益的评估。也就是咨询用户通过图书馆的咨询服务后，能取得的成果以及所产生的社会反响、经济效益等。

（六）参考咨询评估的实现方法

图书馆的参考咨询服务要持续发展，需进行一系列的评估活动，而且还需设定一些具体指标。如何达到这些指标，如何具体操作参考咨询评估工作呢？理论上这些评估活动是很容易做的，但是在实际运作中，要把实现目标的每一个步骤和活动完全反映到数据上却是相当困难的。为此，必须做好下面几项工作。

首先，建立行之有效的评价工作流程，咨询人员要认真做好日常每一项具体的咨询工作的记录、统计、建档和总结。因为参考咨询环境、服务管理是有形的，通过一定措施，根据统计的数据可以进行对咨询服务工作的评估，然而，服务绩效不可测定，它是服务优劣的非量化的评估依据，对此，只能按照特定的标准，将咨询服务过程及实际效果与之对照来实现对其的评估。评价主要依据参考咨询记录单、档案以及其他咨询服务记录等资料，同时配合对话、书面等调查方式，将非量化的服务转化为可测定的工作。

其次，管理者则要对整体的参考咨询服务工作定期进行考查与评估。评价需要具备多样性，不同服务类型的评价的注重点及完成评价的方式各不相同。例如，对一般的参考咨询服务进行评价，主要注重的是咨询用户的数量，依据包括咨询相关的档案和记录；对专题及决策咨询服务进行评价，则重点关注服务的深度及信息产品所得来的利润，依据包括相关信息产品档案和用户使用效果的反馈资料；而网络咨询服务评价的关注点是电子化的信息资源及电子设备的利用效率，以及用户所获得的指导性帮助，依据包括网络点击率、信息库等。所以，图书馆需建立一套业务考核制度，对参考咨询服务工作定期考核、评价。

最后，评估反馈环节在整个评估工作中要畅通无阻。参考咨询评估工作的根本目的是通过对咨询服务工作进行整体客观的评价，反映目前服务工作的真实状态及水平，确定图书馆参考咨询服务的未来发展方向，从而促进图书馆参考咨询工作深化改革，提高参考咨询工作的效率。综上所述，要真正实现评价的价值，必须将评价结果渗透到实际工作中，防止评估结果表面化。疏通评估反馈环节，以评估来推进图书馆参考咨询工作向更深层次发展。

第八章　图书馆参考咨询服务营销研究

第一节　图书馆参考咨询营销的意义与步骤

一、市场营销概述

（一）市场营销的涵义

市场营销就是对思想、产品和劳务进行设计、定价、促销及分销的计划与实施过程，从而产生满足个人和组织目标的交换。市场营销的根本任务就是通过努力解决生产与消费的各种分离、差异和矛盾，使得生产者方面各种不同的供给与顾客方面各种不同的需要与欲望相适应，实现生产与消费的统一。因而，市场营销在求得社会生产与社会需要之间的平衡及很多方面发挥着重要作用。

（二）市场营销的作用

1. 营销是企业一切经济活动的中心环节

市场是企业进行经济活动的前提和依托，与市场占有率一起决定企业的生存和发展。有效地安排生产经营活动，首先必须进行准确的市场细分与市场定位，包括市场调查、预测、分析等一系列活动过程，这也正是市场营销的重要内容之一。市场营销活动也要配置人财物等要素，是企业的生命线。

2. 营销是实现企业产品价值和经济效益的一项决定性活动

产品能否从流通领域顺利转入消费领域，主要取决于市场营销的质量。市场营销活动的最终目的就是要让产品离开市场为用户所接受，在实现其使用价值的同时，也实现其社会价值。

3. 营销是企业不断提高市场竞争力、不断开拓市场的基本活动

市场营销活动能够不断拓展企业产品的销售市场和辐射半径，使销售空间不断

延伸，在此过程中企业的竞争力也随之受到促进而逐渐提升。

4. 营销在国家经济发展方面发挥宏观调节作用

市场营销还有利于促进生产发展，加速国民经济市场化，加快社会总资本的循环并更好地满足人民群众的消费需求。

二、图书馆参考咨询营销的目的与意义

（一）参考咨询营销的目的

经济与社会的发展推动着图书馆的发展，也改变着图书馆服务的质量。自 1876 年参考咨询服务产生到 1984 年数字参考咨询服务（DRS）形成，传统参考咨询服务经历了百年发展历程，在此过程中，其发展动力主要来自于公众和社会需求，外界的竞争并没有对其发展产生实质性影响。网络技术的不断发展，使得新型信息提供者如雨后春笋般出现：网络书店、网络咖啡屋、在线书商、网上社区、个性化资讯等，图书馆无法再充当人们生活中唯一的信息咨询源，一个关于信息咨询的市场逐渐形成，竞争因素也将成为推动图书馆发展的一大主流力量。竞争的日渐激烈应该引起中国图书馆考虑模仿营利性组织引进营销概念，进行市场营销活动。参考咨询服务的营销能为图书馆的服务注入新的活力，帮助其在竞争环境中逐渐获得优势。这里以市场营销学的基本理论和非营利组织的基本原理作为理论基础，将营销的基本原理和思路引入图书馆参考咨询服务之中。图书馆参考咨询营销研究的目的是提高图书馆资源利用率和普及信息意识，同时也通过营销的手段提高图书馆地位和竞争力。

（二）参考咨询营销的意义

图书馆参考咨询服务属于非营利性组织的范畴，很多非营利性组织都成功地引进了营销体制，例如美国基督教青年会早在 20 世纪 80 年代就运用市场营销原理开发新服务，开拓新市场，争取更多的支持者。许多慈善机构树立市场营销观念，而且明确意识到营销并非推销或广告的同义词。美国红十字会年收入达 9.73 亿美元，自愿赞助者数目达 140 万人，可见其营销策略的成功性。若参考咨询服务能够成功运用营销理念，将是图书馆信息服务的一次飞跃。参考咨询营销的意义在于以下几点：

（1）增强参考咨询服务的竞争力。参考咨询服务和其他经营性的服务处于同一市场环境下，同受市场经济规律的制约，应用营销策略，通过完善的营销策略，

周到的服务措施吸引用户，争取更多的用户。通过参考咨询营销手段可以增强参考咨询服务的生命力与竞争力。

（2）创新信息服务形式，使图书馆由被动服务转变为主动服务，留住原有用户，开发新用户，在营销过程中不断改进与创新服务模式。

（3）促进图书馆联盟与资源共享。有限的资源很难满足用户多样的需求，营销研究对参考咨询服务所涉及的各个要素进行更好的资源配置，促进图书馆联盟和资源共享，使人、财、物都得到最优的发挥。

（4）提高馆员综合素质。面向市场的参考咨询营销，对馆员的知识素质、业务素质、技术素质提出更高的要求，激励馆员不断地学习充电，提高自身的心理素质与业务素质。

三、图书馆参考咨询营销的步骤

图书馆参考咨询服务的营销步骤就是“实现参考咨询部门目标交换”的过程，它由一系列营销活动组成。

（一）分析参考咨询部门的营销环境

在实行整体计划之前，图书馆应对外部环境作全面分析，市场环境是影响参考咨询营销的外因，如经济、政治等因素，它们会带来机遇或挑战。分析营销环境便于采取相应的措施和策略来实现营销目标，仔细了解各个环境因素是正确选择目标市场的基础。

（二）进行市场细分并选择目标市场

目标市场细分包含两层含义，一是图书馆根据自身的特长，决定将为之服务的用户群或目标市场。任何销售都是根据自己的产品选择一定范围用户来开展营销活动，图书馆的参考咨询服务营销也要在了解自身实际情况和馆藏特色的基础上，来锁定自己的目标市场。二是对目标市场中的不同用户进行细分，使生产出来的信息产品更好地贴近各用户群。即研究不同用户群的需求特点，开发适销对路的产品，以不同的服务方式赢得更多的用户满意。

（三）制定营销策略

市场研究的结果会反映出影响营销的重要要素，营销策略多是根据这些要素制定的，大多采用几种营销策略组合的方式，比如传统的“4Ps”产品营销策略，依据传统理论拓展的“7Ps”服务营销策略、“4Rs”关系营销策略和“4Cs”顾客营销策略等。

（四）完善后台保障工作

在实施营销前以及营销过程中，后台保障工作相当重要，即不断调整参考咨询的机构建设，资源储备和提高馆员队伍素质。保障工作是应该随时进行，不必限制其运作的时间，但把其作为营销过程的最后一个阶段是因为营销的过程与效果会反映出后台保障工作有哪些不足，据此调整更具针对性。保障工作涉及的方面很多，而且是一种长期见效的活动，主要是从根本上完善服务，使营销活动顺利实现。

第二节　图书馆参考咨询营销的环境与市场

图书馆参考咨询的营销在一定的外界条件下进行。外界状态，尤其是市场情况，势必会影响参考咨询服务本身和其营销战略的实施，了解外在环境、市场状态与自身发展情况会为营销的策划把准方向，而营销成功的关键也就在于此。

一、图书馆参考咨询营销的环境分析

任何生物都必须适应其生存环境，参考咨询的营销也必须适应营销环境。营销环境既会为参考咨询提供营销机会，也会对其产生挑战，它们是图书馆参考咨询选择营销战略的主要约束条件。

（一）信息环境

信息环境包括社会信息化发展、信息政策及图书馆立法等。自“九五”计划开始，我国政府大力推进社会信息化，召开了国家经济信息化联席会议，制定了《国家信息“九五”规划和2010年远景目标》。国家有关部门出台一系列鼓励发展图书馆事业、第三产业尤其是信息产业的政策，《关于加快发展第三产业的决定》及2000年9月由国务院公布施行的《互联网信息服务管理办法》（以下简称《办法》）是现阶段发展我国信息服务业的政策指南。该《办法》将网络信息服务分为经营性和非经营性两大类别，规定两类网络信息服务应分别具有的条件细则，并对经营性和非经营性网络信息服务分别实行许可制度和备案制度。可以说，《办法》是目前我

国唯一一部对网络信息服务业有着明确的专指性的政策。2001 年图书馆立法正式成为文化部上报全国人大的立法项目，社会文化图书馆司图书馆处随即开展具体立法工作。同年 4 月在天津召开专家座谈会，明确了立法思路，在图书馆法的总体框架和结构上取得较一致的意见，研究了图书馆性质和任务的表述等核心问题，并讨论了《图书馆法》的法律草案。《中国人民共和国图书馆法》的呼之欲出意味着中央和地方政府将图书馆建设纳入国民经济和社会发展规划，其经费纳入财政预算并与整体财政增长状况相适应，我国图书馆事业的加快发展将有法可依。这些有利的信息环境为图书馆参考咨询服务迈向市场营造了良好的氛围，如果关于图书馆的法律能顺利诞生，那将会为参考咨询的营销提供有力的法制保障。

（二）网络环境

我国因特网经历了 3 个发展阶段 :1987—1994 年通过中科院高能所线路，实现与欧洲及北美地区的 E-mail 通信：1994—1995 年是教育和科研网的发展阶段，北京中关村地区和清华、北大组成的 NCFC 网与因特网的专线连接，同时开设中国最高域名（CN）服务器，中国真正加入了国际互联网行列，此后中国教育和科研网 CERNET 相继建立；1995 年后，中国开始了因特网商务应用阶段。1995 年 5 月邮电部开通中国公用因特网即 ChinaNet；1996 年 9 月电子部 ChinaGBN 开通，各地 ISP 纷纷挂牌开张，为用户提供接入网服务、在线服务。目前，我国的网络环境已经比较成熟，越来越多地利用网络进行在线营销将是一种必然趋势，成功的参考咨询营销要求图书馆采用完善的网络技术，馆员要不断汲取关于网络营销方面的知识。

（三）信息咨询业的发展环境

目前，我国的信息服务机构可区分为两大类别：公益型非赢利性信息服务机构，以图书馆、档案馆、博物馆为代表；商业型赢利信息服务机构，如数据库生产商、商品化咨询机构、网络信息搜索引擎和网络信息服务中心。信息服务业中的信息咨询业起步于 20 世纪 80 年代初，经过 20 多年的发展建设，现已初具规模，建立了从中央到地方的各级信息中心以及相应的信息研究、咨询机构，形成了包括决策、工程、经济、金融、技术、法律和社会生活等领域的多元化信息咨询服务体系，在多方面发挥了重大作用。但我国信息咨询服务业的发展水平不高，除在政策与法律支持上有所欠缺外，还缺乏行业管理和坚实的理论基础，用户的咨询意识和从业人员的素质均不高，咨询手段也较落后。据统计 2018 年，我国国内生产总值突破 90

万亿元，咨询业的营业额却只占国内生产总值的0.11%，而且这其中还包括移民、留学服务和部分广告设计方面的收入，真正面对企业的战略、管理咨询的营业额很少，大概只能占国内生产总值的万分之一。我国的咨询业水平与国外较完善的咨询业相比差距较大，不仅是咨询业本身存在很多问题，而且整体的国民信息素质还有待提高，图书馆参考咨询必须为营销作充分的准备，了解咨询业的动态，尽力使其营销规范化。

二、参考咨询营销市场研究的核心要素

（一）参考咨询的市场细分

市场细分是指从顾客的不同购买欲望和需求的差异出发，按一定标准将一个整体市场划分为若干个子市场，从而确定企业目标市场的活动过程。图书馆参考咨询的市场细分概念的提出是基于读者需求的异质性理论，对具有不同需求的读者进行分类，以便图书馆选择其中一类或几类作为目标市场的过程。市场细分是参考咨询营销中不可或缺的组成部分，在营销活动中发挥着重要的作用。它有利于掌握目标市场的特色，发现新的市场，开拓新的项目，有利于参考咨询具有针对性地、高效率地充分利用营销资源，也有利于提高图书馆的竞争能力。

如何对参考咨询市场进行细分呢？用户需求的差异性和图书馆自身的资源情况便是细分参考咨询市场的客观依据。这些不同的需求形成不同的参考咨询用户群，也就成为整体市场中的一个细分市场。但市场细分并不意味着分得越细越好，每个用户都具有一定特性，如果把市场细分到单个用户或是数量较少用户群，参考咨询服务的营销将无法进行，图书馆面对过于细致的市场也无法确定自己的目标对象。其次，外部环境不可控性和图书馆资源的有限性，使得任何一个图书馆中的参考咨询服务都不可能满足市场上所有用户的要求，想要提供良好的服务并在信息服务市场上开展有效竞争就必须集中资源，细分市场，然后选择最能发挥自身优势的一部分开展营销活动。

（二）参考咨询的目标市场选择

目标市场是企业为满足现实或潜在需求而决定进入的、具有共同需求或特征的购买者集合。企业的一切活动都要围绕目标市场进行。企业要正确和有效地选择与确定目标市场，必须在市场细分的基础上，对各个细分市场进行评价。

图书馆参考咨询选择目标市场必须遵循几个标准：第一，选择有一定规模并具

有发展潜力的细分市场；第二，确认细分市场的需求数量稳定；第三，欲作为目标市场的细分市场需符合参考咨询的服务方向，图书馆具有满足细分市场的技能与资源。在对目标市场制定营销策略时，可以对不同的目标市场制定不同的营销策略也可以几个目标市场共同使用一套营销策略。

（三）参考咨询的市场定位

1. 市场定位的涵义

市场定位是指组织为其自身及其产品树立一定的特色，塑造一定的形象，区别于竞争对手，并争取目标顾客认同的一种活动。每一所图书馆中的参考咨询服务内容都会有别于其他图书馆，它体现着所在馆的专业性以及擅长的优势或独有的特色，成为用户选择使用该图书馆参考咨询服务的理由，这即是参考咨询服务定位的依据。当用户心中对参考咨询服务的印象与参考咨询的市场定位相符合时，证明这个市场定位是成功的，否则就是失败，需要重新定位。

2. 市场定位的步骤

市场定位一般要经过如下步骤：①明确用户的真正需求；②研究竞争者产品的属性与特色以及在市场中的地位，市场满足程度；③确定本馆参考咨询在市场中的理想位置；④采取适当的市场营销组合策略，树立图书馆参考咨询的形象，巩固和扩大市场占有率。

3. 市场定位的途径

成功的参考咨询市场定位即在用户心中树立良好形象，可以通过以下几种途径来获取：①通过多种方式进行宣传，树立整体形象，在与用户不断地接触中，得到较高的记忆度、知名度和美誉度；②展示良好的服务软硬件，包括图书馆的环境，网站介绍，信息资源储备和数字化参考咨询服务方式；③提供优质服务，馆员要有认真的工作作风，专注的敬业精神和专业的服务水平。

第三节 图书馆参考咨询营销组合策略

市场营销组合策略是市场营销研究的重要内容之一，是系统工程理论在企业市场营销活动中的具体运用。它由美国哈佛大学教授尼尔·恩·鲍敦于 1964 年首先提出的概念，同年，美国伊·麦卡锡教授概括简化出易于记忆的“4Ps”理论，被后人广泛应用。此理论认为，市场营销组合策略可视为一个大系统，它由相互联系的产品策略，价格策略，销售渠道策略以及促销策略 4 个子系统组成，每个子系统又有其独立的结构。企业在分析市场，选择自己的目标市场以后，就要针对目标市场的需求，有效地利用本身的人力、物力、资源，趋利避害设计企业的营销战略，制定最佳的综合营销方案，以便达到企业的预期目标。这时，企业经营的成败，在很大程度上就取决于营销因素的选择和运用。

一、市场营销组合概念

市场营销因素组合是指企业对目标市场，综合运用各种可能的市场营销策略和手段，组合成一个系统化的整体策略，以达到企业的经营目标，并取得最佳的经济效益。一个企业运用系统方法进行营销管理，管理人员应针对不同的内外环境，把各种市场手段，包括产品设计、定价、分销路线、人员推销、广告和其他促销销售的手段，进行最佳的组合，使它们互相配合起来，综合地发发挥作用。由于市场手段和营销因素多种多样，细分起来十分复杂，人们为了便于分析领域，曾经提出各种分类方法，其中以“4P”理论最为流行：产品策略（product strategy），企业向市场提供的产品及相关的策划与决策；价格策略（pricing strategy），企业如何估量顾客的需求与成本，以选定一种吸引顾客、实现市场营销组合的价格；分销渠道策略（placing strategy），企业如何让产品从制造商顺利转移到顾客的最佳途径；促销策略（promotion strategy），企业利用信息传播传递“合适的产品在以适当的价格出售”的手段。

在动态市场营销环境中，上述 4 个基本因素相互依存，处于同等地位。只有它们的相互结合形成一个统一的整体才是有意义的。这 4 个变量是围绕目标市场的消费需求而协调成一个整体的，脱离了顾客需要，也是没有意义的。

二、参考咨询市场营销要素的确定

第 72 届国际图联大会“参考与信息服务”专题报告会上，来自中国、希腊、美国和韩国的四位代表分别发言，他们之中对市场营销组合要素的看法与“4P”理论略有不同。韩国代表金熙燮将参考与信息咨询服务的营销组合划分为 7 个组合要素（TS），除市场营销学中的“4Ps”外，又增加三个要素：服务人员（participants），所有参与参考咨询服务的馆员；环境（physical evidence），有助于参考咨询服务完成和与用户沟通的客观物理环境；过程（process），参考咨询服务中需要采取的步骤，机制和相关各项活动。希腊代表安东妮娅的发言则把在希腊实施“图书馆、博物馆和档案馆联合服务计划”的营销组合要素划分为 5S：服务（Service），具体的参考咨询服务项目；范围（Scope），参考咨询服务的范围；战略（Strategy），对希腊的 45 个公共图书馆、499 个学校图书馆、52 个国家档案馆分馆和 14 个国家级博物馆进行评估；系统（System），数字技术为创建新的虚拟参考咨询服务系统提供了关键的支持；解决方法（Solution），在“MY GVRS”网页上时时显示用户日志，及时发送信息。不论是 7S 还是 5S，从参考咨询服务的视角来分析，参考咨询服务的营销实际上包括了所有有助于强化、推广参考咨询服务的业务活动与环节，其目的是最大限度地满足用户的需求。

参考咨询市场营销的要素应该以市场营销组合的概念为基础结合参考咨询服务的情况来确定。市场营销组合的概念认为营销组合的要素应是促进目标市场接受企业产品与服务的手段，它包含了人们有意识的行为举动，所以也可以称为是策略，并且这些策略所针对的内容是目标市场最关心的问题。从这样的理解出发，有些因素虽然会影响到参考咨询的营销，却不能称为一种手段和策略，或者有的因素属间接因素不能直接影响到针对目标市场的营销，也不是目标市场所集中关注的问题。比如说韩国学者依据 1981 年布姆斯和比特纳理论所提出的“7Ps”中“参与者”这一因素，它的确是影响营销的一种因素，但它不能成为一种手段和策略。首先，人的因素存在于各个环节和各个方面，该因素本身就具有多面性，无论是产品策略还是价格策略中都含有人的因素在里面，如何应用这些策略本身就可以说明服务提供者的态度与意识，不必单独提出。其次，参与者是不能作为一种策略应用到营销当中去的，参考咨询馆员的素质和业务水平是其本身所具有的能力，而且提高业务水准和改善服务态度等方面是一个馆员应具有的职业道德，所以把服务人员列入营销组合之中不合适。“过程”与“环境”这两点因素会影响到服务营销的好坏，但不是所有服务过程都会展现在用户面前，用户更关心咨询的结果，很多网络用户无法体验图书馆的物理环境，所以环境的影响力也很有限。简而言之，参考咨询市场营销组合中的要素必须是能够吸引目标用户眼球的，针对他们所关心的内容的策略或手段。如果盲目的把影响营销的各类因素都归入市场营销策略中，我们有限的注意力将会被大大分散，营销的效果将会不尽如人意。由上述分析我们便可以在影响营销的诸多因素中确定出最重要的几点。

参考咨询营销的组合要素应该有四点：服务项目（Project）、服务提供/获取（Provide/Procure）、服务普及（Popolarize）和服务定价（Price）。这四项策略既考虑到市场营销组合的本意又结合了参考咨询服务本身的性质，如果从用户的角度考虑，这四项策略可以转化为：用户需求（Customer）、便利性（Convenience）、沟通（Communication）和费用（Cost）。

三、参考咨询的市场营销组合策略分析

（一）服务项目策略（Project Strategy）

图书馆参考咨询工作属于信息服务，其产品形式与内容随用户需求的不同而改变，但参考咨询服务所提供的服务项目具有稳定性，所以把市场营销原理中的产品策略改换成服务项目策略比较合理，两者的实质意义相同。

1. 服务项目定位

服务项目定位是在细分市场的基础之上，针对特定目标市场内的用户需求，在馆藏资源、人力、设备、技术允许范围内提供个性化的参考咨询服务。图书馆参考咨询工作的服务项目定位方式有以下三种：

（1）迎头定位：即与竞争对手展开竞争。如果某一细分市场内用户需求量大，且本馆实力较强，可采用这种对抗的定位方式，使图书馆的咨询服务做到“人有我优”，具有独到之处。

（2）避强定位：即避开强有力的竞争对手，寻求尚未满足的用户需求，弥补市场空白，一般的中、小型图书馆都可采用这种另辟蹊径的定位方式，使图书馆的咨询服务做到“人无我有”，新颖独特。

（3）重新定位：即针对参考咨询已经开展但反映不佳的服务项目进行的二次定位。图书馆的参考咨询服务无论采取何种定位方式，都必须既考虑主要用户群的信息需求特点，又充分衡量自己的实力与特点，量力而行，突出特色。

2. 新服务项目开发策略

只有不断发现未满足的、可激发的市场需求并开发出相应的服务，才能在市场中立足。新产品的开发有以下几种途径：

（1）结合本馆资源优势和用户需求，对信息资源进行不同层次、不同内容的新服务开发，实现服务的多元化。将不同形式、不同内容的信息服务组合成“一条龙服务项目组”，构成参考咨询服务的整体优势。

（2）与社会合作，开发针对性强的产品。如华中科技大学图书馆，每年参与数百项科研项目，绝大多数是与企业合作或受企业委托完成，先后为武钢、武重、武船、二汽等国有大型企业提供科研成果与技术转让、产品开发，每年产值达数亿元，该馆的“科技信息中心”与十多个国家级高校和企业联合开发新产品，取得良好的经济和社会效益。

（3）综合本系统各馆优势，开发具有本系统特色的产品。如武汉测绘科技大学图书馆利用资源优势创办了《测绘科技情报》《测绘文摘》等专题信息刊物。

（4）综合本地区各馆优势，开发具有地区特色的产品。如湖北省馆充分利用馆藏优势，编撰了《湖北长江经济带文献信息开发丛书》，印发了《三峡工程、长江经济带信息开发简报》，为三峡工程及长江经济带的开发提供了有效的参考服务，得到各有关部门的肯定。

3．服务项目质最策略

提高服务项目的质量必须从三方面着手：

（1）服务项目的整体质量。服务结果能充分揭示文献中隐含、分散、动态的信息，并表现出及时、精确和系统的特点，此外还要具有便捷的信息编排、精致的外观设计和局到的跟踪服务。

（2）服务项目的竞争质量。随时根据用户的反馈，完善信息服务内容，提高用户满意度。

（3）服务项目的动态质量。根据变化的社会信息需求、准确预测发展趋势，检查服务项目的适应能力。

（二）服务提供 / 获取策略（Prociding/Procuring Strategy）

服务提供 / 获取是指馆员提供或用户获取参考咨询服务项目的地点、方式或过程。参考咨询服务项目的提供方式总体可归为两大类：在线服务传递（On-line Service）和非在线服务传递（Off-line Service）。目前，在线服务方式主要有：电子邮件 /web 表单、BBS 论坛、网页推递、FAQ、聊天室、共同浏览等方式；非在线服务则包括：电话服务、传真、短信息、邮件咨询和面对面咨询。服务提供是最有可能让用户产生好感的过程，所以此项策略的核心就是力争在服务提供过程中树立良好形象和素质。服务提供 / 获取策略应遵循以下几个原则：

（1）便利性和快捷性。很多人反映图书馆的工作效率不够高，而且与搜索引擎相比，它不够方便。参考咨询欲在今后的工作中取得成功，在服务提供方面一定要有长足进步。对于无法立即给予答复的需求，要在服务完成前，时时与用户保持联系，让用户知道自己的需求很受重视，一直处于受理当中。

（2）提高网络利用率。由服务方式上可以看出，在线服务成为当今参考咨询服务方式中的重头戏，而讲究效率，追求时尚的用户也乐于应用各种网络技术。基于技术的虚拟参考咨询很受欢迎，人们愿意在聊天室用轻松的方式探讨使用图书馆时所遇到的问题，馆员以听众的身份了解到用户的需求，这样的服务方式不仅引起用户的兴趣与积极性并节省了参考馆员的精力。但在提高网络利用率的同时，参考馆员也要注意对用户的信息需求和个人资料进行保密。

（3）优化主页设计和客观服务环境。服务主页代表着参考咨询服务的网络形象，其制作必须遵循快速、简洁、吸引人、内容概括力强、易于导航的原则，并应包括参考咨询服务的项目内容、服务方式，服务时间和地点等简单有效的菜单和图标，让读者在最短的时间内找到并决定适合自身的服务方案。此外，在现实环境中图书馆要有显著标识指明参考咨询部的位置或在图书馆大厅设有参考咨询台，方便到馆咨询的用户。

（三）服务普及策略（Popularing Strategy）

图书馆参考咨询服务的营销与一般的企业营销有所不同，它的最终目的并不是营利，所以用促销来形容参考咨询服务的推广并不合适。参考咨询服务的营销是为了让更多的用户了解其优势，利用图书馆资源，从而普及并提高用户信息素质。普及策略的核心就是想方设法让更多的用户知道图书馆参考咨询服务是什么，在何时可以使用，如何去使用。

调查发现，参考咨询服务被接受的程度不尽人意，用户对于图书馆服务的意见，无法在第一时间通过有效的途径传递出去，而图书馆的改善措施，也没能被用户及时获取。这表明图书馆需要加强服务普及工作并采用新的沟通方式。广告、电视、广播等宣传方式，不适合图书馆，首先，高额的宣传费用图书馆负担不起，其次，使用过于商业化的媒介宣传参考咨询服务，与图书馆一贯在人们心中的稳重形象不符，结果很可能会适得其反。下面几种方式比较可取。

（1）用户培训。定期举办用户培训，介绍参考咨询服务的定义、服务项目和方式，演示一些服务项目的操作方法，传授信息素质课等。用户的邀请面要广一些，不要只针对学生和教师，也可以邀请社会用户，企业管理人员参加，通过培训让用户了解参考咨询服务和它带给用户的益处。用户培训，可以是现场形式，通过馆员的真实讲解、举止表情，给用户留下感性、深刻的印象；也可以采取在线用户培训，满足无法到现场的用户的需求。

（2）Web 2.0应用策略。传统的营销方式属于Web 1.0技术，一般借用广播、电视、报纸等单程推销形式（one-way messages），即营销人无法实时了解到用户对营销方式和营销内容的反应。Web 2.0 技术是建立在对等沟通基础之上，是一种实时思想互动的平台，参考馆员可以在维基上建立自己的博客，用户可以使用维基技术对博客内容进行修改并发表自己的意见。维基是一种提供共同创作环境的网站，每个人都可以随意修改页面数据。馆员针对用户的疑惑给予解释，通过用户的留言洞察其内在需求与对参考咨询服务的评价，这样无限制的沟通方式拉进了彼此的距离，人文色彩浓厚，用户与馆员都感到舒服并乐此不疲。这种服务普及策略人性、高效，充满创新和趣味性，馆员与用户的讨论可以在几秒钟内被数百甚至更多的人看到，并得到他们不同的评价与看法，是最理想的信息素质普及方式。Web 2.0 技术强有力地改变了信息的传递与接受的方式。

（3）举办各类型活动。想让更多的用户了解自己，图书馆就必须做一个活跃分子，积极筹划各类与信息和知识相关的竞赛活动或参与到其他部门举办的活动中去，利用这样的途径扩大自己的影响力，宣传自身服务。韩国图书馆界每年都会有“图书馆周”活动，在一周的时间内举办各类活动，邀请各方人士，为图书馆与社会的沟通搭建平台。

（三）服务定价策略（Price Steategy）

企业对产品价格的定位比较容易，只要比较成本和收益、权衡市场竞争即可。但是图书馆是非营利性机构，加之经费多来之于政府的财政拨款，所以大多数图书馆的参考咨询服务尚不存在定价问题，但随着参考咨询走入营销领域、未来服务技术与内容的提升以及客观竞争等因素，将使服务定价在其营销组合中起重要作用。

1. 参考咨询定价的影响因素

参考咨询的营销即意味着图书馆信息服务与信息产品的市场化与商品化。同其它商品的价格形成过程一样，参考咨询服务的价格确定应在动态环境中形成，并受到诸多因素的影响：

（1）成本。成本包括参考咨询服务提供信息产品和信息服务所投入的生产成本、服务成本、消费成本。信息产品的生产成本指图书馆开发、研制信息产品所花费的人力、物力和财力；服务成本指图书馆向用户提供信息服务时必需的投入；消费成本是指用户在获取信息过程中所付出的代价，包括货币支出、时间及精力等支出。

（2）时效性。参考咨询服务作为一种特殊的商品，时效性为其特性之一。在某一时期内先进而有效的服务结果，可能随着时间的推移和技术的进步逐渐落伍甚至变得毫无用处，那么其价格必然也呈现出由高转低的走势。

（3）效用性。用户使用服务后实际或可能产生的收益。由于受到用户自身能力及外部环境等因素的影响，服务效用是一个难以准确量化的问题。

（4）信息市场的发展状况。参考咨询服务的价格会受到供需情况、竞争形势等的影响，接受价值规律的调节。

（5）其它影响因素。社会的政治和经济环境为其中之一。国家和政府对信息产业和文化事业的日益重视以及经济环境的不断改善，使人们对信息的认同和接受力不断增强，势必将推动信息的生产和经营，逐步实现规模经营，从而降低单位产品的价格。此外，图书馆参考咨询营销中馆员的个人的服务能力、服务技巧甚至经营手段等，也会对参考咨询的价格确定产生一定的影响。

2. 参考咨询定价的策略

在对图书馆参考咨询定价时，必须在明确的目标指引下，依照一定的定价原则，以定价影响因素作参考，采取灵活多样的定价策略。首先谈谈广义的定价策略：

（1）基本定价策略。这类定价策略可具体分为：

1）以成本为导向的定价策略。首先以信息产品的成本为依据，精确计算信息产品成本费用，加上一定的成本补偿率，即一定的投资报酬率。这类信息产品的特点是信息加工难度一般、时效性弱，但竞争力强，市场占有率易于提高并可以减轻信息用户的负担，如专题目录、检索刊物等。

2）以效用为导向的定价策略。对于使用价值高、收效快的信息产品采取较高定价，反之定价较低。前者如为某一国家机关、政府部门或企业撰写的市场调查报告收费较高；后者如某一学科的专题文献目录，则收费较低。

3）以供求为导向的定价策略。即在调查信息用户的需求变化、确定服务项目希望价格的基础上，根据市场的不同消费状况来实行弹性定价的策略。其对供过于求的项目制定较低价格，对供不应求的项目则反之，以顺应信息市场发展变化趋势，平衡供需双方的关系。

4）以竞争为导向的定价策略。首先要充分了解和掌握信息市场的情况，包括不同的市场条件、不同的竞争项目以及不同的市场价格等。目的在于维持和扩大市场占有率，在激烈的竞争中取胜。这种定价策略较适用于进入成熟期的信息产品和服务，如光盘数据库检索及联机检索服务等。

（2）相关定价策略。此类策略为基本策略的延伸。可以分成以下几种：

1）免费定价策略。图书馆本质上是一种公益性的社会文化及信息机构，为了体现这一特点及维护图书馆长期以来的良好社会形象，对于其责任和义务范围之内的信息服务项目，应当实行免费原则，比如一些简单的口头咨询服务、馆藏书目查询等。此外，在一些新开发的信息产品或新开展的信息服务刚进入市场时也可暂时采取此策略，以赢得市场和用户，扩大产品知名度。

2）渗透定价策略。是指当新服务项目打入市场的初期，先将价格定得很低，以吸引用户，从而迅速扩大市场占有份额。此策略适用于用户不太熟悉但具有长远发展前景的信息服务项目，如一些网络软件、网络工具等。

3）区别定价策略。结合实际状况对不同的信息用户采取不同的价格，就同一服务项目而言，也可以采用灵活的收费标准，比如对除图书馆权责范围之外的信息用户实施较高收费的政策。

4）垄断定价策略。其以高价为基本特征，目的在于最大限度获取利润。信息生产者能在一定的价格范围内随意确定价格，没有可参考的市场价格。一般适用于具有独创性的信息服务项目，而市场上少有甚至没有相应的替代品。但从长远看，此策略并不利于图书馆信息营销的正常进行。

（3）定价方法。这是营销学、计量学和数学等学科方法在图书馆参考咨询定价工作中的灵活运用，可分为：

1）计时定价。根据参考咨询服务工作中为用户所提供服务的时间来定价，一般以单位时间为标准，比如计算机检索服务中的收费。

2）计量定价。依照信息服务中所提供产品的数量来确定价格，以单位产品为标准，如输出联机检索结果时，依条目进行收费。

3）计次定价。即依参考咨询服务的次数来定价，以一次服务的劳动价格为标准，如 SDI 服务的收费。

4）利润定价。此方法的确定性没有上述方法强，随意性较大。指的是先估计信息产品可能为用户带来的实际利润，再依据用户对其价值的接受能力来确定价格的方法，比如对专题调研报告的收费。

图书馆参考咨询的定价问题正随着图书馆参考咨询营销进程的逐步深入而日益引起人们的广泛关注和讨论，比如，是否应分服务类型或服务人群收费、收费标准的适宜度、图书馆社会效益与经济效益的综合平衡等。总之，这一问题的健全与完善能促进新时期图书馆参考咨询的信息功能与教育功能的充分实现，使参考咨询在不失其固有特色的同时顺应时代的发展需要，最终有助于图书馆事业的长远发展。

第四节　图书馆参考咨询营销的后台保障

参考咨询营销成功的开展需要图书馆在很多方面提供强有力的保障，比如组织机构方面的调整、针对营销方面的评估审查以及馆员培养等方面，这些都是参考咨询营销活动顺利开展的坚实后盾。参考咨询营销活动的后台保障工作内容就是参考咨询本身的建设与完善。

一、建立参考咨询营销组

我国图书馆的部门设置往往专注于本身业务流程和内部管理，少有负责拓展外部关系的部门，这对于作为非营利组织的图书馆来说是不利的一面。图书馆处于一个动态社会之中，与外部环境的关系通常对其有重要影响，尤其是欲实行参考咨询营销的图书馆，成立一个参考营销组是很必要的。这个小组的工作内容有：确认服务对象与需求、制定营销方案与策略、调整服务项目、对外宣传与拓展、信息沟通与用户调查和用户信息反馈。

参考咨询的营销以创造信息需求并满足信息需求为导向，因此在营销之前，不同类型的图书馆应首先确认其服务对象与其需求，据此制定营销方案，然后以图书馆馆藏、网络信息资源为基础调整服务项目，通过各种形式对外宣传，实施营销策略，吸引用户使用参考咨询服务，保持与用户的沟通，并即时做好用户调查工作，最后根据用户的建议与意见调整服务项目和营销规划。

二、参考咨询的绩效评估

“绩效”也称为“效绩”，表示“成绩、成效”，是管理者运用一定的指标体系对组织的运营效果做出的概括性评价。绩效评估的目的是评价一个组织活动的有效性并处理目前存在的亟待解决的问题。

（一）参考咨询营销实行绩效评估的意义

营销的绩效评估就是指管理者运用一定的指标体系对参考咨询营销的整体运营效果做出概括性评价，让他们在营销实施一段时间后对其实施情况有个比较全面、客观地了解，通过评估方式明确营销在哪些方面有待改进，不断完善其实施方案。对参考咨询营销实行绩效评估的意义在于：

（1）控制图书馆参考咨询服务的行为过程，提高咨询服务的质量。

（2）挖掘参考咨询服务的潜力，以期取得更大的社会效益与经济效益。

（3）提供一种有效的工具，将工作成绩与对参考馆员的奖励联系起来，起到激励作用。

（4）通过绩效评估，正确评价图书馆员的工作业绩，使馆员以绩效为工作目标，培养健康的竞争环境。

（5）为参考咨询的后续营销活动指明正确的方向。

（二）参考咨询营销的绩效评估的内容

参考咨询有效的绩效评估大体可考虑以下几个主要方面：

（1）市场研究评估。根据用户需求及市场研究制定的营销方案的可行性；服务项目策略、服务提供获取策略、服务普及策略和定价策略对营销方案的支持程度；参考咨询服务在同类行业中的市场占有率。

（2）服务项目评估。一段时间内参考咨询的业务量及各项服务被使用的次数；根据用户需求提供适合的服务项目的能力；新服务项目的开发能力；新服务项目开发的科学性评价；为新服务制定营销策略的有效性。

（3）服务定价评估。服务的价格是否考虑到成本、竞争、营销策略、用户接受程度等因素，在营销过程中对价格的控制水平。

（4）服务提供评估。馆员提供服务的能力；用户对服务提供途径的评价；使用新技术和资源提供服务的能力；服务获取的速度。

（5）服务普及评估。制定服务普及方案的能力；普及效果；用户信息意识的改善程度；用户使用参考咨询服务的频率。

（6）用户满意度评估。一段时间内使用参考咨询服务的用户数量；用户是否对以下方面感到满意：服务产品的质量、服务态度、服务效率、服务便利性等，对这几方面的满意度可通过制定斯马图量表来衡量。

（7）馆员素质评估。对馆员的人格素质、勤务素质和业务素质多方面进行评价。

营销的绩效评估是参考咨询营销的良好保障，正规的审计评估对营销活动进行综合评价，图书馆可以在评估过程中调整营销策略，确保营销是按照图书馆指定的方向前进，并且确保所作的每一件事的效率，使参考咨询营销以有效的方式在一定时间内达到目标，为下阶段营销活动积累经验。

三、参考馆员队伍建设

馆员队伍是参考咨询营销中人为因素的集合体，它虽然不是营销组合中的要素，却是营销组合的策划和实施体，与馆员的个人素质不同，它体现着一个团队的结构和整体水平。

（一）合理的人员结构

一个图书馆合理的参考人员结构包括专业上的互补结构、智力上的多元结构和能级上的塔式结构。

1. 专业互补结构

参考咨询是一种高智能的脑力劳动，其人员的知识结构应该配套。作为个人，尽管应该不断地扩大知识面，以期掌握更多的知识和技能，但一个人的精力毕竟有限，不可能精通过多的专业。因此，根据本馆参考咨询的服务对象和咨询问题的专业特点，调配和培养一定专业的参考馆员，使馆员由多种专业知识人才组成，以合理的专业比例形成整体化的互补优势研究群体。

2. 智力多元结构

智力指人们感知、理解、消化、接受、储存和运用知识和技能的综合能力，包括洞察能力、想象能力、理解能力、记忆能力、思维能力、表达能力和实践能力。一方面参考馆员从事的是高智能劳动，必须通过智力的开发和知识的积累来不断提高自己的工作能力，另一方面，不同的人在智力优势上有所不同，所以将具备各种不同智力优势的人员搭配起来，形成一个多元化的智力结构群体是参考队伍建设的最佳方案。

3. 能级塔式结构

这是从参考馆员的工作能力和学术水平出发，进行适当搭配。反映在职称上为高、中、低三类人员，反映在学衔上也有博士、硕士、学士之别，这种能级人员的人数在一个参考部门内组成一种高能级少、中能级中、低能级多的模式。当然，职称、学衔并不一定能准确反映一个人的能力和水平，但“两头大、中间小”的纺锤形人员结构是不理想的，应努力避免。

（二）建立团队与团队精神

要把参考部门当作一个团队组织，采用最佳的组合形式，着力培养团队精神，形成最大的整体优势组织效应。

1. 参考咨询专家网

图书馆的参考咨询队伍，不仅指参考咨询部门的馆员，还包括馆内其他部门配置的咨询员，以及馆外的咨询专家，要把这三部分咨询人员编织为一个由各科专家组成的专业学术服务工作网络。国外一些在参考咨询上卓有成效的图书馆，都十分重视工作班子的社会化，广泛搜罗所在地各行各业的专家学者，汇编成“专家特长索引”和“情报源索引”，一有需要便可以委托咨询任务。经验证明，馆外承担“介绍服务”的专家，是一个图书馆承担专深课题任务所不可或缺的社会力量。

2. 群体组合

努力营造团结协作的氛围，使每位成员在集体劳动中感到关系融洽、心情舒畅，从而充分发挥每个人的聪明才智。管理者要知人善任，将每个人安排到最能发挥其才能的岗位上，避免高用误事，低用误人。鼓励并促使馆员轮岗工作和对外兼职，充分发挥馆外专家学者在咨询工作中的作用，形成不同背景、学识、特长、个性等人员之间的碰撞、交流和融合，以不断拓展咨询人员的见识，改善其知识结构和智力构成。通过荣誉激励、利益激励、榜样激励、领导激励、成就激励等措施，促使整个集体出现积极上进的气象。

3. 培育团队精神

在人本管理理念的基础上，尊重人，依靠人，发展人，借助部门发展目标增强凝聚力和向心力；实施岗位责任制，使人人明确自己的职责范围；熟悉每位参考馆员的专业知识、智力结构、人才类型、人才能级、个性特点等，避其所短，用其所长；根据实绩和贡献论功行赏，鼓励馆员在竞争中不断前进。只有团结一心、共谋事业的集体，才能攻无不克、所向披靡，创造出骄人的咨询业绩。

四、馆员素质建设

美国图书馆界曾就各个因素在图书馆服务中所发挥的作用进行调查分析，结果表明5%来自图书馆建筑，20%来自信息资料，75%来自图书馆员。这符合马克思主义关于生产力的理论：在由劳动者、劳动资料和劳动对象组成的生产力中，人是最积极、最活跃的因素。图书馆转型时期，馆员面对着思想，科学知识和工作技能方面的挑战，他们的角色呈现出多面化。在参考咨询服务的营销中，馆员承担着营销人员与服务人员的双重角色，他们是任何一个细节的执行者，所以馆员的素质直接影响着用户对参考咨询服务乃至图书馆的看法。

（一）参考馆员角色定位

图书馆参考咨询工作历经一个多世纪的发展，不断地改变着自身的面貌，过去的咨询服务主要依靠传统的技术手段（至多加上联机检索），服务对象基本上是当地用户，咨询资源主要是本馆馆藏，故咨询服务的活动区域相对较小；而在20世纪90年代以后，因特网技术、数字压缩技术、信息处理技术飞速发展，不仅使图书馆参考咨询馆员的工作技术环境和工作手段发生了里程碑式的转变，也使其心理状态、思想观念、知识结构、技能结构以及职业功能发生巨大变化。用户没有边界了，资源和产品都远比过去复杂了，咨询劳动的细化分工势在必行。美国的一项研究表明，45%的大学图书馆和12.5%的公共图书馆提供了数字化咨询服务。有人建议应当用“网络信息管理员”来称呼未来的图书馆员，在这样的环境下咨询馆员至少应当承担以下5种角色：提问者、淘金人、答疑者、管理员和协调员。

（二）馆员的素质要求

图书馆是精神文明窗口，向社会提供思想教育的大课堂，身兼服务和教育双重职责的参考馆员，理所当然要为人师表，具备较高的素质。

1. 思想素质

（1）开放的思维模式。参考咨询的发展依靠吸收各行各业的管理理念、技术设备，其精髓就是破除保守不自信的思维壁垒，大力推行馆际合作，开展营销活动，实现知识信息资源共享，让人们像熟悉肯德基快餐一样，热衷于使用图书馆服务，这要求从事这项工作的人员有着活跃开放的思想，积极地学习跨行业知识，用于参考咨询营销的策划与实施。

（2）良好的职业道德。良好的职业道德最直接的表现就是“爱岗敬业”，热爱自己的工作是事业心的外在表现。具有了良好的职业道德，馆员才会沉下身子刻苦钻研业务，力求在现职上有所发明、有所创造、有所前进。胸怀图书馆事业是馆员创新意识产生的原因所在。

（3）信息意识。参考咨询服务本质上就是对文献信息、网络信息和社会信息进行收集、整序和再编，然后有针对性地提供给用户。它要求馆员能够成为“于无声处听惊雷”的具有强烈信息意识的人。参考馆员既要能在良莠杂陈的信息中筛选出有用的信息，还要敏于从切题的信息中分辨出核心信息，既要有在很短的时间内查检出有关信息以回答读者咨询的本领，又要有细水长流、日积月累地积攒有用信息的韧劲儿。培养强烈的信息意识，一方面有赖于馆员的事业心和敬业精神，这是保证其专注于相关信息的前提；另一方面有赖于精深的专业知识。

2. 科学知识素养

参考馆员属于高层次信息人才（发达国家必须取得双学位），是一种新型的复合型人才，体现出科技和经济的复合，知识和能力的复合，能胜任研究、开发和管理的多重任务。作为用户与信息资源之间的纽带，参考馆员不仅要为用户广、快、精、准地查找到所需信息，理出查找线索和查找途径，而且要根据科学的发展和情况的不断变化予以更新。更为重要的是他们还要对读者进行个别辅导，随时解答各行各业各个层次的读者提出的包罗万象的问题。这种咨询任务的繁杂性，显然要求馆员拥有愈广博愈好的知识修养。当前，突出的问题是必须加强学习以计算机、远程通信、微电子为代表的现代信息科学知识，以适应图书馆信息资源管理的需要，加强经贸科学知识和从事经济咨询的业务与营销知识，以适应用户所关注的经济热点和图书馆走向市场竞争的需要。同时，在大型公共图书馆、高校图书馆和专业图书馆供职的参考馆员，需要学会综合运用多种工具书和各种检索途径，以解决颇为专深的学术咨询的挑战。所有参考馆员应同时具备一、两门外语和古汉语的水平。缺乏古汉语知识就无法很深入地理解和欣赏我国丰富的文化积累，而不具备一定的外语水平，参考馆员就无法帮助用户追踪世界研究动态和最新研究成果。

3. 工作技能素质

负责参与咨询服务营销的馆员，或者是转型时期的图书馆工作人员，只具备较高的思想和科学文化素质是不够的，还应具备相称的知识处理能力、文字表达能力、规划与组织能力和文献检索与利用能力。知识处理能力指参考馆员接受，理解，储存，编组和运用科学知识的综合能力。丰富的科学知识加上较强的知识处理能力，就意味着一个工作水平较高的参考馆员。从发轫起，参考咨询就是馆员对读者提供“个别的帮助”，与用户打交道的能力集中体现在“参考对话”之上，良好的表达能力可以帮助馆员准确地提问和获取需求范围，明确需要的检索角度、深度和广度。在参考服务的营销中，馆员也会因较强的语言能力而表现出色。同时，编撰检索工具，尤其是撰写情报研究文章的职责，也要求馆员必须善于用洗练的文字，流畅地表达自己的思想。无论是在参考工作中的集体劳动还是个人劳动，都不能缺少规划与协调能力，这决定了馆员是否能在面对繁杂的工作任务时有条不紊地安排工作内容和处理的先后次序。对内团结同事，协调行动，保持良好的人际关系和合作氛围；对外与协作单位和主管部门保持联络畅通，步调一致，尽可能争取到更多的外部支持。参考馆员最强大的后盾是知识信息资源，需要具备高超的信息检索与利用能力，才能为读者提供优质的知识信息服务，圆满的履行自己的社会职责。信息检索要求馆员了解各学科领域的检索工具和核心期刊，能熟练运用重要的检索工具，迅速、全面地查找所需资料，能综合利用多种手段、信息资源和检索途径解决比较复杂的问题。

五、合作式参考咨询模式

图书馆资源种类的有限与用户需求内容的无限让合作式参考咨询拥有良好的发展理由与潜力。联合参考咨询可以让单个参考咨询服务在营销期间容纳更多类型的用户与需求。

（一）建立协调统筹机构

资源整合是合作参考咨询的基础。参与协作的图书馆都是独立的主体，馆藏关系是松散的，为了消除合作的随意性，需要一个由政府组织的，各成员馆领导参与的，专人管理的协调统筹机构来保证服务的顺利开展。机构的主要职能是：①整体规划，整合资源；②制定服务标准与服务规范，建立监督机制；③建立合理的补偿机制；④人力资源的调配、调度措施；⑤质量控制，服务评价，效益评估；⑥日常维护，日志管理，对外宣传。

（二）构建信息服务平台

1. 信息服务平台的构成

能够同时控制多个虚拟咨询台、提供异构数据库统一检索功能的服务平台是合作参考咨询服务顺利开展的技术保障。通过服务平台，用户可以一站式检索到所有成员馆的馆藏资源，并可选择任意咨询馆员进行咨询。咨询服务平台一般由系统表示层、功能层、资源层三层组成。

（1）表示层是用户与咨询馆员的交互平台和咨询馆员间的协作平台。用户在这一平台上可以登录、查看咨询馆员状态，选择咨询馆员，选择咨询方式，发出提问等。

（2）功能层管理各种参考数据，控制合作参考工作流程，包括数据采集、标引、整理、发布、链接、统计的管理，咨询馆员调度，各种功能软件的控制，索引库的建立等。

（3）资源层主要是咨询数据源和咨询管理数据库。咨询数据源包括各成员馆整合后的电子资源、虚拟馆藏及网络资源等，咨询管理数据库包括用户信息、咨询馆员信息、专家信息、成员馆信息、咨询工作数据等。

2. 信息服务平台的功能

（1）提供多种途径与用户交互，构建一个虚拟的“用户—馆员”交互平台，并可控制用户的网页浏览器，向用户推送所需网页。

（2）具备跨库检索功能，实现各成员馆馆藏资源的无缝链接，方便咨询馆员随时随地提取需要的信息资源。

（3）具备数据记录与统计功能，借以评价系统效益。

（4）具备索引机制，生成索引文档提供检索功能。系统将用户咨询问题加以人工或自动化标引，为用户提供分类、关键词等检索入口，实现咨询问题的检索功能。

（5）具备较强的安全防范技术，能够保护用户信息、馆员信息、国家信息的安全，保障系统免受病毒、黑客侵犯等。

以上谈及的几个方面之所以被称为营销活动的“后台”保障，是因为参考咨询的营销活动并不是一蹴而就的事，它必须在参考咨询服务本身发展得较成熟之后才能进行，只要图书馆能根据自身的特点展开有价值的参考咨询服务，并不断地在各方面完善自己，待时机成熟，就可以推出针对本馆的营销活动，逐渐靠近市场。参考咨询服务营销的背后是一个需要有耐心和规划的准备过程，是一个不断充实服务实力的积累过程。

参考文献

[1] 朱伟珠 . 参考咨询向知识咨询服务转变探析 [J]. 情报科学，2015（06）.

[2]初景利.图书馆数字参考咨询服务研究[M].北京: 北京图书馆出版社，2004(4).

[3] 胡萍，蔡清万 . 美国图书馆参考咨询的起源与发展 [J]. 图书馆，2004（4）.

[4] 夏侯炳 . 参考咨询新论 [M]. 南昌：江西人民出版社，2004.

[5] 彭艳 . 对学科馆员制度的一些思考 [J]. 图书馆论坛，2006（5）.

[6] 罗彩冬，杨永梅 . 现代图书馆参考咨询 [M]. 广东：海洋出版社，2006.

[7] 陈洁 . 网络实时咨询服务中的参考馆员 [J]. 图书馆，2007（4）.

[8] 赵晓华 . 数字环境下图书馆传统服务延伸涉及的若干法律问题 [N]. 新华书目报，2008-11-20.

[9]胡玉文.关于建立图书馆参考咨询服务工作评估制度的探索[J].图书馆论坛，2006（4）.

[10] 王岚霞 . 数字环境下参考咨询服务的评价方法 [J]. 图书馆建设，2008（1）.

[11] 尚捷 . 略论数字化环境下参考咨询馆员的素质 [J]. 科技情报开发与经济，2011（36）.

[12] 吴仙南 . 数字环境中图书馆管理创新策略探索 [J]. 中国高新区，2018（02）.

[13] 柯平 . 图书馆知识管理研究 [M]. 北京：北京图书馆出版社，2006.

[14] 苏瑞竹 . 图书馆与人文关怀 [M]. 南宁：广西人民出版社，2006.

[15] 李广建 . 数字时代的图书馆网络信息系统 [M]. 北京：北京图书馆出版社，2006.

[16] 詹德优 . 信息咨询理论与方法 [M]. 武汉：武汉大学出版社，2004.

[17] 柯平 . 信息咨询概论 [M]. 北京：科学出版社，2008.

[18] 徐文华 . 基于知识管理的参考咨询服务探究 [J]. 图书馆学刊，2013（10）.

[19] 陈颖 . 图书馆参考咨询档案收集与管理现状分析及优化措施探讨 [J]. 办公室业务，2017（02）.

[20] 袁红军 . 大数据时代下图书馆参考咨询服务创新机制探究 [J]. 图书馆工作与研究，2017（01）.

[21] 易红，任竞 . 图书馆大数据服务环境下用户隐私泄露容忍度的实证研究 [J]. 图书馆论坛，2016（04）.

[22] 钱力，张智雄，李玲，师洪波，李涵昱，于改红，管仲 . 数字参考咨询集成服务平台的构建 [J]. 图书情报工作，2015（06）.

[23] 胡敏 . 数字化参考咨询服务质量的评价标准 [J]. 图书馆工作与研究，2005（01）.

[24] 过仕明 . 数字参考咨询服务模式与质量评价研究 [D]. 长春：吉林大学，2006.

[25] 王晶晶 . 图书馆数字参考咨询服务质量评价体系研究 [D]. 哈尔滨：黑龙江大学，2009.

[26] 刘丽芬 . 浅谈如何加强图书管理员队伍建设 [J]. 办公室业务，2017（08）.

[27] 唐芳芳 . 浅议大数据时代图书管理员的角色定位和素养提升 [J]. 办公室业务，2017（11）.

[28] 刘淑华 . 做好服务读者、服务社会工作 [N]. 新华书目报，2017-03-22.

[29] 张露萌 . 初景利 : 重新定义图书馆 [J]. 魅力中国，2015（43）.

[30] 张晓林 . 颠覆数字图书馆的大趋势 [J]. 中国图书馆学报，2011（05）.

[31] 方红 . 论图书馆应如何吸引读者 [J]. 图书馆界，2007（03）.